Andrzej Kisza
Kybernetisches Modell der Entstehung
und der Wirkung des Rechtes

EDV und Recht

Band 5

1975

J. Schweitzer Verlag Berlin

Kybernetisches Modell der Entstehung und der Wirkung des Rechtes

Von

Dr. jur. habil. Andrzej Kisza

Rechtsanwalt in Wrocław, Polen

Mit einer Einleitung von

Dr. jur. Dr. phil. Adalbert Podlech

Professor am Fachbereich Rechts- und Wirtschaftswissenschaften der Technischen Hochschule Darmstadt,

sowie 42 Abbildungen im Text und einer ausführlichen englischsprachigen Zusammenfassung

1975

J. Schweitzer Verlag Berlin

Titel der Originalausgabe: MODEL CYBERNETYCZNY POWSTAWANIA I DZIAŁANIA PRAWA. PRACE WROCŁAWSKIEGO TOWARZYSTWA NAUKOWEGO. Traveaux de la société des sciences et des lettres de Wrocław, Seria A, Nr. 133. Wrocław, 1970. Erschienen mit Unterstützung der Polnischen Akademie der Wissenschaft.
Übersetzt von Maria T. Koziełek und Sigrid L. Tworek.

CIP-Kurztitelaufnahme der Deutschen Bibliothek

Kisza, Andrzej
Kybernetisches Modell der Entstehung und der Wirkung des Rechtes: mit e. ausführl. engl.-sprachigen Zsfassung.
(EDV und Recht: Bd. 5)
Einheitssacht.: Model cybernetyczny powstawania i działania prawa <dt.>.
ISBN 3-8059-0287-5

Satz: Studio Feldafing. – Druck: Color Druck, Berlin. – Bindearbeiten: Mikolai, Berlin

Inhaltsverzeichnis

Einleitung von Adalbert Podlech VII
Vorwort des Autors zur polnischen Originalausgabe XI
Vorwort des Autors zur deutschen Übersetzung XIX

1. Kapitel: Aufriß des rechtskybernetischen Modells 1
  1. Einleitung 1
  2. Das kybernetische Schema 4
  3. Die zwei Hauptanwendungen der Kybernetik im Recht 9
  4. Kausalbeziehungen zwischen der Norm und der übrigen Wirklichkeit 11
  5. Störungen des Rechtssystems 15
  6. Verstärkung der Rechtsregelung und Beschreibung des rechtskybernetischen Modells 20
  7. Von allgemeinen und nichtallgemeinen Eigenschaften des rechtskybernetischen Modells 27

2. Kapitel: Rechtskybernetische Grundbegriffe und rechtskybernetische Verhältnisse 35
  1. Kopplungsfaktoren 35
  2. Vollständige und unvollständige Rechtsregelung 42
  3. Der Begriff des treffenden Rechts 43
  4. Die Rolle der Zeit in den Kopplungen nach dem rechtskybernetischen Modell 45
  5. Die Abhängigkeit der gesellschaftlich-rechtlichen Erscheinungen von den Normen und Störungen 49

3. Kapitel: Rückkopplungen im rechtskybernetischen Modell 56
  1. Rückkopplungen, die Wertungen bilden 56
  2. Rückkopplungen im Verstärker und deren Bedeutung für die Stabilität und Labilität der Staatsverfassungen 62
  3. Rückkopplungen in der Hauptkette und deren Bedeutung für die Dauerhaftigkeit der Rechtsnormen 70
  4. Rückkopplungen aus den Elementen des Verstärkers und deren Bedeutung für die statistischen Untersuchungen in den Rechtswissenschaften 77
  5. Schwache und starke Kopplungen 82

4. Kapitel: Verfahrensprobleme 89
1. Verfahrens-Normen 89
2. Begründung der Vorzüge des kontradiktorischen Prozesses . . . 94

5. Kapitel: Rechtsinterpretation 100
1. Über die Rechtsinterpretation im allgemeinen 100
2. Rechtskybernetische Gliederung der klassischen Interpretationsmethode 103
3. Einteilung der Interpretationsmethoden in der Praxis 107

6. Kapitel: Gesetzliches Recht und Moralität, sowie die Konkurrenz der Rechtsnormen 110
1. Die rechtskybernetische Abgrenzung zwischen gesetzlichem Recht und Moralität 110
2. Moralnormen und Vertragsfreiheit 114
3. Rechtssicherheit und Verkehrssicherheit 119
4. Konfliktsituationen infolge Widersprüchlichkeit der Signale N und E 123

7. Kapitel: Das Völkerrecht und das rechtskybernetische Modell . . . 125
1. Das rechtskybernetische Modell des Übersystems 125
2. Krieg und Frieden nach dem rechtskybernetischen Übersystemmodell 144

Literaturverzeichnis 161
Zusammenfassung in Englisch 165
Namensregister 195
Sachverzeichnis 197

Einleitung
von Adalbert Podlech

Rechtskybernetik ist ein Thema, das auch in der Bundesrepublik seit knapp einem Jahrzehnt diskutiert wird. Dabei umgriff dieser Ausdruck zu Beginn der Diskussion sowohl die grundsätzlichen, rechtstheoretisch gewandten Bemühungen um die Anwendung der Kybernetik als einer universellen Grundlagenwissenschaft wie die beginnenden zaghaften rechtspraktisch gewandten Bemühungen um die Probleme einer Anwendung datenverarbeitender Maschinen im Rechtsbereich. In dem Maße, in dem der Einsatz solcher Maschinen insbesondere in der öffentlichen Verwaltung immer mehr fortschritt, haben sich die letzteren Bemühungen unter der neuen – nur wissenschaftspolitisch zu verstehenden – Bezeichnung *Rechtsinformatik* verstärkt. Die rechtskybernetische Grundlagendiskussion versickerte.

Daß diese zu bedauernde Entwicklung in der Bundesrepublik und in vergleichbaren Staaten die Auswirkung spezifischer politischer und hochschulpolitischer Faktoren ist, sie aber jedenfalls nicht in der Unangemessenheit kybernetischer Fragestellungen gegenüber dem Recht beruht, zeigt die Entwicklung in den sozialistischen Staaten, in denen zwar auch unserer Rechtsinformatik vergleichbare Themen behandelt werden, in denen die spezifisch rechtskybernetische Grundlagenforschung in unvergleichlich stärkerem Maße gepflegt wird als in den westlichen Staaten.

Eine der bedeutendsten Arbeiten der rechtskybernetischen Grundlagenforschung ist die Darstellung des kybernetischen Modells der Entstehung und der Wirkung des Rechts. Der Autor dieser kybernetischen Rechtstheorie ist der 1922 geborene polnische Jurist *Andrzej Kisza*, der heute in Wrocław (Breslau) als Rechtsanwalt tätig ist. Kisza hat nach dem letzten Weltkrieg Rechtswissenschaft studiert und war zuerst Schüler von Professor *Fryderyk Zoll*, der seinerseits noch ein Schüler von *Rudolf von Jhering* war. Nachdem er einige Zeit Assistent an der Jagellonischen Universität in Kraków war, arbeitete er bei Professor *Jan Gwiazdomorski* in Wrocław, der der konstruktivistischen Richtung der Rechtstheorie angehört. Hier hatte er auch das Glück, Schüler von Professor *Bronisław Knaster* zu werden, einem der bedeutendsten zeitgenössischen Mathematiker. 1972 habilitierte er sich mit der Arbeit „Model cybernetyczny powstawania i działania prawa" an der Universität Warszawa. Das vorliegende Buch ist eine Übersetzung dieser polnischen Arbeit. Kisza entwickelt sein rechtskybernetisches Modell, indem er von einfachen Grundannahmen über rechtliche Rückkopplungen ausgeht und dann immer kompliziertere Sachverhalte einbezieht. Das so entwickelte Modell, eine Hypothese über die Entstehung und das Wirken von Recht, prüft er dann an Hand traditioneller Fragestellungen auf seine analytische Erklärungskraft und seine Fruchtbarkeit für die Entdeckung neuer Zusammenhänge. Solche rechtskybernetischen Überprüfungen finden sich etwa im 3. Kapitel für das Wertungsproblem und die Frage der Stabilität politischer Institutionen, im 4. Kapitel für rechtliche Verfahrensprobleme, im 5. Kapitel für Interpretationsprobleme und im 6. Kapitel für die Frage des Verhältnisses von Recht und Moral und von konkurrierenden Rechtssystemen. Schließlich folgt im 7. Kapitel eine rechtskybernetische Analyse des Völkerrechts mit überraschenden Prognosemöglichkeiten über das Wachstum friedenshemmender und friedensfördernder Faktoren.

Sicher wird das dargestellte Modell korrigiert oder entwickelt werden müssen und sicher werden nicht alle problembezogenen Anwendungen gleichermaßen überzeugen. Wichtig ist, daß hier wohl der derzeit bedeutendste und umfangreichste Versuch der Konstruktion eines rechtskybernetischen Modells gemacht wurde und der Verfasser sich nicht gescheut hat, Analysekraft und rechtswissenschaftliche Relevanz an Anwendungsfällen zu testen. An diesem Beispiel zeigt sich die Fruchtbarkeit der modernen wissenschaftstheoretischen Forderung, Interpretationsmodelle der Wirklichkeit zu entwerfen und sie an dieser Wirklichkeit zu überprüfen. Die Arbeit von Kisza zeigt, daß Rechtstheorie beide Arbeitsverfahren erfolgreich anzuwenden versteht, die analytische Konstruktion von Modellen und die empirische Überprüfung dieser als Hypothesen über rechtlich geordneten Gesellschaftssystemen interpretierbaren Modelle an der Wirklichkeit. Beide Verfahren sind in der bundesrepublikanischen Rechtswissenschaft noch umstritten. Die Modellkonstruktion ist nur möglich, wenn mathematische und andere strukturwissenschaftliche Methoden angewandt werden, wobei die Kybernetik eine der wichtigsten dieser Strukturwissenschaften ist. Die Hypothesenprüfung setzt die Anwendung soziologischer, rechtsvergleichender und – was bei Kisza besonders deutlich wird – die Anwendung historischer Methoden voraus. Die Rechtsgeschichte, die vergleichende Rechtswissenschaft und insbesondere die Rechtssoziologie liefern unentbehrliche Fakten zur Überprüfung rechtstheoretischer Annahmen.

Ich bin überzeugt, daß die Arbeit von Kisza in der derzeitigen Situation unserer Rechtstheorie neue, wichtige Impulse zu geben vermag. Lernen wir!

„. . . the problems of law may be considered communicative and cybernetic – that is, they are problems of orderly and repeatable control of certain critical situations“.

NORBERT WIENER, *The human use of human beings*

„Ten, który nabył umiejętność cybernetycznego myślenia, potrafi – nawet bez szeczegółowej analizy i rachunku – dojrzeć zagadnienia, istotne ogniwa sytuacji, powiązania elementów i kierunki praktycznego rozwiązania, które są nieuchwytne dla innych“.

OSKAR LANGE, *Wstęp do cybernetyki ekonomicznej*

„La cybernétique nous a rendus sensibles à la manière dont le normatif se retire devant le positif“.

AUREL DAVID, *Méthode sociologique et méthode législative*

Vorwort
des Autors zur polnischen Originalausgabe

Es wird allgemein angenommen, daß Veränderungen, die durch die Entwicklung der exakten Wissenschaften im Gesellschaftsleben hervorgerufen wurden, weitaus größer und bedeutsamer sind als diejenigen, die den humanistischen Wissenschaften, insbesondere der Rechtswissenschaft, zugeschrieben werden. Gleichzeitig sind Bestrebungen bekannt, die gerade in den letzten Jahrzehnten verschiedenerseits unternommen wurden, um die Rechtsiwssenschaften durch Bereicherung von wissenschaftlichen, übrigens verschiedenartig aufgefaßten, Arbeitsmethoden in neue Bahnen zu lenken. Natürlich denkt heute niemand daran, die grundsätzlichen Methoden der Naturwissenschaften direkt auf die Rechtstheorie zu übertragen. Weitaus interessanter und größere Erfolge versprechend sind Versuche, die die Rechtstheorie an die Ergebnisse der Psychologie und der Soziologie, als ihre natürliche Grundlage, anlehnen. In letzter Zeit jedoch bieten allgemeine Veränderungen der wissenschaftlichen Denkungsart neue Möglichkeiten, die zahlreichen Zusammenhänge, die zwischen der Rechtsnorm und der übrigen Wirklichkeit bestehen, zu untersuchen.

Die polnische Wissenschaft hat hierin bedeutende Erfolge zu verzeichnen. Beachtenswert sind besonders die Arbeiten auf dem Gebiet der Rechtssoziologie. Bei PODGÓRECKI z.B., der die Rechtssoziologie von PETRAŻYCKI herleitet, sieht man deutlich das schon bei PETRAŻYCKI vorherrschende Bestreben, ein von Ursache und Wirkung geleitetes Denken in größerem Ausmaße einzuführen. Noch deutlicher erkennbar ist diese Richtung z.B. bei WRÓBLEWSKI. PODGÓRECKI jedoch, der in seinem Werke aus dem Jahre 1966 die Rechtstheorie direkt als Rechtssoziologie „in engerem Sinn" auffaßt, ist der Ansicht, daß die Behandlung der gesellschaftlich-wirtschaftlichen Wirklichkeit nur als eine Variable im mathematischen Sinne wissenschaftlich fruchtbar sei, und daß die Rechtsordnung als Funktion dieser Variablen (wenn auch nicht nur allein dieser einen Variablen) behandelt werden muß, oder – in der umgekehrten Betrachtungsweise – die normativen Akte als Variable und das menschliche Verhalten und dessen gesellschaftlich-wirtschaftliche Folgen als Funktion dieser Variablen (und wiederum nicht unbedingt nur dieser einen). Nur diese zwei Betrachtungsweisen, eventuell ergänzt durch eine historisch-genetische Analyse der gesellschaftlichen Rechtsentstehung, können nach Meinung von PODGÓRECKI Grundlage für die Formulierung der das rechtsgesellschaftliche Leben beherrschenden Regelmäßigkeiten, sowie die Grundlage einer rationellen Rechtspolitik bilden. Das Feststellen dieser gegenseitigen funktionellen Abhängigkeit in beiden Richtungen scheint mir als Ausgangspunkt für weitere Erwägungen besonders beachtenswert zu sein.

PODGÓRECKI leitet seine Ansicht u.a. vom Standpunkt her, den er „dreistufige Hypothese der Rechtswirkung" nennt, und stellt diese der ziemlich weit verbreiteten Überzeugung gegenüber, daß eine rechtmäßig erlassene Vorschrift von geltender Kraft automatisch wirkt. In bezug auf die erwähnte Hypothese dagegen wirkt sie auf das gesellschaftliche Verhalten mittels dreier grundlegender Variablen:

1. durch den *Inhalt,* den die gesellschaftlich-wirtschaftliche Verfassung dieser Vorschrift als dem Element der Rechtsverfassung verleiht, das im herrschenden System geltende Kraft hat,
2. durch die *„Rechtsunterkultur des Milieus“ („podkultura prawna środowiska“)* der Rechtsnormempfänger als allgemeine Wertung ihrer moralischen, sittlichen und gesellschaftlichen Haltung (z.B. das Milieu der Minderjährigen, Rückfalltäter, Beamten, Richter und anderer Rechtsausübenden),
3. durch die *Individualität des Rechtsnormenempfängers* als ihr letzter Verwirklicher, der ihre Wirkung auf das gesellschaftliche Verhalten des Individuums ändern kann.

Im Aspekt der vorliegenden Arbeit ist es nicht ohne Bedeutung, daß PODGÓRECKI seine Hypothese der Rechtswirkung mit Hilfe eines knappen, da vereinfachten, graphischen, einbahnig (linearen) kettenförmigen *Modells* illustriert, dessen Ausgangselement der Normengeber und dessen Endelement das Rechtsverhalten ist.

Von der Aktualität dieses Standpunktes zeugen auch Untersuchungen, die sich mit den verschiedenen einzelnen Gliedern dieser Kette befassen. Die Abhandlung von STUDNICKI aus dem Jahre 1965 betrifft z.B. den Prozeß der Informierung der Bürger über die geltenden Rechtsnormen. Er führt u.a. einen Begriffsapparat zur Beschreibung des Mechanismus dieser Informierung ein sowie ein vereinfachtes Schema der allgemeinen Bewertungsformulierungen betreffs Aufnahme oder Nichtaufnahme von Tätigkeiten, die von der Rechtsnorm verlangt werden, und er unterscheidet drei „Informationsschichten“ der Rechtsnorm: die Grundinformationen, die die Bürger benötigen, um sich im Rechtssystem orientieren zu können, die speziellen Informationen, die einzelne Bürger zur Ausführung ihrer gesellschaftlichen Pflichten benötigen, und schließlich völlig spezifische Informationen, die zur Entscheidung besonderer Fälle unbedingt notwendig sind und daher nur interessierten Personen zugängig sein brauchen. Seine Abhandlung enthält bibliographische Angaben über kybernetische, soziologische und psychologische Probleme, die den Mechanismus des Informationsübertragungsprozesses betreffen (und nicht etwa Probleme der semantischen und logischen Gedankenformulierung); er weist auch darauf hin, daß allgemein theoretische Gesetze über das gesellschaftliche Funktionieren der Rechtsnorm fehlen.

Der Mangel einer theoretischen Synthese in der Staats- und Rechtslehre kommt in den stets wiederkehrenden Versuchen zum Ausdruck, die eigentliche Forschungsmethode zu finden. In einem Artikel, in dem er sich hauptsächlich mit der Tätigkeit des Nationalrates und der Rechtssoziologie befaßt, tritt ZAWADZKI für eine Vielfalt der Methoden ein und fügt hinzu: „Alles weist darauf hin, daß die empirischen Untersuchungen der Rechtswissenschaften immer von theoretischer Reflexion begleitet werden müssen, die zur ... ständigen Vervollkommnung der Untersuchungsmethoden führt. ZAWADZKI weist auf die Erfahrungsbezogenheit der Rechtsphilosophie hin und nicht auf die Einführung mathematischer Elemente durch dieselben.

In seiner Schlußfolgerung empfiehlt er, sich bei soziologisch-rechtlichen Untersuchungen quantitativer Indikatoren zu bedienen, warnt jedoch vor einem „statistischen Formalismus“.

OPAŁEK, der das Streben nach einer Synthese der Rechtslehren vor allem als ein Problem der Rechtslehren-Integration auffaßt, widersetzt sich den Methoden, die sich nur auf Muster der humanistischen Wissenschaften oder nur auf Muster der exakten Wissenschaften stützen. Er spricht für vielseitige Vergleichsuntersuchungen, die den anderen vorangehen und die Geschlossenheit der Rechtslehre bei der Bearbeitung entsprechender Integrationsmethoden hervorheben könnten. Er versteht es, u.a. das hervorragende schöpferische, theoretische Werk von LANG richtig einzuschätzen; er erhebt jedoch z.B. Einspruch dagegen, daß in die Rechtslehre gerade Elemente der Informationstheorie eingeführt wurden, und behauptet, ohne dies meiner Ansicht nach wissenschaftlich genügend belegen zu können, wenn man dabei so „weit“ gehen würde, diese Theorie der Rechtslehre aufzuzwingen, daß dies fast zu einer Negierung der Rechtsnormativität führen würde.

Es scheint jedoch, daß die Wissenschaft heute vollständig und grundsätzlich anders eingestellt ist, als es bisher in der Geschichte der Menschheit gewesen ist, und daß die Staats- und Rechtstheorie hierin keine Ausnahme bildet. Bisher haben große wissenschaftliche Entdeckungen fast immer nur einzelne Bereiche der Wissenschaft betroffen. Die Entdeckung WIENERS, die Kybernetik, umfaßt demgegenüber dank ihrer Universalität nahezu alle Wissenschaften. Ihr Gegenstandsbereich – sehr verallgemeinert – sind die Gesetze, die die Wechselbeziehungen aller Erscheinungen regieren (Handlungen, Prozesse, Mechanismen usw.) und speziell das Steuern und Regeln, das in allen lebenden Organismen und in zahlreichen leblosen Vorrichtungen stattfindet. Es hat sich herausgestellt, daß diese Gesetze *gemeinsame* Merkmale von außerordentlicher Bedeutung besitzen; eines von ihnen – wiederum sehr verallgemeinert – ist die sog. *Rückkopplung („feedback“)*, die in allen selbstregelnden Prozessen auftritt. Es unterliegt heute keinem Zweifel mehr, daß auch in der Rechtssoziologie die Wechselwirkungen zwischen der Gesetzgebung und dem Gesetz einerseits und der Gesellschaft und den Individuen, aus denen diese besteht, andererseits unter dasselbe kybernetische Schema fallen. Es ist also erklärlich, daß eine Untersuchung der spezifischen Merkmale dieses Schemas zum Zweck der Anwendung in der Rechtstheorie von grundlegender Bedeutung sein könnte. Stimmen, die danach verlangen, in der Theorie kybernetische Denkungsart und kybernetische Methode anzuwenden, sind keine „kybernetischen Hits“. Besonders in den letzten Jahren erschienen viele Aufsätze, Artikel und wissenschaftliche Arbeiten, die die Kybernetik in der Rechtslehre behandeln. Schon WIENER machte im Jahre 1950 darauf aufmerksam, daß die Kybernetik auch in der Rechtsproblematik angewandt werden kann (siehe Motto, S. XI). Diese Möglichkeit erkannten auch Juristen in Amerika (z.B. NORTHROP) und in Europa (u.a. KNAPP, LANGROD, LANG, ROT, STUDNICKI und WRÓBLEWSKI). Außer den Bearbeitungen, die die Kybernetik und das Recht im allgemeinen behandeln, gehören auch solche Arbeiten dazu, die umfassenden Rechtsproblemen gewidmet sind, und diese mittels der Kybernetik zu lösen versuchen (z.B. LANG) oder solche, die sich mit der kybernetischen Bearbeitung eines bestimmten Gebietes der Rechtserscheinungen befassen (z.B. WRÓBLEWSKI und STUDNICKI).

Nach Vollendung des Originals der vorliegenden Arbeit erschien Ende 1968 die Abhandlung WRÓBLEWSKIs, in der ein dreifacher Einfluß der Kybernetik auf die Rechtstheorie unterschieden wird:

1. Das Übertragen der Rechtssprache in eine Sprache, in der kybernetische Erwägungen formuliert werden.
2. Die Formulierung von Rechtsproblemen in einer solchen Sprache, daß sie vom kybernetischen Standpunkt aus behandelt werden können.
3. Die Formulierung neuer Probleme, die im Zusammenhang mit dem vom kybernetischen Standpunkt aus betrachteten Recht entstehen, die sich

aber nicht ergeben, wenn Rechtsprobleme auf eine andere Art und Weise untersucht werden.

STUDNICKI befaßt sich eingehender mit dem Informationsfluß über Rechtsnormen unter kybernetischem Aspekt. In seiner Publikation aus dem Jahre 1969 setzt er voraus, daß die Beziehungen, die sich zwischen dem Normengeber und dem Rechtsnormenempfänger ergeben, vom Gesichtspunkt eines bestimmten Steuerungssystems (im kybernetischen Sinne) untersucht werden können. Die Rolle des Steuerungsglieds fällt dem Normengeber zu und die Rolle des gesteuerten Gliedes dem Normenempfänger, die Rolle der steuernden Signale übernehmen die Kommunikate, die vom Normengeber gebildet wurden, u.a. die Gebote und Verbote. Die Steuerung des Rechts findet in einem geschlossenen System statt, in dem das Verhalten der gesteuerten Glieder auf das Sich-Gestalten der steuernden Signale einwirkt: hier kann also von einer Steuerung mit Rückkopplung gesprochen werden. Es wirkt auch ein Korrektionsglied mit, das sind Organe, die die Empfänger daraufhin kontrollieren, wie diese sich zu dem von den Vorschriften verlangten Verhaltensmuster stellen. Korrektionssignale sind Entscheidungen, die von diesen Organen gefällt werden. Prognosen der Steuerungswirksamkeit mit Hilfe der Rechtsnorm sind oft unzuverlässig. Ursachen hierfür gibt es mehrere. Zu den häufigsten zählen eine schwache Abhängigkeit des gesteuerten Gliedes vom steuernden Glied, das Fehlen von erschöpfenden Nachrichten über die charakteristischen Eigenschaften dieser Signale, Einschränkungen, die diese Signale erdulden müssen, sowie das Auftreten von schwer voraussehbaren und ausscheidbaren Störungen. STUDNICKI sieht die Steuerungsschwierigkeiten der Norm u.a. darin, daß die gesteuerten Glieder auf die steuernden Signale gewöhnlich erst lange Zeit nach der Bildung dieser Signale reagieren und Änderungen der Steuerungssignale, Störungen in der Funktionierung des ganzen Systems hervorrufen.

Die dargestellten Erwägungen wurden in dem populären Werk von STUDNICKI, das 1969 erschien, weiter entwickelt und bereichert. Es enthält auch eine umfangreiche kybernetische Bibliographie. Die beiden letzten Publikationen STUDNICKIs erschienen nach Vollendung des Originals der vorliegenden Arbeit.

Weiter gibt es Arbeiten, die die Möglichkeit erwägen, rechtskybernetische Modelle zu konstruieren, die die Rechtswissenschaften fördern würden.

WRÓBLEWSKI z.B. befürwortet die *Modellkonstruktion* im Rechtsbereich. Eines seiner Diagramme bezieht sich in vereinfachter Form auf alle Rechtsnormenempfänger. Er berücksichtigt die Rückwirkung der gesellschaftlichen Konsequenzen der Rechtsrealisierung auf die Modifizierung des Rechtssystems.

Über die Bedeutsamkeit der Modellkonstruktionen für die Rechtslehren war sich auch BERUTOWICZ bewußt, vor allem bei der Auffassung der Prozeßhandlungen.

Unter den früheren Publikationen könnten auch die Artikel von ROT erwähnt werden, in denen er eine Bearbeitung des *rechtskybernetischen Modells* befürwortet. Als ROT begründete, warum solche Modelle konstruiert werden müßten, unterstrich er deren didaktische und heuristische Bedeutung. Das Postulat, die Untersuchungen mit einer Formulierung des kybernetischen Modells zu beginnen, verbreitet sich übrigens nicht nur in der Rechtswissenschaft.

ROT äußert auch einige treffende Ansichten über die Anwendung von Computern bei der Bearbeitung von Rechtsbegriffen und Rechtssituationen. Es ist klar, daß die Verbreitung der kybernetischen Methode in der Rechtswissenschaft und Rechtspraxis nicht nur zum Gebrauch von Maschinen führt, und daß die Anwendung der kybernetischen Methode in der Rechtswissenschaft und Rechtspraxis einen wesentlich größeren Bereich umfaßt als das Mechanisieren von Rechnungen.

Meiner Ansicht nach müssen die Grundlagen der Rechtstheorie der erste Anwendungsbereich kybernetischer Methoden sein; dazu sind jedoch weder Rechenmaschinen noch Automaten vonnöten, wie ROT und MALINOWSKI betonen. Unmittelbare praktische Ergebnisse, die durch die Kybernetik erzielt werden können, müssen auf empirische Untersuchungen gestützt sein. Deshalb besitzen die ersten Beispiele, die Kybernetik in der Rechtswissenschaft anzuwenden, genau so wie in der Rechtssoziologie sowohl die Tendenz zur Mathematisierung wie zur Empirie.

*

Den gegenwärtigen Zustand der Arbeit verdanke ich in hohem Grade der Hilfe von Prof. Dr. Bronisław KNASTER. Er bewertete kritisch, aber wohlwollend das *novum* dieser Arbeit und erklärte sich nicht nur dazu bereit, diese mit mir zu besprechen, sondern mich auch in bestimmte, unbedingt notwendige Gebiete der exakten Wissenschaften einzuführen. Auf einer solch theoretischen Basis konnte ich manche Rechtsprobleme in Übereinstimmung mit den angewandten methodologischen Voraussetzungen entwickeln. Prof. KNASTER machte mich auch auf die Möglichkeit aufmerksam, die unten im 3. Kapitel verwendeten starken und schwachen Rückkopplungen einzuführen, worauf ich selbst nicht gekommen wäre, da ich unter dem Einfluß älterer Ansichten über die Energie in kybernetischen Systemen stand. Prof. KNASTER war auch der Meinung, daß die Wirkungen der Rechtsnorm im Modell über dem Zeitablauf so verteilt sein müssen, solange sie wirklich andauern. Dank dieser Verbesserung gelang es mir, wie es scheint, einen der wichtigsten Faktoren aufzuklären, von denen die Beständigkeit der Rechtsnorm abhängt, abgesehen von anderen Konsequenzen, die diese Änderung nach sich zog. Für all dies möchte ich ihm meinen herzlichsten Dank aussprechen.

Herrn Prof. Dr. Franciszek LONGCHAMPS, der diese Arbeit gelesen und mit mir besprochen hat sowie auf die notwendige Bearbeitung einiger Probleme hinwies, damit diese Arbeit vom juristischen Standpunkt eine größere Geschlossenheit besäße, bin ich zum aufrichtigen Dank verpflichtet. Er regte mich auch zur Bearbeitung weiterer Probleme an, die sich auf das rechtskybernetische Modell stützen.

Wrocław, im Januar 1969 *Andrzej Kisza*

Vorwort des Autors zur deutschen Übersetzung

Ich freue mich, daß in der Bundesrepublik Deutschland eine Übersetzung meines in polnischer Sprache erschienenen rechtskybernetischen Modells erscheinen kann.

Besonderen Dank schulde ich Herrn Professor Dr. Dr. Adalbert PODLECH für die einleitenden Worte und für die Mühe, die er auf die Überprüfung der Übersetzung verwandt hat.

Wrocław, im Juni 1975 *Andrzej Kisza*

1. Kapitel
Aufriß des rechtskybernetischen Modells

1. Einleitung

Zu Beginn dieser Arbeit habe ich folgende methodologischen Richtlinien angenommen: man muß von einer kleinen Anzahl bestimmter kausaler Grundsätze ausgehen, die die Wirkung der Rechtsnorm auf die übrige Wirklichkeit und umgekehrt das Einwirken der übrigen Wirklichkeit auf die Rechtsnorm betreffen[1], und man muß auf der Grundlage dieser Grundsätze entsprechend wie in der Mathematik auf der Grundlage der Axiome das rechtskybernetische Modell aufbauen. Des weiteren muß man, gestützt auf dieses Modell, Schlüsse für die Rechtsprobleme ziehen, entsprechend den Schlußfolgerungen der kybernetischen Lehrsätze und der mathematischen Logik. Ich habe mich bemüht, Schlüsse aus dem errichteten Modell zu ziehen, ohne Rücksicht darauf, ob diese mit den anerkannten Rechtskonzeptionen übereinstimmen oder nicht. Das wurde zur Ursache eines *par excellence* kybernetischen Phänomens, nämlich, daß meine Arbeit selbst zum Gegenstand der Rückkopplung wurde, und dazu einer positiven: die aus meinen Überlegungen beseitigten Merkmale kehrten vervielfacht zurück, und die beseitigten Rechtskonzeptionen erwiesen sich als Schlußfolgerungen aus den angenommenen kybernetischen Formeln und Grundsätzen. Das war selbst für mich überraschend, und gleichzeitig bestätigte es mit die Brauchbarkeit des Modells und bestärkte mich in der Überzeugung, daß gesellschaftliche Erscheinungen im Grunde von denselben Regelmäßigkeiten geleitet werden, wie die Erscheinungen anderer Wissenschaften.

Dies hat auch das Problem der Integration der Rechtswissenschaften gelöst, das OPAŁKO analysiert hat. Es gibt hier zwei Anschauungen: die erste empfiehlt, sich auf die bisherigen Errungenschaften in der Rechtswissenschaft und anderer Wissenschaften zu stützen, u.a. auf mathematische Wissenschaften; die zweite drängt eher dazu, sich von den traditionellen Rechtswissenschaften, deren Wissenschaftlichkeit sie in Frage stellt, zu trennen und auf der

---

1 Siehe dazu besonders unten S. 11 f., 20 ff.

empirischen Grundlage der Gesellschaftswissenschaften und der mathematischen Methoden eine neue Rechtstheorie zu schaffen. Meine Schlußfolgerungen stimmen im allgemeinen mit den anerkannten Lehren der Rechts- und Staatstheorie und anderen Rechtsdisziplinen überein und fallen somit zu Ungunsten derjenigen Anschauungen aus, die die bisherige Rechtslehre als unzutreffend herabsetzen. Weiterhin konnte ich dank der angewandten Methode die Schlüsse noch weiter entwickeln und, was das Wichtigste war, exakter begründen.

Den Wert des behandelten kybernetischen Modells habe ich an vielen Rechtsproblemen geprüft, nicht nur an den in dieser Arbeit berücksichtigten. Zuweilen ergaben sich aus diesem Modell Schlüsse, zu denen die bisherige Rechtswissenschaft überhaupt noch nicht Stellung genommen hat, da ihr Argumente fehlten, die ihr eine Stellungnahme ermöglicht hätten (z.B. hinsichtlich der Abhängigkeit der Vertragsfreiheit von den Moralnormen; s. 6. Kapitel). Im allgemeinen habe ich mich bemüht, in dieser Arbeit vor allem diese Schlüsse aufzunehmen, die die Hauptprobleme der Staats- und Rechtstheorie betreffen, sowie Wertungen, soziale Gruppen (s. 3. Kapitel), die Methoden der Rechtsinterpretation (s.5.Kapitel), Abgrenzung des Rechts von der Moral (s. 6. Kapitel), aber auch die Schlußfolgerungen, die einzelne Rechtsdisziplinen betreffen, z.B. des Prozeßrechts (s. 4. Kapitel), des Zivilrechts (s. 6. Kapitel) und des Völkerrechts (s. 7. Kapitel). Es erwies sich u.a., daß man die rechtskybernetischen Modelle der einzelnen Systeme (Staaten) koppeln kann, wodurch ein rechtskybernetisches Modell des Übersystems (Verbindung von Staaten) entsteht, woraus sich ebenfalls nichttriviale Schlüsse ergeben, die z.B. das Problem von Frieden und Krieg betreffen.

Andere Schlußfolgerungen, die manche strittigen und wichtigen Rechtsprobleme lösen, können hier in ausgearbeiteter Form aus Raumgründen nicht behandelt werden. Deshalb deute ich sie in den einzelnen Kapitel nur kurz an. Schlußfolgerungen, die thematisch nicht mit den in dieser Arbeit besprochenen Problemen zusammenhängen, habe ich vollkommen außer Acht gelassen. Sie betreffen hauptsächlich Probleme des logischen Werts der Rechtsnormen (im Sinne der Begriffe von Wahrheit und Unwahrheit in der mathematischen Logik), Probleme von Lücken im Gesetz, einer optimalen Methode der Rechtsinterpretation, der optimalen Teilung der Staatsgewalt, des *Zwischenzeitrechts* und einer Reihe von Fragen, die mit dem internationalen

Privatrecht verbunden sind. Einige Bemerkungen über klassische Schulen und über Rechtstheorien finden teilweise Ausdruck im 5. Kapitel. Aus dem hier besprochenen Modell ist zu sehen, daß im allgemeinen jede dieser Schulen und Theorien das Recht von einem anderen Abschnitt der Trasse betrachtet, auf der die Signale (Informationen) über die Rechtsnormen laufen.

Schließlich habe ich diejenigen Schlüsse außer Acht gelassen, deren Analyse eine Zergliederung der einzelnen Elemente des rechtskybernetischen Modells erfordern würde. Ausnahmsweise habe ich in einem einzigen Fall an einem Beispiel die Möglichkeit solch einer Zergliederung illustriert[2].

Die angewandte Methode hat über die Darstellungsart des Ganzen entschieden, die von der traditionellen Form der juristischen Literatur abweicht u.a. in der Hinsicht, daß man sich auf andere Autoren beruft. Dies bedarf einer Erklärung. Wie ich oben ausführte, habe ich die Schlüsse, die das Hauptmotiv dieser Arbeit bilden, aus mehreren augenscheinlichen, von Ursache und Wirkung getragenen Grundsätzen abgeleitet. Diese Grundsätze habe ich als Axiome angenommen, also als wahre *ex definitione.* Die Richtigkeit der Schlüsse, die sich aus diesen Grundsätzen ergeben, hängt nicht davon ab, welche Autorität und in welcher Weise sich diese früher über diese Schlüsse äußerte. In der bisherigen Rechtsliteratur haben gerade die Autoritäten eine wichtige Rolle gespielt, wodurch eine große Anzahl von Anmerkungen und Fußnoten der Autoren zu verzeichnen ist, die zu ein und denselben Problemen eine ähnliche Stellung einnahmen; man hat auch den wissenschaftlichen Wert juristischer Arbeiten von der Anzahl zitierter Publikationen abhängig gemacht.

Bei dieser Gelegenheit muß man rechtzeitig auf folgendes achten. In juristischen Werken schätzt man im allgemeinen und zutreffend die Wichtigkeit der Logik als ein Werkzeug, dessen sich der Jurist auf Schritt und Tritt in wissenschaftlichen Untersuchungen sowie in der beruflichen Praxis bedient. Leider, und daran trägt vielleicht unser Schulwesen und das Hochschulwesen einen Teil Schuld, wird oftmals beim Räsonnement der wesentliche Unterschied zwischen der Relation der Folgerung, die zwischen zwei Sätzen bestehen kann, und der Relation der Kausalität, die zwischen Geschehnissen bestehen kann (zwischen Fakten der Wirklichkeit), nicht beachtet. Es handelt

2 Siehe dazu unten S. 58.

sich dabei aber um zwei völlig verschiedene Relationen, die vollkommen andersartige Formal- und Kalküleigenschaften haben, auf Grund deren der Algorithmus der Folgerungsrelation im Satzkalkül sich prinzipiell vom Algorithmus eines Ereigniskalküls in den spezifischen Wissenschaften, wie der Physiologie und der Mechanik usw. unterscheidet. So ergibt sich z.B. aus dem Satz „Morgen ist Sonntag“ folgerichtig der Satz „Heute ist Sonnabend“, aber das im ersten Satz ausgesprochene Faktum stellt nicht die Ursache des Faktums des zweiten Satzes dar, da es später eintritt. Die Begriffsverwechslung von Kausalität und Folgerung z.B. schon bei dem Begriff des Beweises ist oft Ursprung vieler bedeutender Fehler, und das sogar bei Gerichtsentscheidungen. So muß in dieser Arbeit die Unterschiedlichkeit von Kausalität und Folgerung, als speziell unumgänglich, systematisch eingehalten werden.

Meine Arbeit ist vor allem für diejenigen Juristen und Leser gedacht, die die Mathematik im Bereich der Oberschule beherrschen und in kybernetischen Grundbegriffen und Problemen in groben Umrissen orientiert sind.

Die einzelnen Kapitel sollten nicht in beliebiger Reihenfolge gelesen werden. Im besonderen sollten die ersten drei Kapitel nicht übergangen werden, in denen die Grundbegriffe der rechtskybernetischen Grundsätze behandelt werden.

2. Das kybernetische Schema

Wir legen jetzt einige Bezeichnungen fest. Das einfachste kybernetische Schema besteht aus der Quelle, einem Gerät (oder Organ), das das Wirkungssignal *(der Informationsquelle)* zum Gerät (oder zum Organ), also dem *Effektor* sendet. Dieses letzte Gerät führt die Tätigkeit aus und ist mit der Quelle in *direkter Kopplung* und, was für jedes kybernetische System wesentlich ist, durch *Rückkopplung* verbunden, die die Signale (auch Informationen genannt) des aussendenden Geräts korrigiert (Abb. 1).

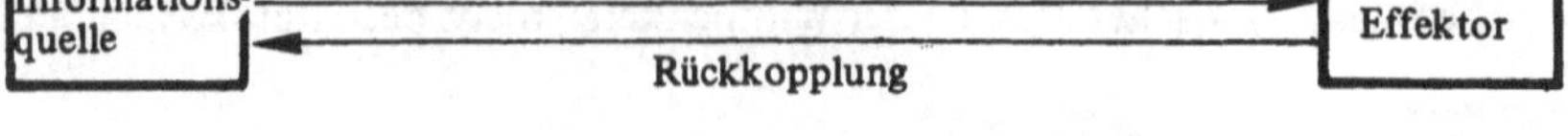

Abb. 1

Diese Geräte, zusammen mit den die Signale leitenden Vorrichtungen (in Abb. 1 mit Pfeilen gezeichnet und als *Kanäle* bezeichnet), bilden das sogenannte *System* oder eine *kybernetische Kette.* Die Geräte selbst werden hier als *Elemente* dieser Kette bezeichnet. Der Anfang des Kanals, der aus dem Element heraustritt, wird kurz als *Ausgang* bezeichnet; das Ende des Kanals, das bis zum nächsten Element heranreicht – als *Eingang.*

Bei leblosen Mechanismen, ebenso wie bei lebenden Organismen, verläuft die Mehrzahl der Erscheinungen, entsprechend den kybernetischen Schematas jedoch viel komplizierter. Die kybernetischen Ketten in solchen Schemata setzen sich aus zahlreichen Elementen zusammen (diese haben in verschiedenen Fällen verschiedenartige Bezeichnungen), und sie können zahlreiche parallele Kanäle zwischen ein und denselben Elementen haben. Eine solche Kette, als *Hauptkette* bezeichnet, kann auch Verzweigungen oder Abzweigungen in Gestalt von Nebenketten aufweisen. Im allgemeinen treten in der Kette noch Erscheinungen auf, die die Tätigkeit der Elemente und der Kanäle stören. Die Elemente bilden oder verarbeiten Signale (Informationen), und die Kanäle übertragen diese weiter[3]. Diese Störungen können *innerer* wie auch *äußerer* Art sein. Gewöhnlich werden diese Störungen als *Rauschen* bezeichnet.

Ein solches kybernetisches Schema wird in groben Umrissen in Abb. 2 und 3 dargestellt.

Um eine Kreuzung der Linien in diesen Abbildungen zu vermeiden, wurden nur einzelne Rückkopplungen und nur einzelne mögliche äußere Störungen dargestellt. Dagegen wurde in Abbildung 3 als Beispiel eine Rückkopplung gezeichnet, die eine aus zwei Elementen bestehende Nebenkette bildet. Solche oder kompliziertere Nebenabzweigungen spielen gewöhnlich die Rolle empfindlicher Regelgeräte für die Tätigkeit der Hauptkette *(der Regulatoren).*

Die Bezeichnungen der einzelnen Elemente auf Abb. 2 und 3 geben genügend Aufklärung über die Rolle dieser Elemente im Verarbeitungs- und Übertra-

---

3 Ich verwende in der vorliegenden Arbeit diese Ausdrücke in ihrer allgemein bekannten und in der Wissenschaft anerkannten Bedeutung. Symbole repräsentieren Informationen, ähnlich wie die Ziffern Zahlen und die Buchstaben Laute. Ein Signal ist ein übertragenes Symbol und ein Kanal die Art und Weise der Signalübertragung. Signal, Kanal und Information stehen also in einem ähnlichen Verhältnis wie eine Bezeichnung, ihr Abdruck und der Inhalt, den sie bezeichnet.

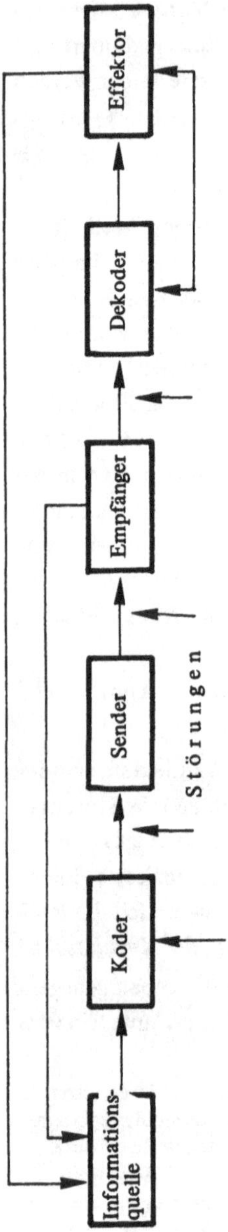
Informations-
quelle
Koder
Sender
Empfänger
Dekoder
Effektor
S t ö r u n g e n

Abb. 2

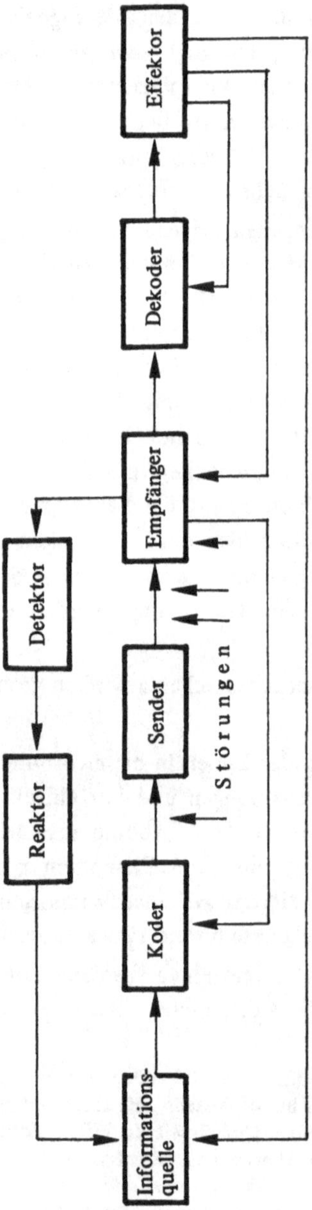
Informations-
quelle
Koder
Sender
Empfänger
Dekoder
Effektor
Detektor
Reaktor
S t ö r u n g e n

Abb. 3

gungsprozeß von Informationen über die nächsten Elemente bis zum Effektor hin, und die aufeinanderfolgenden Stadien dieses Prozesses sind Gegenstand u.a. folgender, allgemeiner Theorien, die einen Teil der Errungenschaft der neuesten zeitgenössischen Mathematik bilden: Informationstheorie, Kodierungstheorie, Theorie der stochastischen Prozesse, im besonderen die Theorie der Signalfiltration und die Entscheidungstheorie.

Das kybernetische Schema, das in Abb. 2 dargestellt ist, weist verschiedene besondere Fälle auf, Varianten und Modifikationen, die vom Anwendungsgebiet abhängen. Wie wir unten[4] sehen werden, spielt im rechtskybernetischen Modell, das den Gegenstand dieser Arbeit bildet, die Gesetzgebung die Rolle der Informationsquelle (das Element L) und die Gesellschaft (Element S) die Rolle des Effektors, also des Realisierers der Folgen in all ihren kollektiven und individuellen Handlungen, die sich im Endergebnis unter dem Einfluß vom L gestalten und von sich aus auf L sowie auf andere Elemente durch Rückkopplung einwirken. Die Rolle des Regulators dagegen wird der Jurisdiktion und Administration zugeschrieben (siehe Elemente J und A in Abb. 9).

Eigentlich stellt die menschliche Gesellschaft in ihrer Funktion (die zur Entstehung und zur Wirkung des Rechts gehören) vom kybernetischen Standpunkt ein sogenanntes relativ abgesondertes System dar, dessen *Umgebung* u.a. Gegenstände des Sachenrechts enthält. Die Gesetzgebung, Normensammlung, die Jurisdiktion und Administration, welche in der Terminologie dieser Arbeit die Elemente L, N, J, A, ,. . . der kybernetischen Haupt- und Nebenkette sind, spielen in diesem System die Rolle von Gliedern.

Die Menge von primären Folgen (P), von gesellschaftlich-sekundären (R), und von entfernten allgemeingesellschaftlichen (S) würden in diesem relativ abgesonderten System als Selbstkopplungen auftreten; diese Selbstkopplungen müßten also in einem solchen kybernetischen Schema durch Pfeile bezeichnet sein, die aus dem Ausgang austreten und zum Eingang führen, sowie im Inneren des Systems in Richtung der einzelnen Elemente verlaufen (siehe die Pfeile P, R und S in Abb. 4, die solch ein System darstellen soll)[5].

4 S. 13.

5 Die obenstehende Bemerkung verdanke ich einem Diskussionsbeitrag von Herrn Edward ACHTELIK, den er zu meiner Arbeit während der Sitzung des Wrocławskie Towarzystwo Naukowe am 8.1.1968 machte.

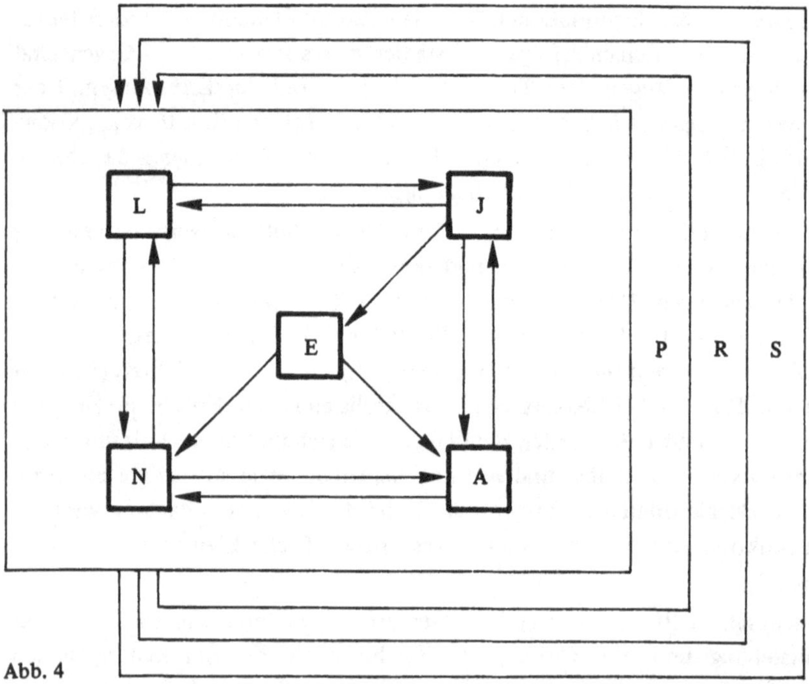

Abb. 4

Dieses Bild über die Wirklichkeit befindet sich in Übereinstimmung mit den Begriffen der Systeme, die in Naturwissenschaft, Technik und Ökonomie am häufigsten sind[6]. Aus diesem Grund ist dieses Bild für die auf diesen wissenschaftlichen Gebieten tätigen Kybernetiker sofort verständlich; es scheint aber für eine genügend übersichtliche Erfassung der in dieser Arbeit untersuchten Probleme nicht direkt von Nutzen zu sein. Diese Probleme verlangen ein geometrisches Schema, das in der graphischen Darstellung weniger kompliziert ist. Sie verlangen auch eine besondere Isolierung der Kopplungen P, R und S, da sie eine wichtige Rolle spielen und sich hierdurch von anderen Kopplungen unterscheiden.

Aus diesem Grunde betrachte ich P, R und S in dem von mir angenommenen Modell nicht als Kopplungen, sondern als selbständige Systemelemente (Elemente einer Kette), die quasi eine natürliche Verlängerung der vorange-

6 Vgl. dazu O.K.L. PELIKÁN, Cybernetyka a ekonomia, S. 219–225.

gangenen, von Ursache und Wirkung bestimmten Elemente bilden. Ein derart entstehendes Schema (Abb. 6) muß demnach auf vereinbarte Weise untersucht werden, und zwar als Modifikation des in Abb. 4 dargestellten Schemas, die speziell für weitere Erwägungen herausgearbeitet wurde.

3. Zwei Hauptanwendungen der Kybernetik im Recht

Vom theoretischen Gesichtspunkt aus bestehen in der Rechtslehre zwei Hauptmöglichkeiten der kybernetischen Anwendung, von denen die zweite die kompliziertere ist:

1. Man bedient sich der Kybernetik zur Erkenntnis der Wirklichkeit, von der die Norm abhängig ist.
2. Man versucht, den ganzen Mechanismus der Entstehung und der Wirkung der Rechtsnormen in kybernetischen Kategorien zu erfassen.

Ad 1. Die Kybernetik erwies sich als eine fruchtbare Forschungsmethode auf verschiedenen Gebieten der Wissenschaft, u.a. in der Soziologie und Ökonomie. Da die Rechtsnormen von verschiedenen Erscheinungen des gesellschaftlichen Lebens, im besonderen von den Produktionsverhältnissen, abhängig sind, kann man erwarten, daß die kybernetischen Untersuchungen dieser Erscheinungen auch in der Rechtslehre von Nutzen sein werden.

Ad 2. Es ist eine prinzipielle Frage, ob es mit Hilfe der Kybernetik möglich ist, die gegenseitige Wechselwirkung der Rechtsnormen auf die übrige Wirklichkeit und dieser übrigen Wirklichkeit auf die Rechtsnormen zu untersuchen. Im weiteren Verlauf dieser Arbeit wird von der *übrigen Wirklichkeit* keine Rede mehr sein, sondern nur von der *Wirklichkeit,* wobei wir nicht vergessen dürfen, daß die Rechtsnormen auch zur Wirklichkeit gehören, und zwar als Faktum, also im Kausalitätssinne. Die These, daß die Rechtsnorm gleichzeitig ein Produkt und ein Produzent der Wirklichkeit ist, besteht zumindest seit dem 13. Jahrhundert. Diese These wurde im letzten Jahrhundert in der Rechts- und Staatstheorie anerkannt. Die gegenseitige Wechselwirkung von Norm und Wirklichkeit führt zu dem Gedanken, daß es sich hier um ein relativ isoliertes System handelt, und daß es somit zwischen der Rechtsnorm und der Wirklichkeit mindestens zu einer Rückkopplung kommt. Dieser Sachverhalt ist in Abb. 5 schematisch dargestellt.

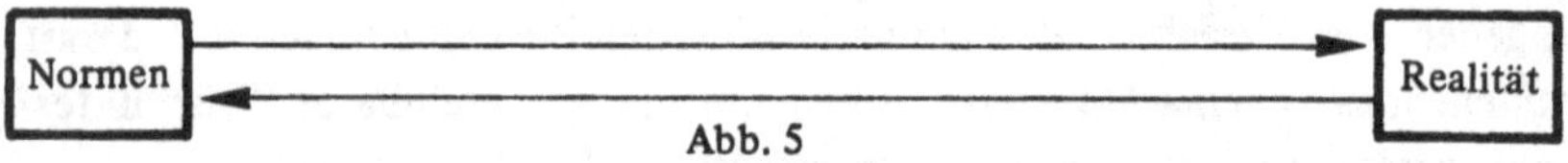

Abb. 5

Über die Rückkopplungen gibt es in der Kybernetik zwei Ansichten.

Die erste Ansicht ist wenig verbreitet und wird in den technischen Wissenschaften vertreten. Von Rückkopplungen spricht man dabei erst dann, wenn zwischen den Elementen eine materiell greifbare Verbindung besteht. Dieser Konzeption entsprechend muß man zuerst nachweisen, daß die Norm auf die Wirklichkeit einen Einfluß als materielle Wirkung ausübt und umgekehrt.

Die zweite Ansicht, die weiter verbreitet ist, bedient sich des Begriffs der Rückkopplung unabhängig davon, ob die Wirkung und Rückwirkung zwischen den einzelnen Elementen als etwas Konkretes nachzuweisen ist oder nicht, z.B. als Nervenverbindung, energetische Verbindung usw., also unabhängig von der Kenntnis des Mechanismus. Wichtig ist nur, daß irgendeine Beziehung besteht.

Soll z.B. N eine neue Norm und $\overline{N'}$ irgendeines ihrer Maße (Zahlenmerkmal) bedeuten, z.B. den durch diese Norm veranlaßten Anstieg des analogischen Zahlenmerkmals $\overline{N}$ der früheren Zolltarife N (in % der Zahl N). Soll weiter R' irgendeine zahlenmäßig greifbare Veränderung der Wirklichkeit nach Inkrafttreten der Norm N', und $\overline{R'}$ irgendein Maß (Zahlenmerkmal) dieser Veränderung bedeuten, z.B. ein Ansteigen des Wertes R' geschmuggelter Waren (im Verlauf eines Jahres in % des durchschnittlichen jährlichen Wertes $\overline{R}$ in der vorherigen Wirklichkeit R). Wenn dann zwischen den Zahlen $\overline{N'}$, $\overline{N}$, $\overline{R'}$ und $\overline{R}$ Beziehungen bestehen, z.B.

$$\overline{N'} = 5\overline{N} \cdot \overline{R}, \qquad \overline{R'} = \overline{N} - \overline{R},$$

kann man theoretisch annehmen, daß zwischen R und N eine Rückkopplung besteht. Wenn aber z.B.

$$\overline{N'} = 5\overline{N}, \qquad \overline{R'} = \overline{N} - \overline{R}$$

betragen, dann gibt es keine solche Kopplung, da eigentlich $\overline{R}$ von $\overline{N}$ abhängig ist (siehe die zweite Gleichung); aber $\overline{N'}$ nicht von $\overline{R}$ abhängt (wie an der ersten Gleichung ersichtlich ist, in dem es kein $\overline{R}$ gibt).

ASHBY repräsentiert diese zweite Richtung; ich teile seine Meinung. Ich nehme im allgemeinen an: *da es sich algebraisch oder durch Feststellung irgendwelcher Regelmäßigkeiten darstellen läßt, daß nicht nur die Norm auf die Wirklichkeit wirkt, sondern auch umgekehrt, kommt es außer einer direkten Kopplung auch zu einer Rückkopplung zwischen der Wirklichkeit und der Norm.* Hier genügt es also, daß bestimmte Merkmale von Wirklichkeitserscheinungen ihren Ausdruck in den Rechtsnormen finden und daß bestimmte Merkmale von Rechtsnormen ihren Ausdruck in der Wirklichkeit finden. Aber betrachten wir weiter die hierzu notwendigen Kausalbeziehungen zwischen N und R und zwischen R und N.

4. Kausalbeziehungen zwischen der Norm und der übrigen Wirklichkeit

Als Ausgangspunkt nehmen wir die Norm als eine Ursache, welche Wirkungen in der Wirklichkeit hervorruft. Man könnte eigentlich mit der Wirklichkeit beginnen, was übrigens mit der Zeitfolge der Erscheinungen vereinbar wäre. Es handelt sich hier jedoch um die Untersuchung der Wirkung *N* auf *R* und umgekehrt, wobei allerdings der Kreis der Wechselwirkung ohnehin geschlossen ist. Ich unterscheide 3 aufeinanderfolgende Gruppen der Normenwirkungen:

1. *Psychomotorische Wirkungen* (P). Da Rechtsnormempfänger immer ein Mensch ist (sogar dann, wenn sich die Norm an eine Rechtsperson richtet), so sind die ersten Folgen Reaktionen auf die menschliche Psyche, die weiterhin das menschliche Verhalten zur Folge haben. Dies kann z.B. eine Handlung oder ihre Unterlassung sein. Das sind die erfaßbarsten Wirkungen der Normen.
2. *Direkte Folgen in der gesellschaftlichen Realität* (R). Die Wirkungen von P sind gewöhnlich objektive gesellschaftliche Erscheinungen. Dazu gehört z.B., daß auf den Straßen ein bestimmter Grad an Verkehrssicherheit besteht, daß die Kontrahenten die Verträge einhalten oder nicht usw.
3. *Sekundäre oder entfernte Folgen* (S). R ruft jedoch noch weitere gesellschaftliche Wirkungen auf dem Gebiet der Wirklichkeit hervor. Diese Wirkungen treten mit dieser Wirklichkeit in sehr allgemeine und oftmals sehr entfernte Beziehungen. Es geht hier um solche Wirkungen, die auf anderen Gebieten der Wissenschaft (z.B. Medizin) als Sekundär-, Folge- oder Späterscheinungen bezeichnet werden.

Die Abgrenzung der näheren Wirkungen (in R) von den weiteren (in S) wird u.a. durch die Stellung dieser Wirkungen in der Zeit bestimmt. So ruft z.B. die Norm, die es erlaubt, nur sehr kleine und billige Wohnungen zu bauen, zuerst (in R) Wirkungen hinsichtlich der Befriedigung des Wohnungsbedarfs bei der Bevölkerung hervor, aber nach einiger Zeit können (in S) weitere Wirkungen im zahlenmäßigen Anwachsen von Neuroseerkrankungen bei den Bewohnern dieser Wohnungen auftreten. Nicht immer werden die Wirkungen in R von den Bürgern oder der Behörde vorteilhafter als die Wirkungen dieser selben Norm in S gewertet. Es kommt auch vor, daß die Wirkungen in S geradezu entgegengesetzt zu denen in R auftreten. So kann z.B. die Norm, die auf ein bestimmtes Produktionsgebiet durch Lohnanreize wirkt, in R dieses Gebiet beleben, jedoch in den weiteren Wirkungen in S kann diese Norm in S zum Stillstand auf demselben Gebiet führen, z.B. durch Entmutigung infolge von Marktüberangebot. Oft ist es auch umgekehrt.

Hier kann ein kybernetisches Problem entstehen, und zwar eine Abhängigkeit zwischen zwei Wirkungsarten derart zu finden, daß sich die Rückkopplungen, die von R und S stammen, gegenseitig in L und weiter in N aufheben, wenn die eine Rückkopplung positiv und die andere negativ ist, und somit ein ausgeglichenes System bilden. Eine praktische Lösung solcher Fragen erfordert selbstverständlich bearbeitete Materialien und Messungen.

Es scheint, daß viele gesellschaftliche Bewertungen – darüber ausführlich im 3. Kapitel – eben in Verbindung mit den Wirkungen in S entstehen. Die Absonderung dieser Wirkungen scheint auch deshalb notwendig, weil sich in ihnen die „ungelöschten“ Wirkungen der Norm summieren.

Die Unterscheidung von direkten und sekundären Folgen des menschlichen Verhaltens ist in der Rechtstheorie nicht völlig neu. Schon Ende des 18. Jahrhunderts hat BENTHAM bei der Untersuchung von Gesetzgebungsproblemen die Folgen menschlicher „Taten“ in „ursprüngliche“ und „sekundäre“ eingeteilt. Er bemerkt hierbei, daß die „ursprünglichen“ Folgen schädlich und die „sekundären“ heilsam sein können.

Die Rechtsnormen mit Ausnahme von gerichtlichen und administrativen Präjudizien und des Gewohnheitsrechts bildet der Gesetzgeber. Das Gewohnheitsrecht und die Präjudizien betrachte ich dabei als eine besondere Art von Rechtsnormen, die weiter unten behandelt werden[7]. Der Gesetzgeber gehört also der untersuchten Wirlichkeit an.

Die Wirklichkeit im Bereich von P, R und S umfaßt die *Wirkungen* der Normerlassung; die gesetzgebende Tätigkeit muß aber in der betrachteten Kausalitätsbeziehung als *Ursache* der Normenerlassung anerkannt werden. Die gesamte Gesetzgebung (ausgeschlossen ist die Tätigkeit der Gerichte und Verwaltungsbehörden) wird hier durch L bezeichnet. Im Element L sind also alle Handlungen offizieller Organe enthalten, die in einer gegebenen Gesellschaft zur Vorbereitung, zur Formulierung und zum Erlaß der Gesetze berufen sind. Somit spielt hier die Tätigkeit der Ressorts der einzelnen Ministerien, der Kodifikationskommissionen, der Parlamentskommissionen, des Parlaments als Ganzes usw. eine Rolle. Die Beziehungen zwischen diesen Tätigkeiten sind Kausalitätsbeziehungen, und die Beziehungen zwischen den Sätzen, die als Ergebnis dieser Tätigkeit entstehen, sind logische Beziehungen.

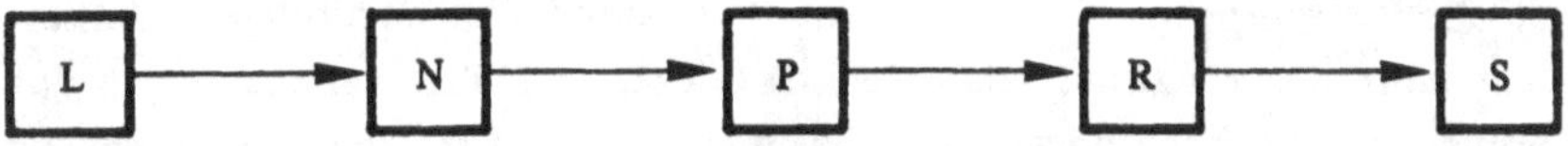

Abb. 6

Eine so bestehende Kausalitätskette (Abb. 6) wird des weiteren als *Hauptkette* des kybernetischen Schemas dienen, das in dieser Arbeit als rechtskybernetisches Modell angenommen wurde[8]. Diese Kette wird demnach aus fünf Elementen bestehen. Das Element L trägt die Kennzeichen einer Informationsquelle im kybernetischen Sinne. Das Element N, als Menge von Rechtsnormen aufgefaßt, die sich ständig verändert – und das nicht nur dadurch, daß man alte Normen durch neue ersetzt, sondern auch dadurch, daß die Einführung einer neuen Norm den Sinn sehr vieler anderer Normen verändern kann – trägt die kybernetischen Merkmale eines Kodierungsorgans. In N könnte man einen Sender unterbringen (z.B. ein Organ der Normenpromulgation) und in P einen Empfänger (z.B. eine Menge von Rechtssubjekten, die ein Gesetzblatt erhält). In den Elementen P und teilweise in R kommt es zur Dekodierung, und S ist ein Effektor.

Wie man sieht, bezeichnen die einzelnen Elemente nicht nur eine Menge von Personen, sondern auch Mengen von Erscheinungen oder Handlungen[9].

7 S. 24–27, 30–32.

8 Siehe dazu unten S. 21, 22.

9 Tritt man aus der Hauptkette heraus, so kann z.B. das Element L nicht nur normative Akte des Parlaments umfassen, sondern auch die generellen normativen Akte anderer Staatsorgane. Auf ähnliche Weise hat das englische Parlament im

Eine so beschriebene Hauptkette trägt die Grundmerkmale eines allgemeinen kybernetischen Schemas, was sofort den Gedanken aufkommen läßt, daß Erscheinungen in der Gesellschaft ähnlichen Regelmäßigkeiten unterliegen, wie andere Erscheinungen, die sich mit Hilfe von kybernetischen Modellen darstellen lassen.

Diese Ähnlichkeit erlaubt es auch zu vermuten, daß die Informationsquelle L u.a. durch Rückkopplung aus dem Effektor S versorgt wird, eventuell durch andere Rückkopplungen aus anderen Elementen, und daß zwischen den einzelnen Elementen auch verschiedene Rückkopplungen auftreten können. Tatsächlich erlassen die Gesetzgeber eine Norm auf Grund von Informationen über das Verhalten der Rechtssubjekte in P, über nähere und weitere Folgen in R und S dieses Verhaltens, sowie über die Wertung, die sich in einzelnen Gesellschaftsgruppen, die im Element P enthalten sind, vorfinden[10]. Außerdem lehrt die Erfahrung, daß Rechtssubjekte in P ihre Anschauungen auf Grund von Beobachtungen der Wirkungen ihres Verhaltens gestalten. Es werden auch zahlreiche Rückkopplungen in Betracht gezogen (s. die Pfeile *s* in Abb. 7), die L informieren und über L auf N wirken. So gestalten sich also die bisher betrachteten Beziehungen zu einem vollkommeneren Schema (Abb. 7), das in den folgenden Abschnitten dieses Kapitels noch vervollständigt wird[11].

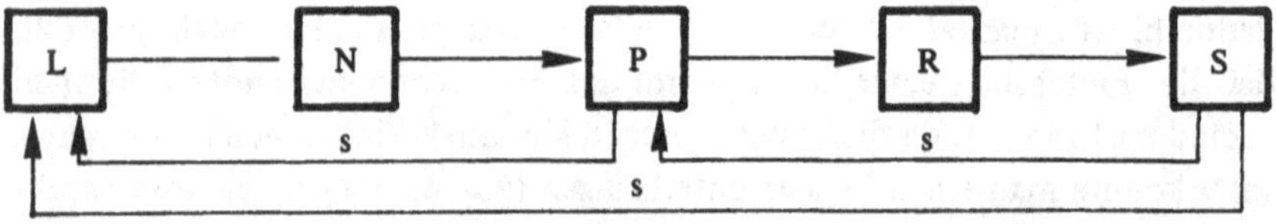

Abb. 7

16. Jahrhundert manche Gerichtsfunktionen ausgeübt, die nicht dem Element L, sondern dem Element J zustehen. Vgl. dazu G.M. TREVELYAN, Geschichte Englands, 1. Band, S. 282, und in der vorliegenden Arbeit Abb. 9. Demnach kann in diesem Modell eine Person verschiedenen Elementen angehören, ein Minister etwa den Elementen L und A und ein Mitglied des Oberhauses im 16. Jahrhundert den Elementen L und J. Dieser Umstand stört die folgenden Erwägungen nicht, da in ihnen nur von denjenigen Verhalten die Rede ist, die eindeutig einem bestimmten Element zuzurechnen sind.

10 Siehe dazu unten das 3. Kapitel.

11 Siehe unten S. 21 f.

Die Hauptkette, die in Abb. 7 dargestellt ist, ist jedoch noch in anderer Hinsicht, und zwar infolge ihrer (übrigens beabsichtigten) Allgemeinheit unvollständig. Es darf nicht vergessen werden, daß die einzelnen Elemente dieser Kette selbst Sitz komplizierter rechtsgesellschaftlicher Erscheinungen sind, die, durch gewisse organische Gesamtheiten verbunden, auf kybernetische Weise betrachtet werden können. So müßte man zu den vielen spezifischen Problemen der Staats- und Rechtstheorie die einzelnen Elemente der besprochenen Kette in Teilelemente zergliedern. Innerhalb dieser Teilelemente würden dann kleinere Haupt- und Nebenketten entstehen, deren Elemente ebenfalls durch direkte und Rückkopplungen verbunden sind. Jedoch werden diese inneren Kopplungen, die in den Grenzen der einzelnen Elemente auftreten, weder besprochen noch in dem hier betrachteten allgemeinen Modell (Abb. 7) verzeichnet (mit Ausnahme eines einzigen Falls, der im 3. Kapitel, S. 58 behandelt wird). So wird z.B. das Problem der obersten Gewalt im Staat (*summa potestas* des Souveräns) und deren Rolle nicht speziell behandelt, obwohl das dargestellte rechtskybernetische Modell auch solche Probleme erfaßt.

5. Störungen des Rechtssystems

In der juristischen Kybernetik müssen die Verbindungen der einzelnen Elemente mit auch anderen Erscheinungen als denen in N berücksichtigt werden. Solche Erscheinungen sind vor allem die Störungen (im kybernetischen Sinne) im Gesellschaftsleben, wie z.B. Naturkatastrophen oder Verkehrskatastrophen. Diese Störungen können direkt oder indirekt auf jedes einzelne Element des kybernetischen Schemas einwirken und umgekehrt auch ihrerseits von diesem Element beeinflußt werden. Das Wichtigste in diesem rechtskybernetischen Modell ist die Störungswirkung auf das Element S, denn in S konzentrieren sich die Störungswirkungen, die die früheren Elemente und die Kopplungen zwischen diesen angegriffen haben, wenn die Wirkungen dieser Störungen unterwegs nicht verschwunden sind. Diese Störungen sind auf Abb. 8 mit den Pfeilen *z* bezeichnet.

Irgendeine beliebige Gesellschaftserscheinung als Störung zu qualifizieren, kann schwierig sein. Es ist manchmal klar, daß Morde, Vergewaltigungen,

Schlägereien, Dokumentenfälschungen, das böswillige Zufügen von Schaden usw. Gesellschaftsstörungen sind. Jedoch lassen z.B. Devisenvergehen Bedenken aufkommen. Eine nähere Analyse der gesellschaftlichen Probleme weist darauf hin, daß gesellschaftliche Wertungen in hohem Maße von der Situation einzelner Gesellschaftsgruppen abhängig sind, worauf genauer im 3. Kapitel eingegangen wird[12]. Vorläufig genügt es zu bemerken, daß die Beseitigung der Störungen durch N in den weiteren Elementen der Hauptkette und besonders in S, weiterhin davon abhängt, was L als Störung betrachtet. Jedoch ist L in dieser Hinsicht abhängig von Informationen, die durch Rückkopplungen aus weiteren Elementen stammen und dank dieser Informationen kann L eine regulierende Wirkung auf R und S ausüben.

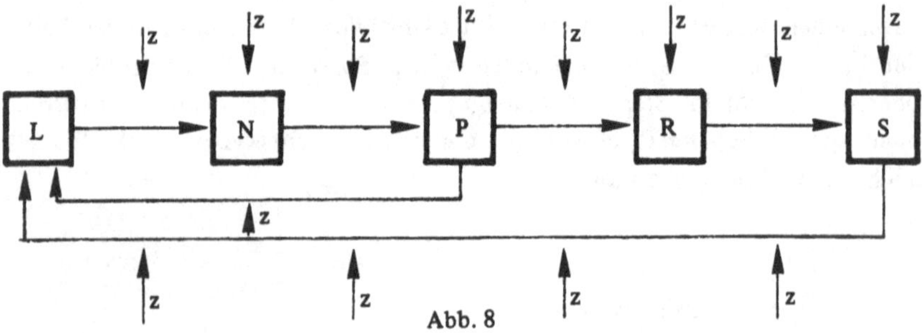

Abb. 8

Der Begriff *regulierende Wirkung* bedarf schon jetzt einer genaueren terminologischen Festlegung. Es hat sich nämlich in der klassischen Staats- und Rechtstheorie sowie in anderen juristischen Disziplinen und in der Umgangssprache die Anschauung eingebürgert, daß die Tätigkeit des Gesetzgebers oder auch der Einfluß der Rechtsnormen auf das Gesellschaftsleben als *Regelung* bezeichnet wird. In diesem Sinne wurde dieses Wort eben gebraucht. Jedoch betrifft dieser Begriff in der Kybernetik meistens den Einfluß der einen Elemente auf die anderen derselben kybernetischen Kette (meistens durch Rückkopplungen) oder betrifft auch die Wirkung einer Gruppe spezieller zusätzlicher Elemente (wie z.B. der Detektor und der Reaktor in Abb. 2), die oftmals auch *Verstärker* genannt werden. Schließlich wird im Völkerrecht[13] die Regelung noch durch andere Organe des

12 Siehe dazu unten S. 56–61.

13 Siehe dazu unten das 7. Kapitel.

rechtskybernetischen Modells ausgeübt und auch andersartig verstanden. Dementsprechend muß man in dieser Arbeit folgende 3 Begriffe festlegen:

1. Die Regelung im traditionellen Sinn, als Rechtsregelung der gesellschaftlichen Wirklichkeit (durch Beseitigung von Störungen); das ist die Regelung *durch das Recht;* diese wird hier als „Gesetzgebung", „Erlaß von Rechtsnormen" und ähnlichem bezeichnet.
2. Die Regelung im kybernetischen Sinne, also in dem hier betrachteten Modell verstanden als Rechtsregelung, der in dem Modell wirkenden Elemente, ist demnach eine *Regelung des Rechts* durch Rückkopplungen oder durch den Verstärker; diese Regelung des Rechts wird im weiteren Verlauf „Verstärkung", „Wirkung des Verstärkers", „gesetzgebende Tätigkeit unter dem Einfluß von Rückkopplungen und ähnlichem" genannt.
3. Die Regelung im internationalen Sinne, als Rechtsregelung des Wirkens einzelner Staaten (und anderer Subjekte) in einer Staatengruppe; dies ist, zumindest in der heutigen Zeit, eine Rechtsregelung vorwiegend durch Verträge; diese wird hier als „Übersystemregelung" bezeichnet.

Wir kehren jetzt zum Wirkungsmechanismus des Elements L als Regulator im Sinne von Punkt 1 zurück. Das Element L antwortet auf Signale der Rückkopplung entweder sofort oder erst dann, wenn die Wirkungen der Störungen schon eingetreten sind. Die erste Möglichkeit tritt dann ein, wenn z.B. der Kommandant einer Stadt, die eventuell belagert werden soll, jedoch noch nicht belagert ist, und in der Ruhe herrscht, Verordnungen erläßt, welche die gesellschaftliche Ordnung verschärfen, und die im Moment der Belagerung in Kraft treten. Die zweite Möglichkeit tritt z.B. dann ein, wenn die Gesellschaft von einem nur schwer vorhersehbaren Rowdytum heimgesucht wird, und L erst nach Exzessen reagiert.

Auf Abb. 8 wurde berücksichtigt, daß L von S und von den Elementen der Hauptkette, die S vorangehen, abhängig ist, die Störungen dagegen von L unabhängig sind (s. die Richtung der Pfeile *z*). Diese Störungssignale kommen von außen. Es gibt jedoch noch andere Störungen, nämlich innere Störungen, die *Rauschen* genannt werden. Es kommt vor, daß der Rechtsregulator selbst eigene Störungen bildet, die auf alle Elemente, durch welche das Signal aus L verläuft, einwirken. Dies geschieht z.B. dann, wenn eine fehlerhafte Wertung der Wirklichkeit, und die dadurch fehlerhaft formulierte Rechtsnorm im gesellschaftlichen Leben Schwierigkeiten hervorruft. Das Element L erkennt solche spezifische Störungen z.B. schon durch Rückkopplung aus P. Von diesen inneren Störungen wird noch im nächsten Kapitel die Rede sein[14].

Dem Begriff Störungen muß hier eine weite Bedeutung beigemessen werden, indem wir zu den Störungen auch natürliche biologische Erscheinungen zählen, wenn diese Erscheinungen Beeinträchtigungen des Gesellschaftslebens zur Folge haben können. So kann z.B. die Geburt eines Kindes eine Störung sein, wenn Wirkung dieses Ereignisses der Streit um Pflichten, Alimente usw. ist.

Die formell publizierte Rechtsnorm kann auf irgendein Ereignis als Erkennungssignal von Störungen hinweisen, und in Wirklichkeit kann die Begleiterscheinung eine Störung sein.

So ist z.B. vom Gesichtspunkt des Erbrechts nicht der Tod des Erblassers selbst eine Störung, sondern der potenziell bestehende Streit um den Nachlaß.

Man könnte hier darauf hinweisen, in welch breitem Ausmaß die Rechtswirklichkeit und ihre Störungen im Blickpunkt der Begriffe der traditionellen Rechtstheorie verstanden wird.

Wie bekannt, ist die Hypothese, ein gesetzlicher Tatbestand, ein Bestandteil der Norm als eines Satzes. Dieser Teil der Norm beschreibt oft, aber nicht immer, was eine Störung ist – z.B. „wer einen Menschen tötet . . .“ oder „wer aus eigener Schuld einem anderen Schaden zufügt . . .. Man kann demnach oft den juristischen Begriff des gesetzlichen Tatbestandes mit dem kybernetischen Begriff der Störung identifizieren, wenn vom kybernetischen Standpunkt solch ein gesetzlicher Tatbestand auch alle Umwandlungen der Signale aus N umfaßt, die das Ergebnis einer gesetzgebenden Tätigkeit sind[15]. Es handelt sich hier um Tatbestände, die über den Verstärker liefen, als auch um solche, die nicht über den Verstärker liefen, jedoch nur als Gefahr bestehen und sich unter dem Einfluß von N in eine nichtgestörte Wirklichkeit umgewandelt haben. Also nicht die Frage, ob eine Störung tatsächlich besteht, sondern der Ausschnitt der Wirklichkeit, in der eine Störung entstehen kann, aber nicht muß, könnte den Tatbestand im rechtskybernetischen Sinn darstellen.

---

14 Unten S. 43.

15 Es handelt sich also um eine kybernetische Regelung im Sinne des Punktes 2 auf S. 17.

Die das Gesellschaftssystem störenden Erscheinungen sind im allgemeinen zahlreicher, als L erkennen kann. Die Anzahl der störenden Erscheinungen verändert sich in der Zeit und ist in den einzelnen Ländern unterschiedlich. Diese Erscheinungen stören verschiedene Gebiete der Wirklichkeit auf verschiedene Weise und ungleichmäßig. Da die Menschen in unterschiedlichen Lebensverhältnissen leben, reagieren einzelne Gesellschaftsgruppen auf diese Störungen verschiedenartig.

Der Einfluß des aktuellen L wird manchmal ersetzt durch den direkten Einfluß einer Gesellschaftsgruppe, deren Repräsentanten über neue Wahlen, oder über den Wechsel des Herrschers im autokratischen Staat, oder über eine Revolution usw. zur Rolle L avancieren.

In groben Umrissen findet gegenüber den Störungen eine Gegenwirkung durch L technisch wie folgt statt: L wählt Fälle, die nach der Meinung des L die Wirklichkeit stören oder diese zukünftig stören können. Diese Fälle sind in N auf eine solche Weise kodiert, daß sie den Störungen entgegenwirken. Indem L eine Norm schafft, setzt L gewöhnlich voraus, daß bestehende Störungen weiterhin vorkommen können, gelegentlich aber nimmt L zuweilen Störungen in Augenschein, die noch nicht vorhanden sind, jedoch in Zukunft erfolgen können. Es kann sein, daß dann die angenommenen Störungen nicht eintreten. Es entstehen dann obsolete tote Normen, die niemals angewandt werden, höchstens durch Irrtum. Obsolete Normen sind gewöhnlich das Resultat fehlerhafter Ansichten über die Wirklichkeit. Eine obsolete Norm, obwohl sie von den Gerichten oder anderen Behörden nicht angewandt wird – es sei denn aus Irrtum –, hat gelegentlich die Wirkung, daß der Gesetzgeber nach geraumer Zeit über die Gegenstandslosigkeit dieser Norm nachdenkt und diese schließlich beseitigt. Eine Nichtanwendung der Norm durch Gerichte oder Behörden, und vor allem durch die Rechtssubjekte in P, bedeutet vom kybernetischen Standpunkt, daß die Regelung spontan das beseitigt, was den Bedürfnissen der Wirklichkeit nicht entspricht, d.h. daß der Kopplungsfaktor auf der Bahn N→J und N→P gleich 0 ist[16].

Die Aufgabe des Rechtsregulators ist es, die Störungen der Wirklichkeit zu kompensieren oder zu beseitigen, d.h. ihre Größe in eine gegenteilige oder in Null umzuwandeln. Das ist in jedem einzelnen Fall gewöhnlich unmöglich,

---

16 Vgl. dazu unten 2. Kapitel, S. 40.

aber teilweise im statistischen Sinne für eine Menge ähnlicher Fälle möglich. Wenn z.B. die Störung eine Mordtat ist, so kann man den Ermorderten durch das Wirken des Regulators nicht ins Leben zurückwirken, aber der Regulator kann darauf hinwirken, daß Mordtaten nicht zu häufig vorkommen. Es kommt oft vor, daß der Rechtsregulator nicht die vollständige Beseitigung der Störung bezweckt. Am leichtesten fällt ihm die Beseitigung, wenn es sich um materielle Schäden handelt. Bei Störungen jedoch, die sich als unabwendbare Geschehnisse äußern, hat es der Regulator darauf abgesehen, die negativen Wirkungen weniger heftig werden zu lassen, wenn möglich, deren Konsequenzen zu beseitigen und dafür zu sorgen, daß ähnliche Störungen in Zukunft so wenig wie möglich eintreten.

6. Verstärkung der Rechtsregelung und Beschreibung des rechtskybernetischen Modells

Die Signale aus N sind in der Tat nur Wortformulierungen, die nicht genügen, um ein Verhalten zu erzwingen, das mit den Rechtsvorschriften übereinstimmt. Deshalb erfordert die Rechtsregelung, die hier als Wirkung des N auf die folgenden Elemente der kybernetischen Kette verstanden wird[17], die Verstärkung.

Die Kybernetik befaßt sich ziemlich eingehend mit dem Problem der Regelverstärkung. Ein typisches Beispiel für einen Verstärker *(„amplifier")* im kybernetischen Sinne ist die Druckluftbremse eines schweren Lastkraftwagens. Der Kraftfahrer kann den Wagen nicht durch die Kraft seiner eigenen Muskeln zum Halten bringen. Der Druck auf die Bremspedale liefert zwar auch Energie, um die Reibung auf den Bremstrommeln hervorzurufen, aber dieser Druck ist vor allem ein Signal, um die Wirkung dieses Druckes zu vervielfältigen und den beabsichtigten Effekt hervorzurufen. Die Rolle des Verstärkers der Rechtsregelung spielen die Gerichte (J – vom Wort *Jurisdiktion),* Verwaltungsbehörden (A – vom Wort *Administration)* sowie die *Exekutionsorgane* (E). Diese Elemente wirken auf diejenigen Elemente, die sich mit den äußeren Verhalten der Menschen befassen, wie das Element P, denn in P kann ein solches Verhalten der Menschen auftreten, das von der Norm abweicht (Abb. 9).

17 Vgl. dazu oben S. 17, Punkt 2.

Die Durchführung von Gerichtsbeschlüssen oder Entscheidungen anderer Behörden sind die regelmäßigen Wirkungen der Tätigkeit der Elemente J und A (J→E und A→E). Jedoch beeinflußt eine erzwungene Durchführung die Psyche der Bürger und ihr Verhalten in P. Deshalb wirkt E vor allem auf P, obwohl auch eine direkte Verbindung zwischen J oder A und P bestehen kann, da nicht durchgesetzte Urteile sowie nicht durchgeführte administrative Beschlüsse ebenfalls die Psyche und das Verhalten der Menschen beeinflussen. Diese Kausalitätsbeziehungen sind jedoch auf Abb. 9 nicht verzeichnet, denn sie treten seltener auf und sind deshalb weniger wichtig als die Kopplung E→P. Die Wirkung des Verstärkers hat zur Folge, daß in P diejenigen Handlungen oder Unterlassungen blockiert werden – allerdings nicht unbedingt völlig –, die den Rechtsnormen nicht entsprechen.

Den Regelverstärker, der sich aus den 3 Elementen J, A und E zusammensetzt, kann man demnach dem allgemeinen Schema der Abb. 8, wie es in Abb. 9 dargestellt ist, beifügen. Die Wirkung des Regelverstärkers P→J→E→P wird durch die Wirkung P→A→E→P ergänzt.

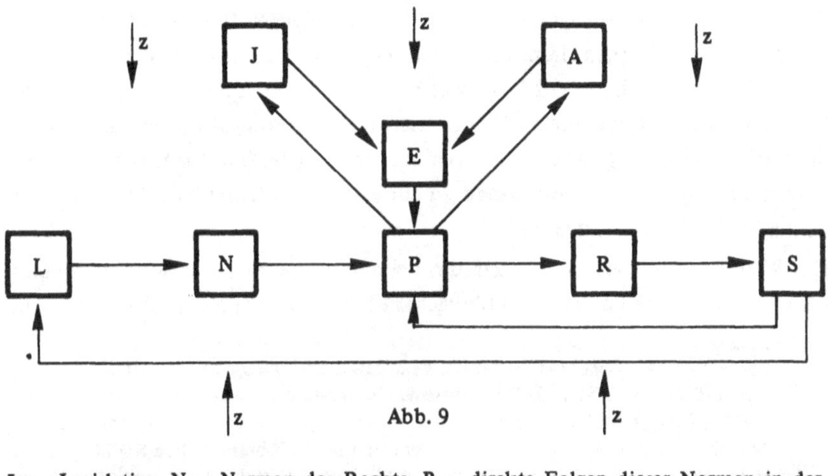

Abb. 9

L – Legislative, N – Normen des Rechts, P – direkte Folgen dieser Normen in der Psyche und im Verhalten der Rechtssubjekte, R – die Wirkungen dieser Normen in der rechtsgesellschaftlichen Wirklichkeit, S – sekundäre oder entfernte rechtsgesellschaftliche Wirkungen, J – Jurisdiktion (Gerichte) und ihre Aussprüche, A – Administration (Verwaltungsbehörden) und ihre Beschlüsse, E – Exekutive (die Tätigkeit der Gerichtsvollzieher, der Polizei usw.), Z – äußere Störungen.

Wie aus Abb. 9 hervorgeht, wirkt der Verstärker J, A und E direkt auf das Element P eines relativ isolierten Systems, und ist demnach ein Innen-System-Verstärker, im Gegensatz zu den Überverstärkern, die auf das ganze System von außen wirken (s. Abb. 41). Jedoch infolge von Rückkopplungen wirkt J und A auf N über die Elemente E, P, R, S und L (Abb. 9)).

Wenn die Rechtsanwendung der Gerichte oder der Verwaltungsbehörden die weitere Rechtsanwendung gestaltet, so geschieht das über die Elemente E, P, J und E, P, A. Die rechtsschöpferische Tätigkeit der Gerichte[18] und der Verwaltungsbehörden ist in den Elementen J und A enthalten, wenn sie aus Mangel an Vorschriften weder von L noch von N begrenzt wird.

Entsprechend dem in Abb. 9 dargestellten rechtskybernetischen Modell werden die Signale der Rechtsnorm zur Population in P geleitet, und erst von P aus gelangen sie zu den Elementen des Verstärkers J, A und E. Diese Auffassung scheint der Einteilung der Normen von H. KELSEN in ursprüngliche Normen, die sich an Staatsorgane richten, und sekundäre Normen, die sich an die Bürger richten, zu widersprechen. Jedoch ist dieser Widerspruch scheinbar. Die oben vorgenommene Einteilung abstrahiert nämlich von der Zeit, in den Modellerwägungen wird die Zeit hingegen berücksichtigt[19]. Die ursprünglichen Normen müssen, um den Rang von Rechtsnormen zu erhalten, erst öffentlich bekanntgegeben werden, also sich zuerst im Element P befinden. Die Notwendigkeit einer richtigen Promulgation ist auch eine normative Bedingung; wenn diese Bedingung nicht erfüllt wird, haben wir es höchstens mit Instruktionsnormen zu tun, die noch keine Rechtsnormen im vollen Sinne dieses Wortes sind.

Das Wichtigste ist hier jedoch, daß das behandelte rechtskybernetische Modell nicht auf normativen Voraussetzungen aufbaut, also auf der Grundlage von

---

18 Siehe dazu A. STELMACHOWSKI, Prawotwórcza rola sądów und die Kritik dazu von J. WRÓBLEWSKI, Sądowe stosowanie prawa o prawotwórstwo, bes. S. 867. Da WROBLEWSKI das Problem des rechtschöpferischen Wirkens der Gerichte bewußt zum Problem eines „konkreten, sich in Kraft befindlichen Rechtssystems oder zu einer bestimmte Kriterien erfüllenden Systemgruppe" relativiert, so brauchen seine Ansichten gegen den ersten Eindruck nicht denen zu widersprechen, die sich aus dem hier entwickelten Modell ergeben, wenn z.B. ein Rechtssystem den Gerichten explizit jegliches rechtschöpferische Wirken untersagt.

19 Siehe dazu unten 2. Kapitel, S. 45.

Voraussetzungen, die dem Inhalt von Rechtsnormen entnommen sind, sondern auf der Grundlage von Beobachtungen der Art und Weise, in welcher die Rechtsnorm tatsächlich entsteht und wirkt, also auf empirische Voraussetzungen. Aus dem Inhalt einer Norm kann sich ergeben, daß sie ausschließlich an ein Staatsorgan gerichtet ist und trotzdem zuerst und hauptsächlich auf die Gesellschaft wirkt. So kann der Gesetzgeber z.B. in unruhigen Zeiten eine Norm erlassen, die das Gericht verpflichtet, für Raub die Todesstrafe zu verhängen. Diese Norm ist also an das Gericht gerichtet; jedoch infolge ihrer Bekanntgabe können die Raubfälle völlig aufhören und die Norm braucht von den Gerichten kein einziges Mal angewandt zu werden. Bei diesem Beispiel wirkt die Norm also ausschließlich auf die Gesellschaft P und nicht auf das Gericht J. Ein ähnliches Beispiel aus dem Bereich des Prozeßrechts wird unten im 4. Kapitel angeführt[20].

Die hier besprochene Promulgationsnotwendigkeit auch der an Staatsorgane gerichteten Normen – also die Notwendigkeit, daß die Normensignale von N zuerst zu P laufen, und erst danach einige dieser Signale zu den Verstärkerelementen – ist die Folge davon, daß, wenn die Signale dieser Normen sofort vom Verstärker aus auf P wirken würden, die Subjekte in P auf Grund eines Informationsmangels darüber, ob eine Rechtshandlung vorliegt, desorientiert werden könnten.

Auf die Rechtsgestaltung wirkt außerdem die Rechtsdoktrin ein, die als *opinio doctorum* zu verstehen ist, und in veröffentlichten Arbeiten (juristischen Büchern, Systemen, Kommentaren, Stimmen usw.) oder auch in nicht veröffentlichten Arbeiten (Universitätsvorlesungen, Seminaren usw.) zum Ausdruck gebracht werden. Diese rechtsschöpferische Tätigkeit ist in Element P enthalten, wo sich alle Normenempfänger befinden, also demnach einfach die Menschen, wenn ihre gesetzgebende, gerichtliche, administrative und exekutive Funktion nicht in Frage kommt. Da in dem allgemeinen rechtskybernetischen Modell (Abb. 9) das Element P nicht gegliedert ist, sind die von der Doktrin gebildeten Signale nicht einzeln verzeichnet. Man geht jedoch von der Voraussetzung aus, daß die Rechtsdoktrin in P dank der Kopplungen $L \rightarrow N \rightarrow P$ und $\begin{smallmatrix} J \searrow \\ A \nearrow \end{smallmatrix} E \rightarrow P$ entsteht, sowie dank der Rückkopplungen $S \rightarrow$ und $R \rightarrow P$. Des weiteren übt die Rechtsdoktrin auf das Rechtsleben in P selbst, ferner in

20 S. 90.

P und in S einen Einfluß aus. Außerdem setzt man voraus, daß die Rechtsdoktrin die Rechtssprüche durch die Kopplungen P→J→E und P→A→E gestaltet, und auch die gesetzgebende Tätigkeit durch die Rückkopplung P→L beeinflußt.

Zuweilen kann das Verhalten der Personen, die in den Elementen J und A tätig sind, nicht von denselben Elementen ohne Störung ihrer eigenen Tätigkeit reguliert werden. So würden z.B. die in J oder A aufgedeckten Berufsgeheimnisse der Rechtsanwälte die innere Arbeit dieser Elemente stören. Deshalb bedürfen J und A ähnlich wie E zusätzlicher Verstärker. Beispiele solch zusätzlicher Verstärker sind die Disziplinargremien für Richter, Verwaltungsbeamte und Rechtsanwälte. Diese beseitigen manche innere Störungen in J, A und E. Um das grundsätzliche Modell nicht zu komplizieren, erwähne ich hier die Verstärker des Verstärkers nur allgemein, im einzelnen wird dies im 4. Kapitel berücksichtigt werden[21].

Zusätzlich müßte man hier noch andere Mechanismen der Rechtsentstehung besprechen, vor allem das Gewohnheitsrecht. Da jedoch der Gegenstand des hier besprochenen Modells der Mechanismus des Entstehens und Wirkens des gesetzlichen Rechts ist, und eine genaue Besprechung des Gewohnheitsrechts eine weitere Modellkomplikation erfordern würde (u.a. die Zergliederung des Elements P), so beschränke ich mich hier nur auf die allgemeinen Probleme des Gewohnheitsrechts, die die Rückkopplungen zwischen den Elementen des Modells betreffen und mit den Grundelementen des gesetzlichen Rechts verbunden sind.

Entsprechend der traditionellen Doktrin bilden solche normativen Sätze das Gewohnheitsrecht, die tatsächlich eingehalten werden und die den Wert *opinio necessitatis* besitzen, also die allgemeine Überzeugung der sich nach diesen Sätzen richtenden Personen, daß sie Recht sind[22]. Bei dieser Auffassung kann man feststellen, daß das tatsächliche Verhalten der Subjekte in P die Quelle des Gewohnheitsrechts ist, das von diesen Subjekten eingehalten wird.

Es kommt jedoch vor, daß irgendein Normenkomplex, der so entstand, ohne Beteiligung des Gesetzgebers kodiert wird. Bekannt sind Fälle, wo privat

---

21 S. 90 f.

22 Vgl. dazu F. ZOLL, Prawo cywilne, 1. Bd. S. 10 f., 22 f.

aufgezeichnete Sammlungen des Gewohnheitsrechts so verbreitet und angewandt wurden, als wenn es amtlich herausgegebene Gesetze wären. Dies war z.B. der Fall beim Sachsenspiegel, der von Eike von REPKOV aufgezeichnet wurde[23]. Wenn also das Gewohnheitsrecht, ähnlich dem im gesetzgebenden Element L gebildeten Recht, kodiert und verbreitet ist, so wirkt es genauso wie das gesetzliche Recht, d.h. über das Element N, an das dieses Recht durch Rückkopplung P→N heranreicht (s. Abb. 10).

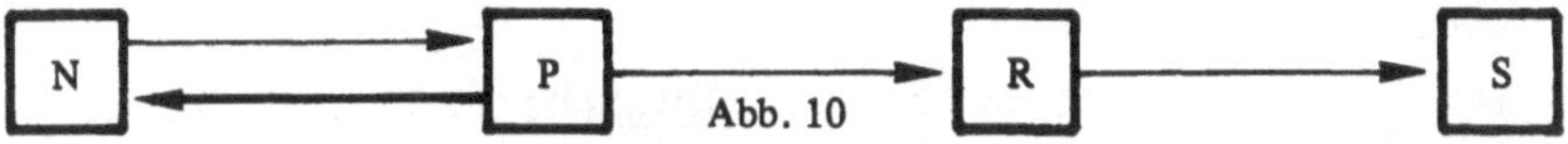

Abb. 10

Das Element N umschließt also nicht nur die Normen des gesetzlichen Rechts, sondern auch die kodierten Normen des Gewohnheitsrechts, die ebenso wie das gesetzliche Recht verbreitet sind.

Wenn dank der Wirkung der Rückkopplung P→L eine Sammlung des Gewohnheitsrechts vom Gesetzgeber L offiziell anerkannt wird, dann avanciert eine solche Sammlung zum gesetzlichen Recht. So war es z.B. in Polen im Jahre 1535 mit der von Mikołaj JASKIER ins Lateinische übersetzten Sammlung des Gewohnheitsrechts, das auf Grund einer Verordnung des Königs Sigismund des Alten in diesen Städten und Dörfern in Kraft trat, in denen es tatsächlich angewandt wurde[24].

Gewiß kann das in N kodierte Gewohnheitsrecht ebenso wie das nichtkodierte im Element P dank der Rückkopplungen S→P und R→P entstehen und Veränderungen unterliegen.

Vom Gewohnheitsrecht unterscheidet sich die Gewohnheit *(consuetudo)*, die im Sinne der klassischen Ansicht der Juristen eine sich wiederholende Tatsache des Verhaltens der Subjekte in Element P ist, und für die die erwähnte *opinio necessitatis* nicht existiert. Demnach nehmen hier im Gegensatz zum Gewohnheitsrecht die mit der Gewohnheit in Einklang handelnden Subjekte das Signal nicht so auf, als wenn es ein Signal des gesetzlichen Rechts oder des Gewohnheitsrechts wäre: die Festsetzung der Gewohnheit geschieht vielmehr im Element P selbst. (Eine genaue Analyse

23 Vgl. K. KORANY, Wstęp do książki „Bartłomiej Groicki, Porządek sądów i spraw miejskich prawa magdeburskiego w Koronie Polskiej", S. VI.

24 Vgl. ebd. S. VII.

würde die Zergliederung dieses Elements erfordern und somit speziell für dieses Problem eine neue Modellkomplikation bedeuten).

Der Begriff der Gewohnheit ist jedoch unentbehrlich, um folgende Hierarchie bei der Gestaltung der Rechtsnorm zu errichten (Abb. 11):

1. Die Gewohnheit *(consuetudo)*, die im Element P entsteht;
2. Das Gewohnheitsrecht, das in P aus den Gewohnheiten entsteht;
3. Das kodierte Gewohnheitsrecht, das in N aus der Rückkopplung P→N entsteht;
4. Das gesetzliche Recht, das aus dem Gewohnheitsrecht durch die Rückkopplungen P→L und N→L entsteht;
5. Das gesetzliche Recht, das mit der Gewohnheit nicht verbunden ist; es entsteht in L unter Beteiligung der Rückkopplungen N→L, P→L, R→L und S→L (evtl. auch der Rückkopplungen aus den Elementen des Verstärkers).

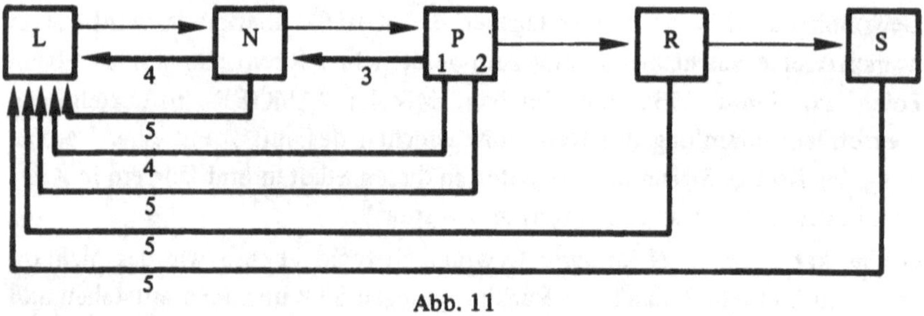

Abb. 11

Wenn man annehmen würde, daß die Stufen der Hierarchie 1–5 gleichzeitig die Stadien einer geschichtlichen Rechtsgestaltung in manchen bürgerlichen Gesellschaften sind, und daß solche langfristigen Erscheinungen Schwankungen unterliegen, die von Extremen zu Extremen reichen, so könnte man einige Entwicklungsprognosen aufstellen und nachprüfen. Man könnte z.B. erwarten, daß sich die Bedeutung des gesetzlichen Rechts verringert und die des Gewohnheitsrechts vergrößert, wenn die Rechtsetatisierung ihr Maximum durchläuft. Die Literatur mancher hochindustrialisierter Länder, die über eine bedeutende Rechtskultur verfügen, hat in letzter Zeit unerwarteterweise dem Gewohnheitsrecht viel Aufmerksamkeit geschenkt (BOBBIO, FASSÓ, GUILIANI); begleitet wird dies von der Kritik der traditionellen Haltung des Rechtspositivismus, die z.B. VILLEY vertritt.

Es erhebt sich die Frage, ob derzeit in diesen Ländern die Bedeutung des gesetzlichen Rechts nicht seine maximale Größe erreicht hat.

Unabhängig vom Gewohnheitsrecht und der Gewohnheit bestehen im Element P selbst viele verschiedene Regelungen, die mit der Tätigkeit der Rechtspersonen, Vereine usw. in Verbindung stehen. Es sind gleichfalls normative Regelungen[25], die allgemein kodiert sind und zuweilen große gesellschaftliche Bedeutung besitzen (z.B. Eisenbahnfahrpläne).

7. Von allgemeinen und nichtallgemeinen Eigenschaften des rechtskybernetischen Modells

Gewisse Rechtserscheinungen oder Eigenschaften treten bei allen Völkern auf, andere jedoch nur in manchen Geschichtsabschnitten dieser Völker. Die erste Art von Rechtseigenschaften nennen wir „allgemeine", die zweite Art „nichtallgemeine". Natürlich unterliegt diese Einteilung der Vereinbarung. Die Fehlerhaftigkeit einer Rechtsordnung kann im Modell den Mangel an Rechtserscheinungen oder Eigenschaften hervorrufen, die vorher zu den allgemeinen gezählt wurden.

In dem Modell sind z.B. die drei letzten Elemente der Hauptkette eine allgemeine Eigenschaft. Die Reihenfolge dieser Elemente P, R und S ist ebenfalls allgemein. Dagegen sind die ersten zwei Elemente dieser Kette L und N keine allgemeine Eigenschaft und brauchen bei den Völkern, die ausschließlich durch das nichtkodierte Gewohnheitsrecht reguliert werden[26], nicht aufzutreten, oder es braucht nur das Element N aufzutreten, wenn das Gewohnheitsrecht kodiert ist[27]. Falls jedoch die beiden Elemente L und N existieren, dann wird ihre Reihenfolge allgemein eingehalten. Gewöhnlich treten bei fast allen zivilisierten Völkern die Elemente L und N auf.

Rückkopplungen sind ebenfalls allgemeine Eigenschaften, jedoch können die Arten dieser Rückkopplungen verschieden sein, also nichtallgemein. Dasselbe betrifft die Störungen.

---

25 Vgl. dazu F. LONGCHAMPS, O drogach badania struktury i działania organów państwowych, . . . , S. 15 ff.

26 Z.B. bei primitiven Völkern, vgl. dazu unten S. 65, Punkt 3.

27 Siehe dazu unten S. 25 ff.

Wenn man von der Voraussetzung der traditionellen Rechtstheorie ausgehen würde, dann hätte es den Anschein, als ob der Verstärker eine allgemeine Erscheinung wäre, da in dieser Theorie das Recht als Sammlung von Gesetzen bezeichnet wird, die das Gemeinschaftsleben auf dem Wege des Zwanges regulieren. Es gibt jedoch keinen Zwang im juristischen Sinn ohne Verstärker und dessen Elemente J, A und E.

Die traditionelle Theorie ist aber innerlich widersprüchlich, da sie voraussetzt, daß das Merkmal des Rechts der Zwang ist und daß die *leges imperfectae* (die keine Sanktionen haben und nicht auf dem Wege des Zwangs realisiert werden können und denen zahlreiche Normen des Völkerrechts angehören) das Gemeinschaftsleben im juristischen Sinne regulieren und auch zum Recht gehören. Da demnach ganze Komplexe von Gesetzsammlungen keine Sanktionen besitzen, so ist von meinem Standpunkt aus *die Sanktion keine notwendige Rechtseigenschaft.* Dieselbe Schlußfolgerung begründe ich ebenfalls im 6. Kapitel, wo ich das Recht und die Moralität voneinander abgrenze, ohne mich dabei des Begriffs Zwang zu bedienen, während die traditionelle Rechtswissenschaft gewöhnlich den Begriff des Zwangs gebraucht, um Recht und Moralität voneinander abzugrenzen[28].

Somit kann also theoretisch ein Volk oder eine Völkergruppe mit Rechtsordnung ohne Verstärker im Sinne des hier behandelten kybernetischen Modells existieren. Beispiel: das Modell des Völkerrechts kann man sich ohne Verstärker vorstellen.

Wie schon bemerkt wurde[29], ist es ein wesentlicher Teil des Verstärkers der Rechtsregelung, daß in ihm die Rückkopplungen P→J→P und P→A→P vorhanden sind. Diese Kopplungen können weiteren Verarbeitungen unterliegen, z.B. in den Elementen J, A und E. Man kann sich auch einen Kopplungsschwund $P \begin{smallmatrix} \nearrow J \searrow \\ \searrow A \nearrow \end{smallmatrix} E \rightarrow P$ vorstellen, der zugleich ein Verstärkerschwund ist. Theoretisch kann man sich (z.B. in Zukunft) eine so ideale Gesellschaft vorstellen, daß J, A und E überflüssig sein werden, obwohl auch dann auf Grund der auftretenden Störungen die Quelle L Rechtsvorschriften erlassen

28 In der klassischen Literatur gehört die Ansicht, daß der Zwang keine wesentliche Eigenschaft des Rechts darstellt, zur Ausnahme. H. GROTIUS (De jure belli ac pacis libri tres) hat das sogar von den Normen des Zivilrechts behauptet.

29 Oben S. 21 f.

wird, die deswegen nicht als Moralnormen bezeichnet werden können, weil sie von einer gesetzgebenden Gewalt herrühren und weil sie publiziert sind. Aus diesen Gründen gehe ich von der Annahme aus, daß *die Existenz des Verstärkers keine allgemeine Eigenschaft des rechtskybernetischen Modells ist.*

Ähnlich ist es mit der Eigenschaft des Modells, daß die Rückkopplungen auf die Norm ausschließlich über L wirken. Diese Eigenschaft des Modells betrifft nur diejenigen Völker, bei denen die Gerichte und andere Behörden auf der Grundlage des vom Gesetzgeber erlassenen Gesetzes Recht anwenden. Bei denjenigen Völkern, bei denen die Gerichte und andere Behörden nicht nur auf der Grundlage des vom Gesetzgeber erlassenen Gesetzes entscheiden, treten Kopplungen eigener Art auf. Ähnlich ist es auf der Basis anderer Normen, wie z.B. „die Grundsätze des Zusammenlebens“, „Rechtmäßigkeit“, „Moralnormen“ oder das bürgerliche Rechtsbewußtsein (s. die starken Linien in Abb. 12). In diesem Falle übertragen die Elemente S und R nämlich direkt oder über P'die Signale den Gerichten J und den Verwaltungsbehörden A, die den sog. Rechtsspruch bilden oder Beschlüsse und andere Rechtsakte hervorbringen. Diese Rechtssprüche oder Beschlüsse der Verwaltungs- oder Regierungsbehörden werden hier vereinbarungsgemäß die allgemeine Bezeichnung *Präjudiz* tragen (die gewöhnlich nur auf Gerichtssprüche angewandt wird). Der Lauf dieser Signale ist in Abb. 12 mit starken Linien verzeichnet.

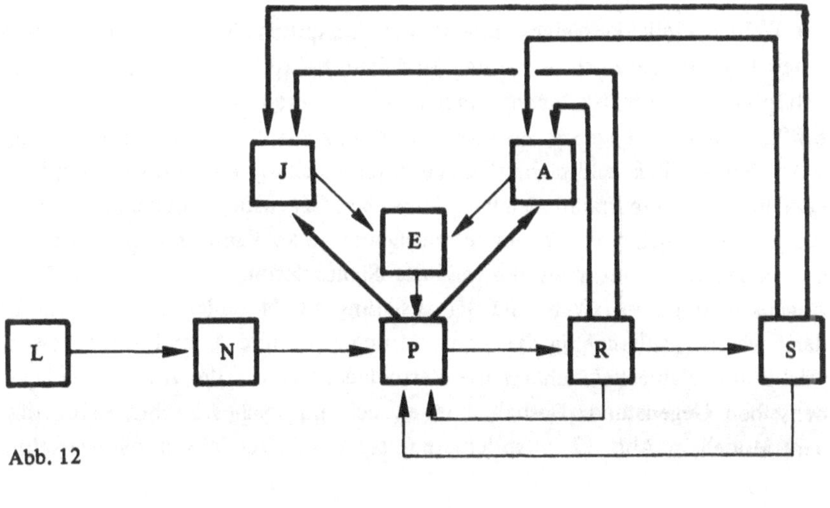

Abb. 12

Im allgemeinen führen die Rückkopplungen S→P, R→P und besonders S→J, S→A sowie P→J und P→A dazu, daß in J und A Präjudizien entstehen, die fast in jeder zivilisierten Gesellschaft auftreten. Es ist nämlich so, daß keines der bekannten Rechtssysteme vollständig ist. FRIEDRICH DER GROSSE verbot die Einführung jeglicher schöpferischer Aussprüche, indem er durch die Kabinettsordre aus dem Jahre 1780 anordnete, sich im Falle von Lücken oder Zweifeln immer an den Gesetzgeber (an das Element L) zu wenden. Natürlich ist diese lebensfremde Anordnung schnell außer Kraft getreten. In manchen angelsächsischen Ländern spielen die Rückkopplungen S→P und R→P in der Rechtspflege eine Hauptrolle. Deshalb verdient diese Variante des Modells auf Abb. 12 die Bezeichnung einer *angelsächsischen* – und so werde ich sie kurz nennen.

Bei der angelsächsischen Variante ist die Signalisierung auf der Strecke L→N→P qualitätsmäßig kleiner, da der Verstärker dort die gesetzgebende Funktion übernimmt. Im allgemeinen bestehen bei den Völkern, bei denen ein Verstärker existiert, auch die Elemente L und N, da die Gerichte J und Verwaltungsbehörden A gewöhnlich vom Gesetzgeber L oder zumindest nur durch das Gewohnheitsrecht, das in N kodiert ist, ins Leben gerufen werden. In alten Zeiten wurden die Gerichte und Verwaltungsbehörden durch das oft nichtkodierte Gewohnheitsrecht ins Leben gerufen. Man kann sich demnach auch ein Volk mit einem Verstärker, jedoch ohne den Elementen L und N vorstellen.

Die Wahrscheinlichkeit eines einheitlichen Ausspruchs ist bei der angelsächsischen Variante geringer als bei den Modellen, bei denen hauptsächlich L der Schöpfer der Norm ist. Wenn nämlich das Element J oder A nicht unter dem Einfluß eines einzigen Signals wirkt, das direkt von N kommt, dann wirkt es unter dem Einfluß zahlreicher Signale durch Rückkopplungen, wodurch in J oder in A mehrere Präjudizien über demselben Gegenstand entstehen können, die sich inhaltlich voneinander unterscheiden. Man kann dies entwicklungsartig erfassen, wenn man die gesamte Signalisierung aus N, J und A in Augenschein nimmt. Wenn die Signalisierung aus N zahlenmäßig abnimmt, dann wächst zahlenmäßig die Signalisierung aus J und A, und infolgedessen wächst die Wahrscheinlichkeit der Verschiedenartigkeit der Aussprüche über denselben Gegenstand. Deshalb können sich ein solches Rechtssystem, das dem Modell in Abb. 12 entspricht, nur solche Völker leisten, die über eine auserlesene Beamten- und Richterschaft verfügen; diese sichert ihnen in einem bestimmten Grade die Einheitlichkeit von Aussprüchen. Im 6. Kapitel werden manche Folgen von Divergenzen bei Gerichtsaussprüchen ausführlicher behandelt, so wie z.B. die Abnahme der Rechtssicherheit und der Verkehrssicherheit *sensu lato.*

Von einer begrifflichen Allgemeinheit des hier besprochenen rechtskybernetischen Modells zeugt u.a., daß einige neue Arten der Regelung, wie z.B. die Institution der sogenannten Volksgruppen in der Sowjetunion, die um 1959 ins Leben gerufen wurden, gleichfalls in diesem Modell erfaßt werden können. Die Volksgruppen sind Vereinigungen ehrenamtlicher Funktionäre, die organisationsmäßig den Präsidien der Volksräte unterstellt sind. Ihre Hauptaufgabe besteht darin, die Rechtsordnung in einem bestimmten Milieu vorbeugend zu schützen. Sie schreiten dann ein, wenn gesellschaftlich unerwünschte Ereignisse eintreten (wenn z.B. der Ehemann sein Geld vertrinkt und seine Frau um Hilfe bittet), die ohne die mitunter lästige Teilnahme der Staatsgewalt (J, A und E) beseitigt werden können, oder wenn diese Ereignisse den gesetzlichen Tatbestand noch nicht erfüllt haben, der eine Intervention der Staatsgewalt begründet, jedoch zukünftig einen solchen Tatbestand erfüllen können. Diese Volksgruppen können auch eine kontrollierende Tätigkeit ausüben. In Abb. 13 sind diese Gruppen als Element B verzeichnet, das an die Rückkopplung P→A angeschlossen und zusätzlich mit Element A rückgekoppelt ist (wegen der organisatorischen Abhängigkeit derartiger Gruppen von den Präsidien der Volksräte).

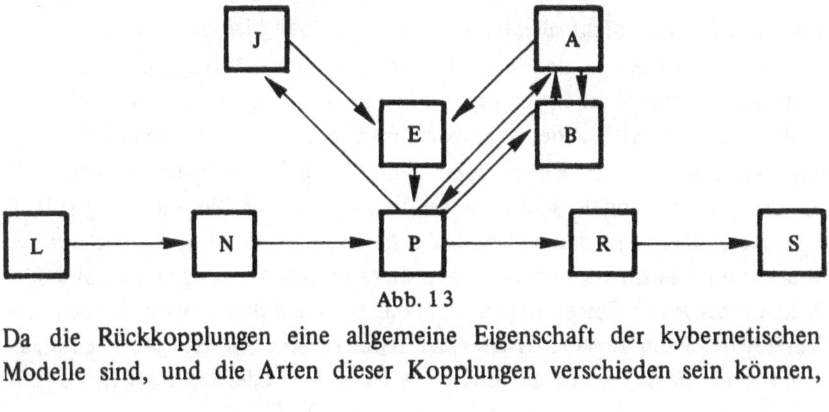

Abb. 13

Da die Rückkopplungen eine allgemeine Eigenschaft der kybernetischen Modelle sind, und die Arten dieser Kopplungen verschieden sein können, kann auch die Institution der Gruppen B als eine der Rückkopplungsarten im rechtskybernetischen Modell erfaßt werden. Jedoch ist diese Institution selbstverständlich keine allgemeine Eigenschaft des kybernetischen Modells. Spezifische Kopplungen treten bei Gesellschaften auf, die ein Rechtssystem haben, dem eine hinreichende Abgrenzung der gesetzgebenden Gewalt L von der gerichtlichen J, der verwaltenden A, sowie der exekutiven Gewalt E fehlt. Dort, wo diese Gewaltenteilung nicht berücksichtigt wird, kommt es zu einer charakteristischen Kopplung, die darauf beruht, daß ein Teil von Signalen, die die Rechtssubjekte in P betreffen, direkt von L zum Verstärker J, A und E laufen, indem sie P und N umgehen (Abb. 14).

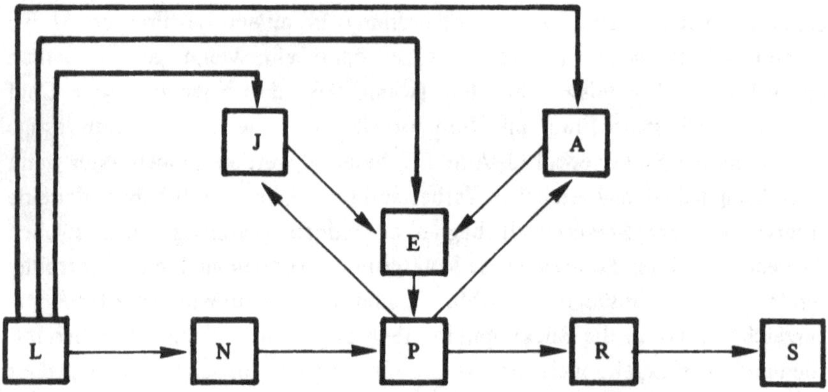

Abb. 14

In einer Gesellschaft, die ein solches System der Staatsgewalt besitzt, neigt L gewöhnlich dazu, nicht alle Bürger mit demselben Maß zu messen. Es kann hier leicht geschehen, daß L zu J oder zu A über P ein Signal mit dem Normenmerkmal $\overline{N}$ sendet, dagegen in einer bestimmten Angelegenheit L zu A ein direktes Signal sendet (das also nicht über P läuft), mit dem Merkmal $\frac{\overline{N}}{2}$. Zu solch einer Art von Kopplungen zählen wir geheime Instruktionen, die L an die Gerichte oder Behörden senden kann, und die die Bürger in P betreffen. Aber sogar dann, wenn L das Element P umgeht und direkt auf den Richter oder Beamten einwirkt, kann diese direkte Wirkung von L auf J oder A keine negativen Folgen haben, falls das Merkmal $\overline{N}$ der Norm N nach dem Verlauf der Bahn L→N→P→J oder der Bahn L→N→P→A dem Merkmal dieser Norm nach dem Verlauf auf direktem Wege L→J oder L→A gleich ist (z.B.

wenn die aus L gesandten und über N verlaufenden Signale und die N umgehenden Signale gleich sind). Im anderen Fall entsteht in P gewöhnlich eine Desorientierung, die die Wirkung dieses Elements stört. Dies ist ein Beispiel einer inneren Störung (Rauschen), die mit dem Problem des Mangels an Rechtssicherheit und des Mangels an Verkehrssicherheit verbunden ist. Wie schon bemerkt, tritt dieses Rauschen dann auf, wenn die besprochenen Kopplungen die Subjekte in P betreffen. Dagegen braucht es nicht aufzutreten, wenn etwa die erwähnte Instruktion ausschließlich Verwaltungsangestellte in A betrifft und es in P keine erheblichen Wirkungen hervorruft.

Außer den erwähnten Kopplungen L→J, L→A und L→E existieren Kopplungen, die direkt und nicht über P die Elemente, die die Staatsbehörde darstellen, verbinden. Das sind die Kopplungen J→L, A→L, E→L, E→J, E→A, J→A und A→J, wenn sie Rechtsnormen oder Befehle u.ä. übertragen. Zusammen sind es 10 Kopplungen, einschließlich der vorher erwähnten Kopplungen L→J, L→A und L→E, und nicht etwa 12, denn entsprechend dem rechtskybernetischen Modell gehören die zwei Kopplungen J→E und A→E zu den direkten Kopplungen des Verstärkers, über welche J und A auf P wirken). Beispiele solcher Kopplungen gibt es viele: wenn die Gerichte oder Verwaltungsbehörden Normen oder Anordnungen der gesetzgebenden Gewalt erlassen (J→L oder A→L), oder wenn die Gerichte nicht das Recht haben, die Legalität der Verwaltungsakte zu prüfen oder die Verwaltungsbehörden durch ihre Beschlüsse den Gerichtsurteilen vorgreifen (A→J), oder wenn die Gerichte über die Legalität der Rechtsakte der gesetzgebenden Gewalt (J→L) oder der

Abb. 15

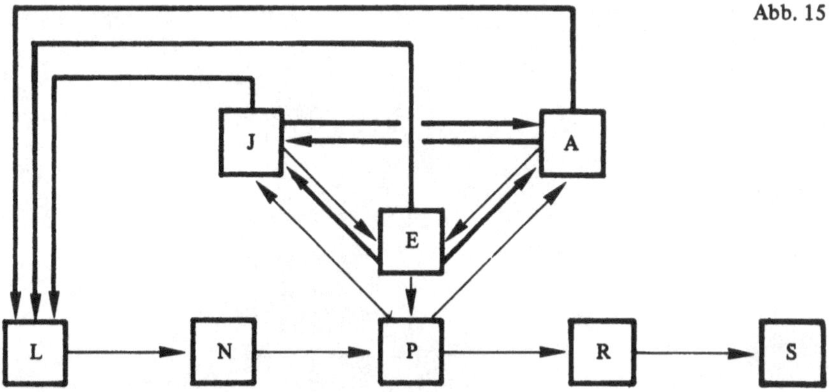

Verwaltungsakte (J→A) usw. urteilen. All diese Kopplungen, mit Ausnahme der in Abb. 14 berücksichtigten, sind in Abb. 15 in starken Linien gezeichnet.

Diese Kopplungen betreffen die Teilung der Staatsgewalt, die schon in manchen Staaten des Altertums existierte und als Problem von LOCKE und MONTESQUIEU präzisiert wurde. Wie bekannt, unterschied MONTESQUIEU drei Gewalten: die gesetzgebende, die ausübende und die rechtsprechende Gewalt, was in groben Zügen den Elementen L, A, E und J des behandelten Modells entsprechen würde. Die Tatsache, daß in dem Modell die Elemente A und E hervorgehoben sind, verringert nicht die Allgemeinheit des Modells, da jedes Element, abhängig von verschiedenen Organisationsprinzipien, geteilt werden kann, sowie auch jedes Element z.B. eigene Regelungs- und Kontrollorgane besitzen kann.

Der gesetzgebenden Gewalt wird sowohl entsprechend der Einteilung von MONTESQUIEU als der Modelleinteilung die wichtigste Regelungsrolle zugeschrieben.

2. Kapitel
Rechtskybernetische Grundbegriffe und rechtskybernetische Verhältnisse

1. Kopplungsfaktoren

Bestimmte Eigenschaften einer Norm oder einer Gruppe von Normen können durch Zahlen ausgedrückt werden oder so gestaltet sein, daß man ihnen eine bestimmte Zahlengröße nach irgendeinem Gradmesser zuschreiben kann. Solche Eigenschaften der Rechtsnormen sind z.B. deren Wirksamkeit, die im Prozentanstieg der Produktion, in der frequentativen Abnahme von Scheidungen, Verkehrsunfällen usw. zum Ausdruck kommen. Derartige Größen nenne ich *Normenmerkmale* und gebe sie mit einem waagerechten Strich über den Normenzeichen an[1].

Die Rechtswissenschaft hat bisher noch nicht genügend wahrgenommen, daß sich die Gesetzgeber bei der Bearbeitung von Rechtsnormen oft Zahlengrößen oder anderer mathematischer Begriffe bedienen, ohne sich dessen voll bewußt zu sein. Das liegt u.a. daran, daß man sich auf den Begriff „Rechtlicher Grund“ *(ratio legis)* beschränkt. Es wird allgemein angenommen, daß der Gesetzgeber aus diesem oder jenem Grunde, diese oder jene Norm erlassen hat. In Wirklichkeit bedienen sich jedoch die Gesetzgeber, sei es bewußt oder unbewußt, variabler Größen und des Begriffs einer Funktion im mathematischen Sinne und nicht des Begriffs der Ursache. So urteilen sie oft folgendermaßen: je mehr (weniger) die Rechtsnorm so und so sein wird, desto weniger (mehr) werden die Bürger dieses oder jenes tun; z.B. je schwerer die Strafe für Rowdytum sein wird, desto weniger Fälle des Rowdytums wird es geben. Die Strafmaßnahme wird hier als eine gewisse geordnete Menge von Zahlengrößen verstanden. Z.B. sehr milde Strafe = ein Monat, milde Strafe = 2 Monate, . . . , die schwerste Strafe = 6 Monate. Diesen Strafen entspricht die geordnete Menge der Zahl von Rowdyunfällen in einer bestimmten Zeit. Das kann auf einem Diagramm dargestellt werden (siehe Abb. 16). Die Zahl der rowdyhaften Ausschreitungen liegt auf Achse x und die dafür erhaltene Strafhaft in Monaten auf Achse y.

1 Siehe dazu die Beispiele oben S. 10 f.

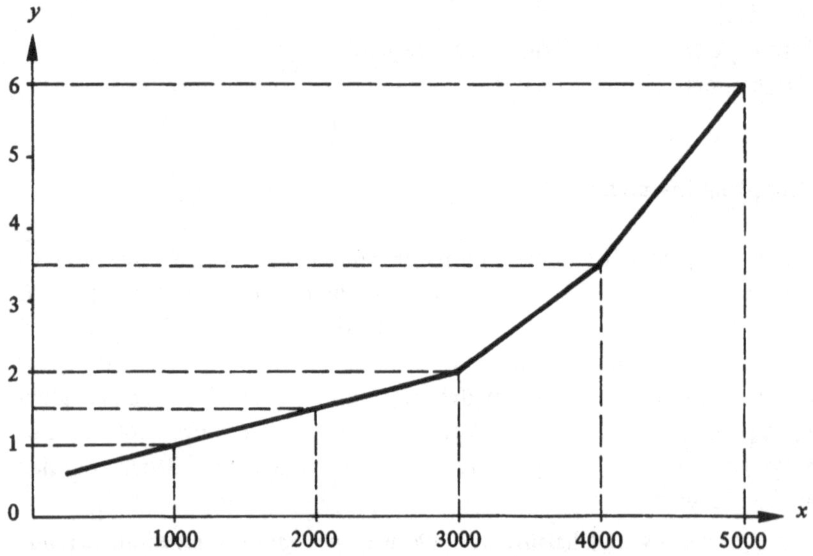

Abb. 16

Wir sehen, daß sich der Gesetzgeber einer Denkungsart bedient hat, die der Mathematiker als $y = f(x)$ angibt, wobei f das Verhältnis der Größe der Strafmaßnahme y (in konventionellen Einheiten, z.B. Jahren) zu der Zahl x der bestraften Fälle bezeichnet.

Der Gesetzgeber gebraucht ebenfalls solche Funktionen (im mathematischen Sinne) $y = f(x)$, die nur 2 Werte annehmen. Angenommen, die Anzahl gewisser Handelsunternehmungen betrüge in einer gewissen Zeitspanne, in der eine Norm über den Bau eines Industriekombinates nicht vorliegt, 500 und 1500, wenn diese Norm vorhanden ist. Bezeichnen wir die fehlende Norm mit *0* und die vorhandene Norm mit *1*, so erhalten wir das Diagramm des Verhältnisses f der Zahl der Transaktionen y und der angegebenen Norm x, die auf Abb. 17 dargestellt wurde. Wir sehen, daß das Diagramm der Funktion in diesem Fall aus 2 Punkten besteht: einer für $x = 0$ und der zweite für $x = 1$. Es unterliefen und unterlaufen den Gesetzgebern Fehler, wenn sie von der falschen Erkenntnis ausgehen, daß zwischen der Größe der Variablen x und dem Wert y der Funktion $f(x)$ eine gewisse Beziehung besteht, die in Wirklichkeit gar nicht existiert. Wenn z.B. der mittelalterliche Gesetzgeber annahm, daß die Kühe umso mehr Milch geben werden (Milch $= y$), je

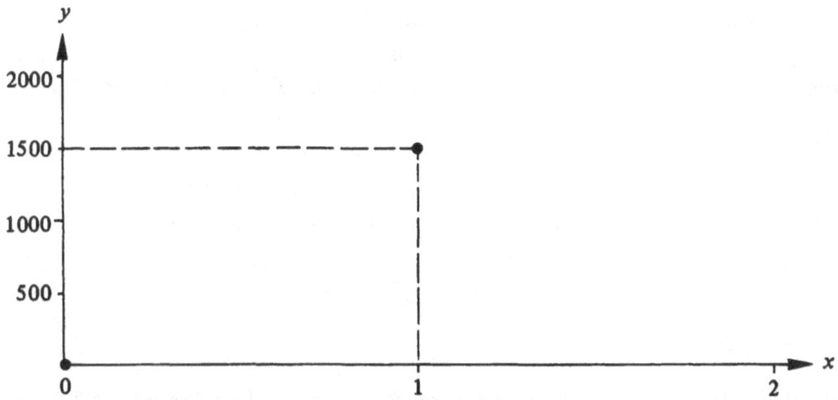

Abb. 17

schwerer er die Hexen bestrafen werde (Strafe $= x$), und er dafür eine entsprechende Norm N erließ, so hat er das Verhältnis y zu x falsch begriffen.

Obige Beispiele der Normenmerkmale als Funktion einer Variablen sind im Grunde genommen eine grobe Vereinfachung, da $\overline{N}$ gewöhnlich die Funktion von mehreren Variablen ist. Aber selbst solch vereinfachte Beispiele erklären schon den Begriff eines Normenmerkmals.

Wenn die Normenmerkmale als Signal von N in Richtung S verlaufen und dann über die Rückkopplung und über L zu N zurückkehren, kann es vorkommen, daß das Signal schon von P über die Rückkopplung zu L gelenkt wurde und wieder zu N zurückgekehrt ist. Das Signal des Merkmals $\overline{N}$ kann also zu N zurückkehren, nachdem es längere oder kürzere Bahnen durchlaufen hat. Unterwegs stößt es entweder auf Widerstand, und seine Größe ist nach Rückkehr zu N kleiner als die Ausgangsgröße, oder es wird verstärkt, dann übertrifft es die Ausgangsgröße. Es kann auch vorkommen, daß der Widerstand des Kopplungsumfanges dem der Verstärkung in diesem Umfang gleich ist. In so einem Fall kehrt das Normenmerkmal zu N als eine solche Größe zurück, die der primären gleich ist. Es kann aber auch vorkommen, daß der Widerstand des Umfangs gleich $\overline{N}$ ist und das Normenmerkmal dann aus der Kopplungsstrecke völlig entfernt wird.

Um diese Fälle zahlenmäßig zu analysieren, kann man den Begriff Kopplungsfaktor anwenden. Mögen allgemein 0' und 0'' zwei beliebige Elemente der kybernetischen Kette sein, durch die gewisse, die Norm N betreffende

Signale geleitet werden. Möge das Merkmal N dieser Norm in 0' die Größe $\overline{N}'$, und in 0" die Größe $\overline{N}''$ besitzen; dann habe der Kopplungsfaktor zwischen den Elementen 0' und 0", der dieses Normenmerkmal $\overline{N}$ betrifft, die Größe

$$k_{0''}^{0'} = \frac{\overline{N}''}{\overline{N}'}. \tag{1}$$

Ähnlicherweise ist der Kopplungsfaktor zwischen den Elementen 0" und 0' die Zahl

$$k_{0'}^{0''} = \frac{\overline{N}'}{\overline{N}''}. \tag{2}$$

Wenn (1) der direkte Kopplungsfaktor ist, so ist (2) Rückkoppelungsfaktor derselben Elemente, die nicht unbedingt aufeinander folgen müssen. Infolge der bezeichnenden Formeln (1) und (2) ist

$$k_{0''}^{0'} = \frac{1}{k_{0'}^{0''}}. \tag{3}$$

Folgen die Elemente von 0' und 0" nicht aufeinander, wie z.B. N und S, so gilt die Gleichung

$$k_S^N = k_P^N \cdot k_R^P \cdot k_S^R \tag{4}$$

also infolge (1)

$$k_S^N = \frac{\overline{N}^P}{\overline{N}^N} \cdot \frac{\overline{N}^R}{\overline{N}^P} \cdot \frac{\overline{N}^S}{\overline{N}^R}.$$

Für den geschlossenen Umlauf, z.B. N→P→R→S→L→N folgt daraus die Identität

$$k_N^N = k_P^N \cdot k_R^P \cdot k_S^R \cdot k_L^S \cdot k_N^L,$$

und infolge (1)–(3)

$$k_N^N = \frac{\overline{N}^P}{\overline{N}^N} \cdot \frac{\overline{N}^R}{\overline{N}^P} \cdot \frac{\overline{N}^S}{\overline{N}^R} \cdot \frac{\overline{N}^L}{\overline{N}^S} \cdot \frac{\overline{N}^N}{\overline{N}^L} = 1. \tag{5}$$

Infolgedessen eignet sich der Faktor *k* nicht für einen geschlossenen Umlauf, da er die Unterschiede zwischen der Ausgangsgröße und der Rückkehrgröße des Merkmals $\overline{N}$ nicht erfaßt.

All diese Formeln unterliegen in der Praxis Veränderungen wegen äußerer Störungen, Ungenauigkeiten und anderer Widerstände, auf die die Signale in den einzelnen Koppelungen stoßen und die ihre Größe verändern (meist verringern) – ähnlich wie es in elektrischen oder mechanischen Einrichtungen vorkommt, in denen die Ausgangsgröße, z.B. die des Transformators, nicht der Größe der theoretischen Formel entspricht, sondern um den Verlust verringert wird, den der Widerstand des leitenden Stoffes durch Selbstinduktion, Reibung usw. verursacht. Infolgedessen kann der Unterschied zwischen den theoretischen Werten des Faktors $k^{0'}_{0''}$, der dem früheren Begriff des idealen Rechts entspricht, und seinen empirischen Werten als Gradmesser des angeführten Rauschens und anderer Widerstände auf der Strecke zwischen den Elementen 0' und 0" dienen, ein in der Technik ebenfalls praktiziertes Verfahren. Wird ein völlig störungsfreies Netz benutzt, so kann der Unterschied zwischen dem theoretischen und empirischen Wert des Faktors natürlich als Gradmesser der Fehlerhaftigkeit des Ausgangssignals selbst dienen[2].

Nach den vorstehenden Ausführungen versteht man unter dem Kopplungsfaktor im geschlossenen Umlauf oder, kurz gesagt, unter einem *zyklischen Umlaufsfaktor* 0'→0"→ . . . 0"→0' den Quotienten aus der *geteilten Zahl* $\overline{N}^1$, die das Normenmerkmal in dem Zustand bezeichnet, in dem es zu 0' zurückgekehrt ist, und der Zahl, die das Ausgangsmerkmal $\overline{N}^0$ mit 0' bezeichnet, also die Zahl

$$K = \frac{\overline{N}^1}{\overline{N}^0} \tag{6}$$

die theoretisch aufgrund (5) gleich 1 sein müßte. In Wirklichkeit trifft dies nur in grober Annäherung zu, auf jeden Fall ist jedoch der Faktor *K* immer eine nicht negative Zahl $(K \geqslant 0)$. Dasselbe gilt natürlich für den Faktor *k*. In der

2 Zur Möglichkeit, die angeführten Größen durch Zahlen darzustellen, siehe unten S. 74. Zu weiteren Anwendungsmöglichkeiten dieser Größe siehe unten S. 83, 84.

Praxis können a priori 4 Fälle eintreten, die ich hier für K erwäge. insbesondere wenn 0' Element von N ist:

1. $0 \neq \overline{N}^1 < \overline{N}^0$ also $0 < K < 1$;
   die Kopplung nennt sich dann *negative Kopplung.*
2. $\overline{N}^1 > \overline{N}^0$ also $K > 1$;
   die Kopplung nennt sich dann *positive Kopplung.*
3. $\overline{N}^1 = \overline{N}^0$ also $K = 1$;
   eine solche Kopplung nennt sich *Sattelkopplung.*
4. $\overline{N}^1 = 0$ also $K = 0$;
   eine solche Kopplung nennt sich *Nullkopplung.*

Die obigen Bezeichnungen der positiven und negativen Kopplung beruhen auf den in der Kybernetik angewandten Bezeichnungen, wo unter positiven Kopplungen allgemein solche verstanden werden, die die über die Quelle zum Effektor geleiteten Signale und somit auch die Tätigkeit des Effektors verstärken (und die dadurch, nach sich wiederholenden Umläufen, allmählich zur Zerstörung des Ganzen führten, z.B. zur Explosion der Einrichtung oder zur Festlegung des Gleichgewichtes auf einer neuen Basis); unter negativer Kopplung verstehen wir solche, die die erwähnten Signale schwächen oder auslöschen (so wie es der Notwendigkeit der Regelungstätigkeit des Effektors entspricht).

Folgende Beispiele sollen die erwähnten vier Fälle der zyklischen Kopplung illustrieren.

1. Das polnische Strafgesetzbuch vom Jahre 1932 legte im Artikel 232 für Geburtenabtreibung mit Zustimmung der Frau (mit Ausnahme solcher Umstände, da diese Tat nicht als Verbrechen angesehen wurde) die Höchststrafe von 5 Jahren Gefängnis fest. Merkmal $\overline{N}^0$ der Norm N ist hier also die Zahl 5. Nach vieljähriger Wirkung dieser Norm auf die Elemente P, R, S und L wurde das obige Merkmal durch das Gesetz vom 27.4.1956 (Gesetzbuch Position 61/56) geändert, indem im Artikel 4 (mit Ausnahme solcher Umstände, da diese Tat nicht als Verbrechen angesehen wird) für dieselbe Tat eine Höchststrafe von 3 Jahren vorgeschrieben ist. In diesem Fall ist $\overline{N}^1 = 3$. Der Quotient der Division der maximalen sekundären Strafsanktion durch die primäre ist 3:5. Der zyklische Faktor $K = 3/5$. Da er kleiner ist als 1, ist die Kopplung in diesem Beispiel negativ.

2. Im Normenbereich des Zivilrechts wurde einer der klassischen Fälle der *culpa in contrahendo* bisher in Artikel 54 des Obligationskodexes aus dem Jahre 1933 geregelt. Diese Vorschrift verpflichtet dazu, den Schaden zu begleichen, der im Zusammenhang mit einem Vertrag entstanden ist, der sich wegen Unfähigkeit eines der Kontrahenten zur Rechtshandlung als ungültig erwiesen hatte, wobei diese Pflicht nur dann oblag, wenn der Kontrahent diese Unfähigkeit zur Rechtshandlung hinterlistig verbarg. Ähnlich wie im ersten Beispiel trat nach mehr als 10 Jahren durch Artikel IV des Gesetzes vom 18.7.1950 (Gesetzbuchposition 312/50) anstelle der *lex specialis* die Norm *legis generalis* im Artikel 134 desselben Gesetzbuches in Kraft, aus der hervorgeht, daß der Kontrahent nicht nur im Falle einer hinterlistigen Verbergung der Unfähigkeit zu Rechtshandlungen zur Verantwortung gezogen wird, sondern auch dann, wenn dieser den Vertrag leichtsinnigerweise geschlossen hat. Selbstverständlich ist hier vorausgesetzt, daß der zur Rechtshandlung Unfähige der deliktischen Verantwortung fähig ist. Wollte man gemäß der traditionellen Rechtslehre die Schuld steigern, und dazu jeder ihrer Steigerung eine bestimmte Zahlengröße $\bar{N}$ zuschreiben, z.B. für *dolus directus* $\bar{N}^0 = 1$, für *dolus eventualis* $\bar{N}^0 = 2$, für *Fahrlässigkeit* $\bar{N}^0 = 3$ und für *Leichtsinnigkeit* $\bar{N}^1 = 4$ und das hinterlistige Verbergen als dolus directus qualifizieren, so können wir vom Gesichtspunkt eines so beschriebenen Merkmals $\bar{N}$ die zyklische Koppelung K, die durch die beschriebene Änderung entstanden ist, mit dem Quotient 4:1 bezeichnen. Der Faktor K ist hier also gleich 4, somit größer als 1, daher ist die Koppelung in diesem Beispiel positiv.

3. Immer dann, wenn die Norm eines vorher geltenden Gesetzes unverändert in ein neues Gesetz übernommen wird, ist der zyklische Faktor $K = 1$.

4. Wird die Norm aber aufgehoben und durch keine neue ersetzt, die dieselben Fakten andersartig regeln würde, ist der zyklische Faktor $K = 0$. Beispiele für solche Rechtserscheinungen können in großer Zahl angeführt werden.

Die Gleichheit (6), also die Gleichheit $\bar{N}^1 = K \cdot \bar{N}^0$ drückt mittels des zyklischen Faktors K die Beziehung des neuen Merkmals $\bar{N}^0$ zu dem vorherigen Merkmal $\bar{N}^0$ dieser Norm N aus. Die Größe K läßt sich praktisch erst nach dem Entstehen des neuen Merkmals $\bar{N}^1$ angeben.

2. Vollständige und unvollständige Rechtsregelung

Äußere Störungen[3] und innere Störungen, die auf die Hauptkette einwirken, können mitunter durch eine Rechtsregelung[4], also durch L aufgehoben werden. Wenn diese Regelung die gesamte Störung entfernt, sagen wir, sie wirkt vollständig. Es ist z.B. unmöglich, einen Ermordeten wieder ins Leben zurückzurufen, es ist aber u.a. möglich, zu Gunsten der vom Unrecht Getroffenen eine Entschädigung festzulegen oder die Täter und andere Personen auf eine solche Weise zu bestrafen, daß diese in Zukunft vor einer Mordtat zurückschrecken. Wenn auf 997 von 1000 potentiellen Mördern die Strafe abschreckend wirkt, kann gesagt werden (abgesehen von der Unmöglichkeit, den moralischen Schaden durch materiellen Wert vollständig auszugleichen), daß der Regler unvollständig wirkt, nämlich mit einer Toleranz von 3‰.

Wenn wir also die unbedingten Abweichungen, die der objektiven Unmöglichkeit eines vollständigen Ausgleichs der Störung entsprechen, außer Acht lassen, kann gesagt werden, daß das objektive Recht, das nach aktueller Bewertung, z.B. durch die Gesellschaftsgruppe G_1, die ganze Störung behebt, ein vom Gesichtspunkt dieser Gruppe aus rechtlich vollständiger Regler ist und vom Standpunkt anderer Gruppen $G_2, G_3, \ldots$, als unvollständig bewertet werden kann. Das objektive Recht, das alle Gesellschaftsgruppen als vollständigen Regler bewertet, nenne ich einen vollständigen Rechtsregler, kurz – *vollständiges* Recht.

Ist die Regelung jedoch unvollständig, angenommen im Grad r zahlenmäßig meßbar, dann können am Ausgang der Kette, in der die Störungen auftreten, 3 Fälle eintreten:

I. Die Größe $\bar{z}$ der Störung z bleibt unverändert, also $r = \bar{z}$;

II. Die Größe $\bar{z}$ der Störung z wird verändert, es gibt also eine Zahl h derart, daß $r = h\bar{z}$, wobei h kleiner oder größer als 1 sein kann, aber immer $h \neq 0$ (wäre nämlich $h = 0$, würde die Störung vollständig gehoben werden, demzufolge wäre der Regler vollständig);

---

3 Siehe dazu die Pfeilschar in Abb. 2, S. 6, Abb. 8, S. 14, und Abb. 36, S. 126.

4 Regelung im Sinne des Punktes 1 S. 17.

III. Die Störung setzt sich aus der Menge der Störungen z', z'', z''', . . . , zusammen, von denen die einen unter I fallen, die anderen unter II.

Ein analoger Begriff von Vollständigkeit und Unvollständigkeit wird bei Präzedenzfällen, Urteilssprüchen und Entscheidungen, die in den Elementen des Verstärkers entstehen, angewandt.

3. Der Begriff des treffenden Rechts

Aus manchen statistischen Untersuchungen geht hervor, daß z.B. die Kurven der Bevölkerungszunahme sehr hartnäckig sind: Ereignisse, von denen man annehmen könnte, daß diese während einer solchen Zeit deren Verlauf entscheidend verändern müßten, üben nur einen zeitweiligen und vorübergehenden Einfluß aus. Es wurde z.B. beobachtet, daß, obwohl die demographischen Kurven sich infolge von Kataklysmen, wie Kriegen o.ä., vorübergehend gesenkt haben, die Bevölkerungsabnahme oft im weiteren Verlauf durch kompensierende Erscheinungen (Störungen) wieder ausgeglichen wird, so als wenn es diese Katastrophen gar nicht gegeben hätte. So fiel z.B. die Kurve der Bevölkerungszunahme infolge des Sezessionskrieges zwar stark ab, aber – wie berechnet wurde – füllte die Emigration wenige Jahre später die Bevölkerungslücken wieder aus, und die demographische Kurve verlief weiterhin so, als wenn es gar keine Kriege gegeben hätte.

Es erhebt sich die Frage, ob man z.B. einen zu großen und daher unerwünschten Bevölkerungszuwachs hemmen kann, indem man durch eine Rechtsnorm ein gewisses Verhalten der Menschen hervorruft. Das demographische Beispiel führt etwa zu der Erwägung, die Rechtsnorm in Richtung Abtreibungserlaubnis zu verändern. Gewöhnlich ruft das veränderte Normenmerkmal in den Elementen P, R und S Wirkungen hervor, die im Grunde genommen neue Störungen sein können und infolgedessen sowohl von der Gesellschaft, als auch vom Gesetz negativ bewertet werden können (z.B. Gesundheitsstörungen bei Frauen, die Abtreibungen vornehmen würden).

Daraus geht hervor, daß im rechtskybernetischen Modell bestimmte Störungsarten berücksichtigt werden müssen, die infolge der Wirkung des Rechtsreglers selbst entstehen. Nur diese inneren Störungen werde ich von nun ab *Rauschen* nennen, obwohl in der kybernetischen Fachliteratur diese Störungen gewöhnlich Synonyme von Rauschen sind[5].

Rauschen entsteht nicht nur dann, wenn die Größe $\overline{z}$ der Störung z als gesellschaftliche Erscheinung gar nicht von der Größe des Merkmals $\overline{N}$ der Rechtsnorm N abhängt (wie z.B. die Gesundheitsschädigung der Frau, im Fall, daß die demographischen Kurven nicht von der Abtreibungserlaubnis abhängig sind), sondern auch dann, wenn z von $\overline{N}$ abhängt, ja sogar dann, wenn $\overline{N}$, dank seiner Wirkung z vollständig entfernt und dennoch zur Entstehung von Rauschen führt (z.B. Gesundheitsstörungen der Frau, im Fall, daß die demographischen Kurven auf Grund der Abtreibungserlaubnis in gewünschter Weise verlaufen).

Auch eine Zwischensituation ist möglich, und zwar, wenn die Norm N die Störung nicht ganz verträgt und N Geräusche hinterläßt[6].

Somit kann also Rauschen unabhängig davon auftreten, ob die Rechtsnorm als vollständiger oder unvollständiger Regler wirkt. Das betrifft vor allem *natürliches Rauschen*, d.i. solches, das außerhalb des besprochenen kybernetischen Modells oder in ihm selbst entsteht, unabhängig vom Willen und der Voraussicht von L, im Unterschied zu dem *künstlichen Rauschen*, das, um bestimmte bezweckte Folgen in der Gesellschaft zu erzielen, den Machtbefugten als Werkzeug dienen kann, insbesondere wenn es anders ist, als Informationen auf dem gewöhnlichen Rechtsweg es sind.

In der bisherigen Staats- und Rechtstheorie sowie in den einzelnen Rechtsdisziplinen ist das Problem des Rauschens und die Rechtstechnik seiner Eliminierbarkeit bisher überhaupt nicht untersucht worden. Dies scheint jedoch wichtig zu sein, denn falls es gelingen würde, ein Rechtssystem zu schaffen, aus dem Rauschen fast völlig entfernt werden könnte, so würde sich die Anzahl der Rechtsnormen sehr verringern und das gesamte objektive Recht würde sehr konzis und frei von überflüssigen Elementen sein.

In den neuzeitlichen Staaten macht sich ein Anwachsen der Anzahl solcher Rechtsnormen bemerkbar, die ausschließlich der Eliminierung von Rauschen dienen, aber ihrerseits wieder Rauschen erzeugen, das wiederum durch andere Normen eliminiert werden muß, die wiederum Rauschen erzeugen und so

---

5 Vgl. etwa W.R. ASHBY, An introduction to cybernetics, S. 186 ff.

6 In diesem Fall liegt Punkt II von S. 42 vor.

fort. Auf diese Weise entsteht unabhängig von der allgemeinen Zunahme der Normenzahl, bedingt durch die Vielfalt des gesellschaftlichen Lebens, eine eigenartige Hierarchie von Gegen-Rauschen-Normen.

Die neuzeitlichen Gesetzgebungen vermehren weiterhin die Zahl der Rechtsnormen, die das Rauschen bekämpfen, infolgedessen nimmt die Zahl der Gesetze stark zu. Es wäre also ratsam die Entwicklung der Kodifizierungstechnik vor allem so zu lenken, daß bei gesetzgebenden Bearbeitungen von der Feststellung ausgegangen werden könnte, was eine äußere Störung und was ein Rauschen ist, um die bestehenden Normen dementsprechend zu verbessern, anstatt neue zu erlassen.

Rechtsnormen, die Störungen entfernen und dabei kein Rauschen einführen, nenne ich *treffende Rechtsnormen.* Dieser Begriff bezieht sich nicht nur auf das objektive Recht, das in L entsteht, sondern entsprechend auch auf Präjudizfälle, Urteilssprüche und Entscheidungen, die in den Elementen J und A entstanden sind.

4. Die Rolle der Zeit in den Kopplungen nach dem rechtskybernetischen Modell

Das Durchlaufen der Signale erfolgt in einer gegebenen Zeit. Das Auftreten oder Nichtauftreten von bezweckten Wirkungen der Rechtsnorm in den Elementen P, R und S sowie J, A und E hängt vor allem von der Zeit der Normenwirkung ab. Außerdem ist die Gesetzregelung L sowie auch die Regelung des Verstärkers dann leistungsfähig, wenn sie von den Rückkopplungen die aus nicht zu lange zurückliegender Zeit stammenden Informationen übermittelt.

Betrachten wir hier einmal unter vielen in dieser Hinsicht wichtigen Rechtsbegriffen als Beispiel den Begriff *vacatio legis.* Das ist die Zeitspanne t vom Moment t_N des Gesetzeserlasses bis zum Moment t_P seines Inkrafttretens. Diese Zeitspanne läßt der Gesetzgeber L den Rechtssubjekten in P und den Machtvertretern in J, A und E, um ihnen Möglichkeit zu geben, sich mit dem Gesetz noch vor dem Inkrafttreten bekanntzumachen. *Vacatio legis* ist zutreffend gewählt, wenn sie der Zeit gleicht, in der das Signal vom Inhalt dieses Gesetzes zu P gelangen kann, also wenn $t = t_P - t_N$. Wenn aber

$t < t_P - t_N$, so ist die vacatio legis zu kurz, da das Gesetz in Kraft tritt, bevor ihre Subjekte sich mit seinem Inhalt bekanntmachen konnten. Schließlich, wenn $t > t_P - t_N$, tritt eine unnötige Zeitvergeudung ein, denn man könnte schon vorher den Störungen, gegen die das Gesetz gerichtet ist, entgegenwirken.

Aus diesen Formeln geht hervor, daß von der Richtigkeit der *vacatio legis* u.a. die Geschwindigkeit abhängt, mit der das Signal von N zu P und ähnlich J, A und E gelangt. Deshalb ist die *vacatio legis* heute im Zeitalter von schnellarbeitenden Druckereien, Radio und Fernsehen im allgemeinen kürzer als früher, da diese Einrichtungen noch nicht bekannt waren. Das erklärt auch, warum ein Gesetz, das für ein großes Imperium bestimmt ist, gewöhnlich eine längere *vacatio legis* braucht, als ein solches für ein kleines Land.

Es kommen hier aber auch andere wichtigere Gesichtspunkte der Zeit in Frage, die sich nicht allein durch technische Erfindungen kürzen lassen. *Vacatio legis* sollte auch die Zeit vom Moment t_N ab bis zu den Folgen der Rechtsnorm in anderen Elementen berücksichtigen. Über diese Zeitspanne wird L durch die Rückkopplungen informiert. Da jedoch das Gesetz früher besteht als die Signale dieser Kopplungen, sind diese Signale gerade dann nicht vorhanden, wenn sie für den Gesetzgeber am notwendigsten sind. In dieser Hinsicht sollte der Begriff *vacatio legis* in den Gesetzgebungen nicht nur dazu dienen, die Zeit der *vacatio legis* für die einzelnen Gesetze richtig zu bestimmen, sondern auch dazu, um zu prüfen, ob das Einführen eines Gesetzes hinsichtlich des Zeitfaktors überhaupt die bezweckte Wirkung erzielt.

Es kommt vor, daß ein System, z.B. ein Staat, eine kritische Situation durchmacht, weil der Umfang der Störungen die Möglichkeit einer einfachen Regelung übersteigt. In einem solchen Falle ist eine außergewöhnliche Regelung nötig, deren Wirksamkeit jedoch von der schnellen und geschickten Verstärkung durch die Elemente J, A und E abhängig ist. Diese Geschwindigkeit kommt nicht nur dadurch zum Ausdruck, daß das Signal die Richter und Gerichtsbeamten in J, A und E schnell erreicht, sondern auch dadurch, daß das Signal richtig und schnell dekodiert, also verstanden wird, was natürlich von der Tüchtigkeit der Richter und Verwaltungsbeamten abhängt. Wenn die Beamtenschaft (Kader) diese intellektuellen Vorzüge nicht besitzt, so kann die außerordentliche Regelung nicht nur in der vorgesehenen Zeit fehlschlagen, sondern auch zusätzliche Störungen verursachen. Kann man demnach voraussehen, daß die *vacatio legis* lang sein muß und die Folgen der außerordentlichen Regelung entweder schnell eintreten oder gegenstandslos sein werden, so ist es besser, diese Regelung überhaupt zu unterlassen. Die Tüchtigkeit der Richter und Verwaltungsbeamten kann in solchen Fällen genauso wichtig sein wie eine Rechenmaschine, die die Aufgaben so schnell löst, daß, falls sie durch einen langsam arbeitenden Rechenmeister ersetzt würde, die Lösungen infolge von Verspätung praktisch unmöglich wären.

Wie es aus dem rechtskybernetischen Modell (Abb. 9) ersichtlich ist, tritt das Erscheinen der Normenwirkung in den weiteren Elementen später ein als in den näheren. Das kann z.B. in Form einer Ungleichung angegeben werden $t_P < t_R < t_S$, also $t_P - t_N < t_R - t_N < t_S - t_N$.
Die Wirkungen derselben Norm können also im Element S nicht eher erwartet werden, als nach dem Erscheinen in den Elementen P und R. Das hat z.B. dann eine praktische Bedeutung, wenn der Gesetzgeber in R günstig bewertete Folgen erzielen will und diesen Folgen in P ungünstig bewertete Folgen vorangehen müssen[7], die der Gesetzgeber nicht in Betracht gezogen hat. In solchen Fällen besteht die Gefahr, daß der Gesetzgeber, nachdem er sich vom Bestehen früherer ungünstiger Folgen in P überzeugt hat, das Gesetz aufhebt, bevor es günstige Folgen in R hervorrufen kann.

Wenn die früheren Folgen günstig bewertet werden und die späteren als ungünstig, kann eine entgegengesetzte Situation Bedeutung für gesetzgeberische Experimente haben. So wurde z.B. das Projekt des Zivilgesetzbuches, das sog. Martiniprojekt, probeweise in Westgalizien (im Jahre 1797) und in Ostgalizien (im Jahre 1798) eingeführt, bevor es für die gesamte österreichische Monarchie in Kraft getreten ist (im Jahre 1811). Diese verhältnismäßig lange Probezeit (gegen 14 Jahre) erlaubte es, sich an den Wirkungen zu orientieren, die dieses Projekt in den Elementen P, J, A und E und sogar im Element R nach sich zog. Aber selbst diese vierzehnjährige Probe konnte nicht alle sekundären Folgen aufdecken, die mitunter nach vielen Jahrzehnten

7 Siehe dazu oben S. 12.

auftreten[8]. Eben deshalb können die Gesetzgeber nicht alle Folgen der Norm experimentell prüfen.

Dies, daß die Kopplungen die Regelung natürlicherweise verspäten[9], ist mitunter Ursprung anderer Schwierigkeiten der Gesetzgebung. Es kommt vor, daß in diesen Elementen Änderungen eingetreten sind, die diese Signale deaktualisieren, etwa bevor die Rückkehrsignale von den weiteren Elementen der Hauptkette und des Verstärkers zu L gelangen.

Der Gesetzgeber L erhält beispielsweise über die Rückkopplungen von P statistische Angaben von einer großen Anzahl von Ehen, die nur formell bestehen, sich in Wirklichkeit jedoch im Zerfall befinden, was gesellschaftliche Schwierigkeiten und Unzufriedenheit bei einem Teil der Bevölkerung hervorruft. Wir bezeichnen diese negative Erscheinung mit Z^-. Der Gesetzgeber bereitet Scheidungsgesetze vor, was 2 Jahre lang dauert, aber im Laufe dieser 2 Jahre wird die Zahl der formellen Ehen infolge von Gerichtseinwirkungen, die diese Erscheinung Z^- wahrgenommen haben, und aus weiteren Gründen rapide kleiner. Gleichzeitig nimmt die Zahl der Scheidungen zu, die nun wiederum andere Störungen hervorrufen, z.B. Erziehungsschwierigkeiten bei Kindern aus geschiedenen Ehen. Bezeichnen wir diese Störung mit Z^+. Leider erreicht die Information Z^+ L nicht, bevor die geplanten Scheidungsgesetze erlassen werden, infolgedessen beginnen auf die Störung Z^+ Normen einzuwirken, die gegen Z^- gerichtet sind, also die Störung Z^+ noch potenzieren. In einem solchen Fall kann eine ebenso indolente Regelung in der entgegengesetzten Richtung eintreten, und diese Schwankungen können sich vielfach wiederholen.

Viele ähnliche Beispiele könnten aufgezählt werden; in Polen gehört dazu u.a. die Beibehaltung der sog. Junggesellensteuer bei sehr großem Geburtenüberschuß.

Wenn sich Erscheinungen, die geregelt werden sollen, ziemlich schnell ändern, so kann der Gesetzgeber diesen Regelungsbereich den verstärkenden Elementen (J, A und E) überweisen, die sich schneller der sich verändernden Situation anpassen können. Eine solche Überweisung der Regelung kann verschiedene Formen haben. So z.B. kann L das Gerichtsverfahren beschleuni-

8 Siehe dazu unten S. 76 f.

9 Vgl. dazu P. DE LATIL, Introduction à la cybernétique, S. 81 ff.

gen, damit die Gerichte im Falle einer plötzlichen Ausbreitung gewisser Verbrechen diese leichter bekämpfen können, in anderen Fällen wiederum kann das Verfahren im Administrationsverfahren geführt werden.

Ein größerer Regelungsbereich wird gewöhnlich den Elementen des Verstärkers in stark industrialisierten und dicht bevölkerten Ländern überwiesen, in denen die gesellschaftlichen Erscheinungen und verschiedene Formen von Störungen sich sehr schnell ändern, was die Regelungsmöglichkeiten des Elements L überschreitet. So ist es z.B. in England, das früh zu einem dichtbevölkerten Industrieland geworden ist.

Deshalb wird in der angelsächsischen Variante[10] ein großer Teil der Regelung den Elementen der Verstärker J und A überwiesen. Einer eventuellen Abschwächung der Rechtsautorität infolge immerwährender Änderungen sollen einige wenige, jedoch pedantisch berücksichtigte Grundsätze des gesunden Menschenverstandes und des Pragmatismus entgegenwirken und vielleicht auch die dekorative Seite (z.B. die Perücken der Richter).

5. Abhängigkeit der gesellschaftlich-rechtlichen Erscheinungen von den Normen und Störungen

Es kann in der Praxis sehr schwierig werden festzustellen, ob die Störung, die am Anfang eines Elements der rechtskybernetischen Kette auftritt, ein Rauschen[11] oder eine äußere Störung ist. Anfangs ist es unmöglich, die Wirklichkeit P, R oder S, die ohne irgendeine Rechtsnorm *N* existieren würde, von der unter Einfluß der Norm veränderten Wirklichkeit zu unterscheiden. So scheinen z.B. in den die Wirklichkeit des Wirtschaftsumsatzes betreffenden Untersuchungen fast alle Störungen als Wirkungen des Schuldrechts, Wirtschaftsrechts, Wechselrechts usw. und nicht als Wirkungen von Erscheinungen, die von den Rechtsnormen unabhängig sind. Diese prinzipielle Erkenntnisschwierigkeit hängt mit dem Einfluß der Untersuchung selbst auf die untersuchte Wirklichkeit und umgekehrt, der untersuchten Wirklichkeit auf die Untersuchung selbst zusammen. Diese Erscheinung ist den Physikern bekannt. So z.B. verändert die Masse des zur Untersuchung dienenden

10 Siehe dazu oben S. 30.

11 Siehe dazu oben S. 43 f.

Meßgerätes die subtilen mikrophysischen Erscheinungen allein durch Annähern des Gerätes an den untersuchten Gegenstand. Dies ist eine typische direkte Kopplung und Rückkopplung:

Forscher $\rightleftarrows$ *Gerät* $\rightleftarrows$ *untersuchter Gegenstand.*

Diese Schwierigkeiten können theoretisch nur bis zu einer gewissen Grenze überwunden werden, deren Größe durch das Plancksche Wirkungsquantum bestimmt wird.

Die Schwierigkeiten, die bei Untersuchungen von Rechtserscheinungen auftreten, sind methodisch diesem physikalischen Problem durchaus ähnlich. Das untersuchte Subjekt ist nämlich, abgesehen von seiner Forschungsarbeit, ebenfalls Subjekt der Rechte und Pflichten in P[12]. Da es selbst im Element P enthalten ist, durch das das Rechtssignal kommt, steht es unter dem Einfluß der direkten Kopplung und der Rückkopplung

L $\rightleftarrows$ N $\rightleftarrows$ *Forscher in* P $\rightleftarrows$ *Verstärker*

$\rightleftarrows$ R $\rightleftarrows$ S[13]

Diese Einflüsse sind mitunter so stark, daß sie eine andere Signalisierung und sogar das Bild der gesamten untersuchten Rechtserscheinung verdecken können. Insbesondere können sie die Ursache dafür sein, daß die ohne Norm bestehende Wirklichkeit im Bewußtsein des Forschers mit der unter dem Einfluß der Norm veränderten Wirklichkeit als ein und dieselbe betrachtet wird. Ein Ausschließen dieser Rückkopplungen durch eine vollständige Isolierung des Forschers von der Gesellschaft scheint praktisch nicht möglich zu sein. Somit besteht nur eine zweite Möglichkeit, nämlich die, daß der Forscher die Größe der durch den Einfluß der Rückkopplungen entstandenen Veränderungen in Betracht zieht. Das erfordert u.a. die Berücksichtigung der Lage anderer Rechtssubjekte auf der gleichen Basis und weiter das weitgehende Ausschalten der eigenen Persönlichkeit, also in den Kategorien der Moral – die Uneigennützigkeit. Höchstwahrscheinlich hat die Abhängigkeit

---

12 Über die Einflüsse der Doktrin siehe oben S. 23 f.

13 Hinzu kommen noch weitere Einflüsse, die nicht erwähnt werden, weil sie im Element P selbst auftreten. Vgl. dazu unten S. 59.

der wissenschaftlichen Untersuchungsergebnisse von der moralischen Haltung des Forschers auch in vielen anderen Wissenschaftszweigen Bedeutung.

Sooft wir also beim Untersuchen mancher Rechtsbehörden annehmen, daß ein gewisser Teil der Wirklichkeit, obgleich durch die Norm historisch geformt (z.B. der kontradiktatorische Prozeß), nicht von ihr abhängt, sooft müssen wir uns darüber klar sein, daß das eine Vereinfachung ist, die wir nur ausnahmsweise anwenden dürfen, im steten Bewußtsein dessen, daß eine gewisse Fiktion eingeführt wird.

Allein auch das genügt nicht. In allen Elementen der rechtskybernetischen Kette, die auf N folgen (und unter bestimmten Verhältnissen auch im Element L), in denen die Störungen mit dem Normenmerkmal interferieren, besteht eine große Anzahl wirklicher Verbindungen, Rückkopplungen, Kopplungen dieser Kopplungen usw. Ein Nachspüren aller dieser Beziehungen kann sich praktisch als unausführbar erweisen. Beschränkt man sich im allgemeinen auf die Wechselbeziehungen zwischen der untersuchten Gesellschaftserscheinung X und dem Bestehen der Norm N in den einzelnen Elementen der rechtskybernetischen Kette, so hat man es mit der Größe X als Funktion von 2 Variablen $X = f(N, Z)$ zu tun, die zwei Werte 0 oder 1 annehmen, also mit 4 Systemen dieser Werte, nämlich: wenn $Z = 1$ und $N = 1$, wenn $Z = 1$ und $N = 0$, wenn $Z = 0$ und $N = 1$ und wenn $Z = 0$ und $N = 0$, also mit $2^4 = 16$ Systemwerten, die X annimmt.

Die Anzahl der möglichen Systeme der Größe X für den Fall, daß diese von 3 Elementen abhängt (d.i. als Funktion von 3 Variablen), beträgt 256, und bei 5 Elementen schon 4 304 927 296 usw. Dies macht den Gebrauch von Digitalrechnern notwendig.

In der Praxis kann es verschiedene Arten der Beziehungen von X zu Z und N geben[14].

Nehmen wir an, der Untersuchende will z.B. den Zusammenhang zwischen dem starken Anwachsen von Alkoholverbrauch unter den Jugendlichen X, der Gehaltserhöhung für Jugendliche Z, und der bestehenden Norm N über das Verbot, Jugendlichen Alkohol zu verkaufen, bestimmen. Angenommen, daß aufgrund der Untersuchungen der gesellschaftlichen Wirklichkeit folgendes festgestellt wurde:

---

14 Siehe dazu Tafel I, S. 54.

$$\left.\begin{array}{ll} \text{I.} & \text{wenn } Z = 1 \text{ und } N = 1, \text{ so ist } X = 1 \\ \text{II.} & \text{wenn } Z = 1 \text{ und } N = 0, \text{ so ist } X = 0 \\ \text{III.} & \text{wenn } Z = 0 \text{ und } N = 1, \text{ so ist } X = 1 \\ \text{IV.} & \text{wenn } Z = 0 \text{ und } N = 0, \text{ so ist } X = 0 \end{array}\right\} \text{ also } X = \begin{cases} 0, \text{ wenn } N = 0 \text{ und } Z = \{\begin{matrix} 0 \\ 1 \end{matrix} \\ 1, \text{ wenn } N = 1 \text{ und } Z = \{\begin{matrix} 0 \\ 1 \end{matrix} \end{cases}$$

Das bedeutet, daß die starke Zunahme des Alkoholverbrauchs X unter den Jugendlichen, die sich bei Geltung der Norm N, die den Verkauf von Alkohol an Jugendliche verbietet, ergeben hat (und die deren Psyche nicht berücksichtigt), von der Gehaltserhöhung Z vollständig unabhängig ist. Wir haben es hier mit dem Fall Nr. 11, Tafel I, zu tun, bei dem ähnlich wie in Fall Nr. 4 die Größe X nur von N abhängt.

Betrachten wir vom Gesichtspunkt dieser Tafel aus das schon besprochene demographische Beispiel[15]. Nehmen wir an, daß die Kurve der Bevölkerungszunahme gegenüber N weitgehend unempfindlich ist. Bezeichnen wir mit X die unerwünschte Bevölkerungszunahme innerhalb einer bestimmten Zeitspanne, mit Z das Auftreten einer Anzahl von Abtreibungen, die in % der Bevölkerungszahl angegeben ist, und mit N die bestehende Norm die Abtreibungen erlaubt. Dann erhalten wir:

$$\left.\begin{array}{ll} \text{I.} & \text{wenn } Z = 1 \text{ und } N = 1, \text{ so ist } X = 1 \\ \text{II.} & \text{wenn } Z = 1 \text{ und } N = 0, \text{ so ist } X = 1 \\ \text{III.} & \text{wenn } Z = 0 \text{ und } N = 1, \text{ so ist } X = 1 \\ \text{IV.} & \text{wenn } Z = 0 \text{ und } N = 0, \text{ so ist } X = 1 \end{array}\right\} \text{ also } X = 1, \text{ wenn } \begin{cases} N = \{\begin{matrix} 0 \\ 1 \end{matrix} \\ Z = \{\begin{matrix} 0 \\ 1 \end{matrix} \end{cases}$$

In diesem Beispiel hängt die unerwünschte Bevölkerungszunahme innerhalb einer bestimmten Zeitspanne weder von der Zunahme der Abtreibungen ab, noch von der Norm, die die Abtreibung erlaubt. Wir haben es also mit dem Beispiel No. 16 aus Tafel I zu tun, in dem ähnlich wie in Beispiel Nr. 1, X weder von Z noch von N abhängt.

Als Beispiel für die Abhängigkeit, die Nr. 9 aus Tafel 1 entspricht, kann der Zusammenhang dienen, der zwischen der strafbaren Preisgabe eines Privatgeheimnisses durch den Arzt (Artikel 254 § 1 des polnischen Strafgesetzbuches von 1932) und einerseits der Norm besteht, die den Arzt dazu

15 Oben S. 42 f.

verpflichtet, das Geheimnis zu bewahren, und andererseits der Bekanntgabe des Gesundheitszustandes der Patienten durch den Arzt überhaupt. Bezeichnet *X* die strafbare Preisgabe des Privatgeheimnisses, *Y* die Bekanntgabe des Gesundheitszustandes eines Patienten durch den Arzt und *N* die letzteres verbietende Norm so gilt selbstverständlich:

$$\left.\begin{array}{l}
\text{I. wenn } Z = 1 \text{ und } N = 1, \text{ so ist } X = 1\\
\text{II. wenn } Z = 1 \text{ und } N = 0, \text{ so ist } X = 0\\
\text{III. wenn } Z = 1 \text{ und } N = 1, \text{ so ist } X = 0\\
\text{IV. wenn } Z = 0 \text{ und } N = 0, \text{ so ist } X = 0
\end{array}\right\} \text{ also } X = \begin{cases} 0, \text{ wenn } Z = \left\{\begin{smallmatrix}0\\1\end{smallmatrix}\right. \text{ und } N = \left\{\begin{smallmatrix}0\\1\end{smallmatrix}\right. \\ 1, \text{ wenn } Z = 1 \quad \text{ und } N = 1 \end{cases}$$

In diesem Beispiel hängt das strafbare Preisgeben des Privatgeheimnisses durch den Arzt sowohl von der Norm ab, die den Arzt zum Bewahren des Geheimnisses verpflichtet, wie auch von der Bekanntgebung des Gesundheitszustandes durch den Arzt überhaupt. Hier ist *X* also von beiden Variablen *Z* und *N* abhängig.

Schließlich kann Nr. 13 der Tafel I folgendes Beispiel illustrieren: In einem Staat werden die Gerichtskosten für Scheidungen um 30% erhöht, um die Anzahl der Scheidungen herabzusetzen. Bezeichnen wir also mit *X* die Zunahme von Scheidungsfällen in dieser Gesellschaft, die über die gewöhnliche Anzahl auftreten, mit *N* die Rechtsnorm der Gerichtskostenerhöhung um 30% bei Scheidungsfällen, und mit *Z* gesellschaftliche Störungen, die zu diesen Scheidungen führen. Angenommen, daß aufgrund der untersuchten gesellschaftlichen Wirklichkeit festgestellt wurde:

$$\left.\begin{array}{l}
\text{I. wenn } Z = 1 \text{ und } N = 1, \text{ so ist } X = 1\\
\text{II. wenn } Z = 1 \text{ und } N = 0, \text{ so ist } X = 1\\
\text{III. wenn } Z = 0 \text{ und } N = 1, \text{ so ist } X = 0\\
\text{IV. wenn } Z = 0 \text{ und } N = 0, \text{ so ist } X = 0
\end{array}\right\} \text{ also } X = \begin{cases} 0, \text{ wenn } Z = 0 \text{ und } Z = \left\{\begin{smallmatrix}0\\1\end{smallmatrix}\right. \\ 1, \text{ wenn } Z = 1 \text{ und } N = \left\{\begin{smallmatrix}0\\1\end{smallmatrix}\right. \end{cases}$$

Demnach erwies sich in diesem Beispiel die Anzahl von Scheidungsfällen, die in einer Gesellschaft die übliche Grenze überschreitet, nur von der gesellschaftlichen Störung, die die Zahl der Scheidungen beeinflußt hat, als abhängig und von der Gerichtskostenerhöhung um 30% als unabhängig.

Tafel I
Die Abhängigkeit der gesellschaftlichen Erscheinung X vom Bestehen der Norm N und der Störung Z

Nr.	Z 1100 N 1010	Arten der Abhängigkeit X von Z und N	$X =$
1	0000	X ist sowohl von Z wie auch von N unabhängig	0
2	0001	X tritt nicht mit Z auf, aber wo kein Z, ist auch kein X, wenn es N gibt	$-Z \cdot -N$
3	0010	X tritt nicht mit Z auf, aber wo kein Z, ist auch kein X, wenn es kein N gibt	$-Z \cdot N$
4	0011	X ist von N unabhängig und tritt dann auf, wenn es kein Z gibt	$-Z$
5	0100	X tritt nicht mit Z auf, aber wo kein Z, ist auch kein X, wenn es kein Z gibt	$Z \cdot -N$
6	0101	X ist von Z unabhängig und tritt dann auf, wenn es kein N gibt	$-N$
7	0110	X gibt es dann, wenn nur Z oder N allein besteht	$(-N \cdot Z)+(-Z \cdot N)$
8	0111	X gibt es immer mit Ausnahme, wenn Z und N bestehen	$-Z+(-N)$
9	1000	X gibt es nur dann, wenn Z und N bestehen	$Z \cdot N$
10	1001	X gibt es dann, wenn Z und N bestehen, oder wenn weder Z noch N besteht	$(Z \cdot N)+(-Z \cdot -N)$
11	1010	X hängt von N ab, aber von Z hängt es nicht ab	N
12	1011	X besteht dann, wenn N besteht, aber wenn es kein N gibt, besteht X dann, wenn es kein Z gibt	$-Z+N$
13	1100	X hängt nur von Z ab und ist von N unabhängig	Z
14	1101	X besteht dann, wenn es Z gibt, aber wenn es kein Z gibt, besteht X dann, wenn es kein N gibt	$Z+(-N)$
15	1110	X besteht dann, wenn es mindestens Z oder N gibt	$Z + N$
16	1111	X ist weder von Z noch von N abhängig	1

Die Abhängigkeiten, die in Tafel I berücksichtigt werden, können ebenfalls auf einfache Weise durch logische Formeln ausgedrückt werden, indem man sich der einfachen Symbolik der Aussagenlogik bedient: · für die Bezeichnung der Satzkonjunktionen (im Satz ist es das Bindewort „und"), + für die Bezeichnung der Satzalternative (Bindewort „oder") sowie – für die Bezeichnung einer Negation (Bindewort „nicht"). Durch solche Formeln wurde die Abhängigkeit in der letzten Reihe der Tafel I dargestellt. Die Anwendung logischer Kalküle ist deshalb möglich, weil sowohl den Variablen N und Z, wie auch der Funktion X in der Tafel I nur zwei Werte: 0 und 1 zugeschrieben werden, entsprechend den Wahrheitswerten in der formalen Logik.

So ist z.B. das System 0100 (Nr. 5, Tafel I) optimal, wenn X eine gesellschaftliche Erscheinung ist, die durch L (oder durch J oder A) negativ bewertet wurde. Die Erscheinung ist nur dann ungünstig, wenn eine untersuchte Norm in Kraft getreten ist; geschieht dies jedoch nicht, so tritt die ungünstige Erscheinung nicht auf, wenn es keine untersuchten Störungen gibt. Wir haben es hier mit einer Alternative zu tun, die kurz durch die Formel $-X = -Z + N$ also $X = Z \cdot (-N)$ ausgedrückt werden kann.

Ist jedoch X eine gesellschaftliche Erscheinung, die positiv bewertet wurde, dann ist das System 1011 (Nr. 2 der Tafel I) optimal. In einem solchen Fall tritt die günstige Erscheinung nämlich dann auf, wenn die untersuchte Norm in Kraft getreten ist; ist jedoch diese Norm nicht in Kraft getreten, so tritt die günstige Erscheinung nur dann auf, wenn es keine untersuchte Störung Z gibt. Wir haben es hier also auch mit einer Alternative zu tun, aber mit einer anderen, nämlich mit einer Implikation: $X = (-Z) + N$.

Ähnlich entspricht das System 1101 (Nr. 14, Tafel I) der Konterimplikation $X = Z + (-N)$ und das System 1000 (Nr. 9, Tafel I) der Konjunktion $X = Z \cdot N$ usw.

Die Tafel I umfaßt nur die Abhängigkeit des X von zwei Variablen (Z und N). Im allgemeinen kann jedoch X in den besprochenen Rechtsuntersuchungen von einer größeren Anzahl von Variablen abhängen. Dann wird es noch deutlicher, welche große Bedeutung die Anwendung der in Tafel I angegebenen Darstellungsweise haben könnte.

3. Kapitel
Rückkopplungen im rechtskybernetischen Modell

1. Rückkopplungen, die Wertungen bilden

Das Erlassen einer Rechtsnorm *N* durch L benötigt eine vorherige Wertung gewisser in der Gesellschaft auftretender Erscheinungen, und zwar die Feststellung, ob und inwiefern diese Erscheinungen Störungen sind oder Rauschen darstellen[1]. Die Regelung muß sich gegen all das richten, was vorher als unerwünscht angesehen wurde. Anderenfalls kann von einer Regelung gar nicht gesprochen werden.

Würde das Element L in Richtung S oder in Richtung des Verstärkers A, J' und E ein Signal *N* senden, ohne vorher zu prüfen, ob und inwiefern es sich um eine Störung oder ein Rauschen handelt, so würde dies davon zeugen, daß L selbst unter dem Einfluß von Störungen steht, die diese Regelung unmöglich machen. Wenn ein solcher Zustand ein wichtiges Gebiet des Gesellschaftslebens betrifft und längere Zeit anhält, führt dies zu einer Desorganisierung auf diesem Gebiet. Dasselbe kann die Gesellschaft treffen, wenn die Wertung mangelhaft ist, also wenn das, was für die gesamte Gesellschaft oder für deren überwiegenden Teil weder Störung noch Rauschen ist, als Störung oder Rauschen angesehen wird oder umgekehrt. Schon daraus geht hervor, welch wichtige Rolle die Wertung in der Rechtstheorie spielen müßte.

In dem dargestellten rechtskybernetischen Modell erhält L als Informationsquelle die Wertung vor allem durch die Rückkopplung P→L und übernimmt diese Wertung entweder in fertiger Form (übernommene Wertung) oder wertet auf deren Basis selbständig bei Berücksichtigung der Lage der einzelnen Gesellschaftsgruppen sowie der Größe gewisser Variablen (Oberwertung). L kann auch Signale durch die Rückkopplung S→L, R→L, ja sogar N→L erhalten und auf dieser Basis selbständig werten (eine andere Form der Oberwertung siehe S. 60 ff.).

Die Wertung, die in P entsteht, ist oft widersprüchlich, da die einzelnen Gesellschaftsgruppen gewöhnlich verschiedenartig werten. Das kommt durch

---

1 Siehe dazu oben S. 15 ff. und 42.

den Ausgang der Signale aus P zum Ausdruck (siehe Abb. 18), deren man so viele aufzeichnen kann, wie es wertende Subjekte in P gibt[2]. L führt unterschiedliche Wertungen, die an den Ausgängen des Elementes P auftreten, zu einer Wertung. Wäre diese Wertung in L nicht eindeutig, so würde L gleichzeitig widersprüchliche Signale senden – etwa die Normen N und $-N$ – oder unregelmäßig – z.B. von Merkmalen $\overline{N}$ und $\frac{1}{2}\overline{N}$ –. Bei Ausgabe von Präjudizien[3] und auch bei der Interpretation der Norm[4] werden die verschiedenen Wertungen auf einen Wert oder eine selbständige Wertung auch in J und A gebracht. In der angelsächsischen Variante[5] tritt die Wertung, die für das gesellschaftliche Leben am wichtigsten ist, eben in J und in A auf. Wir werden unsere Aufmerksamkeit auf diejenigen Wertungen lenken, die die Rechtsnorm in L gestalten.

Wie bereits erwähnt, wird die Wertung im Element P vom Subjekt abhängig gemacht. Im allgemeinen werten die Subjekte je nach ihrer Lage in der gesellschaftlich-rechtlichen Wirklichkeit (der aktuellen, vergangenen und voraussichtlichen), die ich kurz *Subjektlage* nenne. Die Menge der Subjekte jedoch, deren Lage ähnlich ist, wird in diesem Modell *Gesellschaftsgruppe* genannt und mit G bezeichnet werden (eventuell mit Kennziffern). Subjekte ein und derselben Gruppe werten gewöhnlich gleich, mit Ausnahme solcher seltener Fälle, in denen das Subjekt, das zur Gruppe G' gehört, aber nicht so wertet wie andere Subjekte dieser Gruppe G', sondern z.B. so, wie Subjekte, die zur Gruppe G'' gehören, selbst zur Gruppe G'' gezählt wird. Nach einer solchen Korrektur, d.h. nachdem der Begriff Gesellschaftsgruppe durch den Begriff *gleichwertende Subjektgruppe* ersetzt wurde, werden diese Gruppen mit Gw bezeichnet (eventuell mit Kennziffern). So entsteht eine Folge von *wertenden Gruppen* $Gw_1, Gw_2, Gw_3, \ldots, Gw_t$, in der jeder Ausdruck Gw_j aus Subjektiven besteht (aus Elementen der Menge Gw_j), die auf ein und dieselbe Weise werten.

Wertungen, die von den jeweiligen Gw_j abstammen, beeinflussen sich natürlich gegenseitig. Da dies innerhalb des Elementes P geschieht, würde das

---

2 Die Einzelwertungen der Subjekte verbinden sich durch die Zusammenfassung dieser Subjekte zu Wertungsgruppen, zu Wertungsmengen. Vgl. dazu S. 59 f.

3 Siehe dazu 1. Kapitel, S. 29.

4 Siehe dazu 5. Kapitel.

5 Siehe dazu 1. Kapitel, S. 30.

Kenntlichmachen ihrer Einflüsse im rechtskybernetischen Modell eine Gliederung dieses Elementes in eine bestimmte Anzahl von Elementen, die durch mitunter sehr komplizierte Kopplungen verbunden sind, zur Folge haben. Wenn z.B. das Element P 4 wertende Gruppen enthält, so haben wir es mit 6 Kopplungen unter ihnen zu tun, ohne dabei die vielen Rückkopplungen in Betracht zu ziehen. Im allgemeinen wird die Zahl ξ dieser Kopplungen bei einer Zahl t der wertenden Gruppen durch die Formel

$$\xi = \frac{t(t-1)}{2} \tag{7}$$

ausgedrückt.

Eine derartige Komplizierung des Modells ist jedoch für die weiteren Erwägungen nicht nötig. Abb. 18 zeigt das Diagramm der Hauptkette im Falle, da in P 3 wertende Gruppen bestehen, mit Ausnahme des Verstärkers, seiner Kopplung, Störungen und des Rauschens:

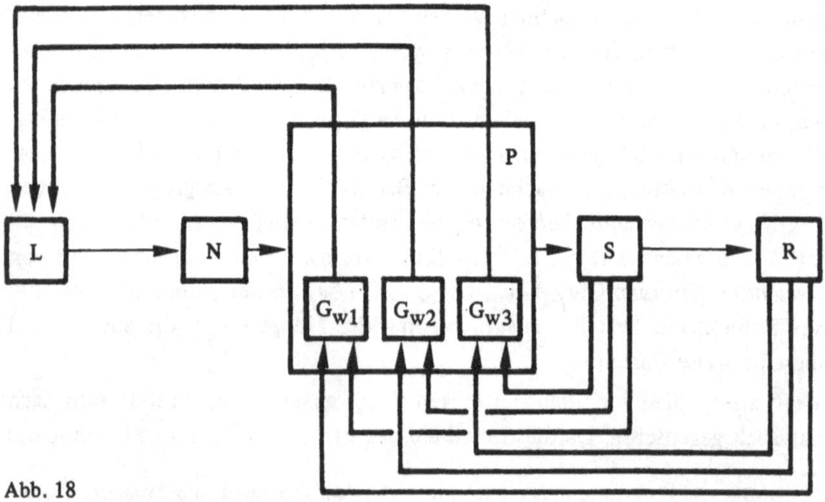

Abb. 18

Wie schon erwähnt wurde[6], sollten vor allem Störungen und Rauschen der Regelung Gegenstand der Wertung sein. Die einzelnen wertenden Gruppen,

6 Oben S. 56.

die in P enthalten sind, empfangen Informationen von den Störungen oder dem Rauschen im allgemeinen auf drei Wegen:

1. direkt, wenn die Störung P von außen her angreift oder wenn das Rauschen der Regelung innerhalb von P auftritt,
2. indirekt, über die Rückkopplung S→P und R→P, wenn die Störungen oder das Rauschen S oder R angreifen oder in ihnen auftreten.
3. durch Signale aus L und N, wenn die Störungen oder das Rauschen die Signale angreifen oder in L oder N auftreten.

Wir bezeichnen für jedes $j = 1, 2, \ldots, t$ mit $\overline{Gw_j}$ die Größe des Wertungsmerkmales der Störung oder des Rauschens durch die wertende Gruppe Gw_j. Da es gewöhnlich mehrere solcher Merkmale gibt, z.B. m, bezeichnen wir ihre Größe mit oberen Kennziffern: $\overline{Gw_j^1}, \overline{Gw_j^2}, \ldots, \overline{Gw_j^m}$. Die Größe des Merkmals $\overline{Gw_j^i}$ für jedes $i = 1, 2, \ldots, m$ hängt wiederum allgemein von vielen Faktenmengen ab, z.B. von der Zahl der Ehescheidungen, von der Zahl der Erkrankungen usw., der gegebenen Gesellschaft in verschiedenen Jahren, ist also ihre Funktion, was ebenfalls als Formel zum Ausdruck gebracht werden kann, z.B.

$$\overline{Gw_j^i} = f(x_1, x_2, \ldots),$$

wo $x_1, x_2, \ldots$ etwa obige Zahlen bedeuten.

Im Bereich eines Merkmals bezeichnen wir das Ergebnis seiner Bewertung in L durch Lw (so als wenn L eine wertende Gruppe wäre). Je nachdem also, ob das eine fertig *übernommene Wertung* aus der Rückkoppelung P→L ist, oder eine *Oberwertung*, erhalten wir für $Lw(Gw_j)$ eine von den zwei folgenden Formeln:

$$Lw(\overline{Gw_j}) = \begin{cases} \sum_{i=1}^{m} \overline{Gw_j^i} & \text{(Übernommene Wertung)} \\ \varphi\, \overline{Gw_j^1}, \overline{Gw_j^2}, \ldots, \overline{Gw_j^m} & \text{(Oberwertung)} \end{cases} \qquad (8)$$

wo die Funktion φ als mathematisches Symbol der wertenden Tätigkeit dient, die vom Gesetzgeber selbständig ausgeführt wurde.

Die einzelnen Variablen müßten eigentlich in diesen Formeln mit verschiedenen Gewichten, also Gewichtungsfaktoren, versehen sein. Das heißt, daß zur Präzisierung der wirklichen Struktur der Funktion φ für die Variablen Gw_j zusätzliche Faktoren eingeführt werden müßten, die den Grad der Anteilnahme der einzelnen wertenden Gruppen Gw_1, Gw_2, . . . , Gw^t an der Zunahme, etwa der materiellen Produktion, berücksichtigen.

Im einfachsten und höchstwahrscheinlich am häufigsten auftretenden Fall ist L die Informationsquelle und stützt sich L beim Werten auf die Wertung einer Gruppe oder mehrerer Gesellschaftsgruppen aus P, deren Lage einander so ähnelt, daß sie praktisch als ein und dieselbe anerkannt werden können. In einer solchen Situation blockiert L gewöhnlich den Rückkehrsignalen aus den übrigen Gesellschaftsgruppen des Elementes P, die sich auf der Rückkoppelung P→L bewegen, den Eingang.

In solchen Gesellschaften jedoch, in denen die Wertungen, die zu L von verschiedenen Gesellschaftsgruppen aus P kommen, diametral verschieden sind, wird mitunter eine gewisse Regelmäßigkeit in der geschichtlichen Entwicklung beobachtet. Das Wirken bleibt unverändert oder verändert sich nicht stetig, sondern oszilliert ziemlich schnell zwischen Extremen. Diese Schwingungen in L sind Widerspiegelung des Kampfes der Gesellschaftsgruppen, der in P, eventuell in J und in A stattfindet, oder immer dann zunimmt, wenn Lw als Funktion vieler Variablen sich einem Grenzwert oder beiden Grenzwerten nähert. Es ist auch bekannt, daß, wenn z.B. eine Gesellschaftsgruppe Gw_j, die etwa $\overline{N_1}$ als optimales Normenmerkmal annimmt, dieses nicht immer als geltend anerkennt, wenn sie selbst zur Macht gelangt. Manchmal übernimmt sie nach der Machtübernahme das Programm ihrer Gegner.

Betrachten wir z.B. die Bewertung des Merkmals $\overline{N_1}$ der Gesellschaftsordnung N, die beschließt, daß die Staatsmacht in den Händen einer oder mehrerer Personen oder in den Händen einer größeren Bürgergruppe ruhen wird. Einem solchen Merkmal kann man z.B. folgende Zahlengrößen zuschreiben: die Macht in den Händen einer Person $\overline{N_1} = 1$, die Macht in den Händen dreier Personen $\overline{N_1} = 3$, die Macht in den Händen vieler Bürger z.B. $W = 100$, $\overline{N_1} = W$. In einem solchen Fall hängen die einzelnen Wertungen Gw_j^1, Gw_j^2, . . . , Gw_j^m, also auch deren Funktion φ noch von anderen Umständen ab, u.a. davon, ob Frieden (wir bezeichnen dies mit p), Krieg oder Unruhen (wir bezeichnen dies mit *w*), oder schließlich Revolution besteht (wir bezeichnen es mit *r*). Schließlich können noch verschiedene Perioden unterschieden werden, wie z.B. die Periode des demokratischen Regimes (r_d), die Periode der Machtergreifung durch 1 Person (r_a = autokratische Macht, „Personenkult") und andere. Unter verschiedenen Verhältnissen können verschiedene *t* dieser Perioden auftreten oder auch nicht. Immer kann jedoch $Lw(Gw_j)$ aus Formel (8) als Funktion φ sowohl der in dieser Formel angegebenen Wertungsmerkmalen $\overline{Gw}_j^1, \overline{Gw}_j^2, \ldots, \overline{Gw}_j^m$ angenommen werden, wie auch als Funktion der in letzteren enthaltenen Normenmerkmale (u.a. des Merkmals $\overline{N}_1$) und der Zeit *t*, von der wiederum $\overline{Gw}_j^1, \overline{Gw}_j^2, \ldots \overline{Gw}_j^m$, abhängig sind. Das kann an folgenden Beispielen illustriert werden:

I. $t = p$ und $\overline{N}_1 = 1$,
z.B. das Regime des Alleinherrschers Ludwig XIV. während des Friedens,

II. $t = p$ und $\overline{N}_1 = W > 100$,
z.B. Friedensherrschaft und republikanische Herrschaft in Frankreich um die Wende des XIX. und XX. Jahrhunderts,

III. $t = w$ und $\overline{N}_1 = 1$,
z.B. das Prinzipat des Führers der Popularen Julius Cäsar,

IV. $t = r_a$ und $\overline{N}_1 = W > 30$,
z.B. die Anfangsperiode der revolutionären Bewegungen in Spanien nach dem Wahlsieg der Linken im Jahre 1931 und der Abdankung Alfons XIII., als Spanien Republik wurde,

V. $t = r_a$ und $\overline{N}_1 = 1$,
z.B. die Machterlangung des Generals Franco in Spanien und seine Diktatur.

Unter diese Erfassung fallen u.a. die Schwankungen von der Alleinherrschaft Ludwigs XVI. (von der Zerstörung der Bastille im Jahre 1789) bis zur Republikerklärung durch den Konvent im September des Jahres 1792 und einer der demokratischsten Konstitutionen aus dem Jahre 1793 (die jakobinische Konstitution, die schließlich gar nicht zur Auswirkung gekommen ist, da die Oszillierung schon zur entgegengesetzten Richtung neigte) und wieder zurück zum Umschwung des 9. Termidoren, der Diktatur, des lebenslänglichen Konsuls Napoleon und des Kaiserreichs (im Jahre 1804).

Je größer der Unterschied zwischen den Wertungsergebnissen desselben Rauschens oder derselben Störungen verschiedener Gruppen ist, d.i. zwischen den Größen $\overline{Gw}_j'$ und $\overline{Gw}_j''$ umso erbitterter ist gewöhnlich der Kampf der Gruppen. Dasselbe betrifft die Unterschiede, die später zwischen $\varphi(Gw_j')$ und $\varphi(Gw_j'')$ auftreten können. Ausdruck der Eskalation des Kampfes kann deshalb der Unterschied zwischen den Extremen sein. Dieser Kampf läßt gewöhnlich ganz nach, wenn die Bewertungen durch die wertenden Gruppen sich ähnlich werden, was meist das Ergebnis einer Änderung der Lage der Gesellschaftsgruppen ist. Eine solche Störung ist z.B. eine Pestepidemie, bei der sich alle wertenden Gruppen darüber einig sind, daß die Pest eine gesellschaftliche Störung höchsten Grades ist; auf einem solchen Gebiet gibt es daher keinen Gesellschaftsgruppenkampf.

Ziehen wir noch in Betracht, daß L als Informationsquelle auf der Basis der Signale der Rückkopplungen N→L, R→L und S→L oberwertet, kann diese Handlung des Elementes L in Form einer Funktion nach dem entsprechenden Muster der Formel (8) ausgedrückt werden. Selbstverständlich sind auch hier die einzelnen Variablen in die Struktur der Funktion gewöhnlich mit verschiedener Gewichtigkeit miteinbegriffen. Da die Signale verschiedener Gesellschaftsgruppen und die Angaben über die Lage dieser Gruppen zu L auch über die Rückkopplung S→L gelangen, *so sind in dieser Endkopplung eigentlich alle vorherigen Wertungen enthalten.* Deshalb werden auch in der weiteren Behandlung weder die Wertungen, die von den Elementen P und R noch von den Elementen des Verstärkers A, J und E stammen, speziell berücksichtigt, mit Ausnahme der Kapitel, in denen das Werten als gesondertes Problem auftritt[7] oder in denen die Unterschiede zwischen den Wertungen der Gesellschaftsgruppen durch Unterschiede zwischen den Wertungen ganzer rechtsgesellschaftlicher Systeme ersetzt werden, worüber im 7. Kapitel bei Besprechung des internationalen Rechts die Rede sein wird.

2. Rückkopplungen im Verstärker und deren Bedeutung für die Stabilität oder Labilität von Staatsverfassungen

In der traditionellen Theorie steht der Begriff „Staat“ mit dem Begriff „Rechtsregelung“ im Zusammenhang, und zwar gewöhnlich im Sinne eines

7 Vgl. etwa unten S. 65–70.

logischen Zusammenhanges, der zwischen den Begriffen „Staat“ und „Gesetz“ besteht und nicht im Sinne eines Kausalitätzusammenhanges[8], der mit ähnlichen Methoden untersucht werden könnte wie solchen, die in den empirischen Wissenschaften angewandt werden. Es spricht jedoch viel dafür, daß dem erwähnten Zusammenhang sogar gewisse Zahlenmaßstäbe zugeordnet werden können, die vor allem auf natürliche Weise vom rechtskybernetischen Modell hergeleitet werden können.

Ich umgehe hier solche Gradmesser wie die Häufigkeit der Koexistenz der Staaten und deren Rechtsordnungen. Eine solche Koexistenz war z.B. im 19. und 20. Jahrhundert in Europa die Regel; die Wahrscheinlichkeit, daß diese Staaten ihre eigenen Rechtsordnungen besitzen, kann also gleich 1 anerkannt werden. Solche Gradmesser tragen jedoch vom Gesichtspunkt der rechtskybernetischen Struktur nicht viel zur Erkenntnis der Staatsorgane bei.

Wichtiger scheint dagegen zu sein, in welchem Grad das Recht die einzelnen Glieder, Körperschaften oder Teile eines Staates verbindet, vor allem welcher Teil der Rechtsordnung das verbindende Glied ist, während der übrige, oft größere und wichtigere Lebensgebiete betreffende Teil unabhängig vom Staat entsteht und wirkt, der, wie es z.B. im 17. und 18. Jahrhundert gewesen ist, sich nicht um die Partikularnormen kümmert, ja diese mitunter bekämpft. So z.B. galten im Habsburgerreich im 17. und 18. Jahrhundert außer dem römischen, kanonischen und langobardischen Recht zahlreiche einheimische Rechte, die sich von einander sehr unterschieden. Im Jahre 1694 kam es in Wrocław (Breslau), das damals zum Hause Habsburg gehörte, zu Straßengefechten zwischen den Kaiserlichen und den Anhängern der Stadt wegen Anwendung eines Stadtrechtes, das die Staatsbehörden nicht anerkennen wollten. Im ganzen Reich aber galt die Norm, die die Souveränität des Monarchen betraf und verschiedene Länder zu einer Einheit zusammenschloß. Man kann sich sogar Extremfälle vorstellen, in denen keine einzige Rechtsnorm die Länder eines Staates verbindet, z.B. wenn aus Ländern, in denen verschiedene Rechte gelten, durch Eroberung ein Staat entsteht, der sich dann durch Gewalt erhält, aus der nicht einmal ein Gewohnheitsrecht zustande kommt.

Das in der vorliegenden Arbeit besprochene rechtskybernetische Modell ist einem System von nur einer Rechtsordnung angepaßt. Ein solches System kann ein Staat sein, aber auch nur ein Teil eines Staates, wenn dieser eine

8 Siehe dazu oben S. 3 f.

eigene Rechtsordnung besitzt und man vom allgemeinen Staatsrecht absieht[9]. Schließlich kann ein solches System eine Föderation (Union) eines Staates sein, die keine internationale Organisation ist (z.B. die USA oder UdSSR), vom Recht der einzelnen Komponenten dieser Union abgesehen. Das kybernetische Modell, das gleichzeitig das gemeine Recht und verschiedene Partikularrechte dieser Komponenten berücksichtigt, z.B. das Modell des erwähnten Habsburgerreichs aus dem 17. und 18. Jahrhundert, wäre eine Abwandlung des Übersystemmodells[10], das die Rechtsregelung der internationalen Organisationen betrifft, die sich aus einzelnen Staaten zusammensetzen. Im Modell eines solchen Übersystems und im Modell eines Staates, in dem außer dem gemeinen Recht noch verschiedene Rechte der Glieder gelten, ist die Skala unterschiedlich: so wie aus Herzogtümern, Städten und kleinen Ländern große Staaten entstanden sind, so entstehen aus Ländern größere Unionen (Übersysteme). Wir haben es hier also mit dem Entstehen eines höheren Organismus zu tun, dessen Komponenten *in statu nascendi* sich in bestimmten Bereichen und gewissen Entwicklungsstufen danach richten, was vergeht, und im bestimmten Bereich danach, was entsteht. Daraus geht hervor, daß das Übersystem in einem bestimmten Bereich und zu bestimmter Zeit eine spontane Neigung zur Nivellierung der Unterschiede und zum Übergang zu einem Allgemeinrecht hat, aber auch zur Separation neigen kann. In Zeiten, da Rechtskonglomerate verschiedener Systeme, die einen Staat bilden, Allgemeinerscheinung gewesen ist, bekämpften die Vertreter der Staatsgewalt und hervorragende Juristen einen solchen Zustand, was u.a. zu großen Kodifikationen, vor allem der Zivilrechte, im 19. und 20. Jahrhundert geführt hat, die im ganzen Staat die wichtigsten Rechtsgebiete vereinheitlichten[11].

---

9 Siehe dazu Beispiel I unten S. 84 f., das die Bezirksräte betrifft.

10 Siehe unten 7. Kapitel, vor allem Abb. 36.

11 So schrieb z.B. schon vor über 400 Jahren A. FRYCZ MODRZEWSKI, O poprawie Rzeczypospolitej, S. 299: „Der Gesetzgeber soll ebenfalls darum bemüht sein, allen Ländern, die unter der Herrschaft *eines* Herrn stehen, *ein* Recht zu geben. Denn es scheint in der Tat nicht wahr zu sein, daß für Menschen, die in einem Gemeinwesen leben und einem Herrscher untertan sind, verschiedene Rechte gelten. Das Gemeinwesen ist nämlich wie der Leib eines Lebewesens, dessen Glieder von einem Geist belebt werden und dessen Aktivität einer Quelle entspringt . . . Vgl. auch F. VOLTAIRE, Entretiens et dialogues, S. 34 ff.

Obwohl das rechtskybernetische Modell auf verschiedene Organisationsstrukturen der Staaten und deren Verbindungen angewandt werden kann, werden wir jedoch wegen des typisch staatlichen Charakters vieler Probleme als grundsätzliches Beispiel nur einen Staat mit einer einheitlichen Rechtsordnung in Betracht ziehen. Das erfordert einige weitere Bemerkungen über den Begriff *Staat.*

Da es im rechtskybernetischen Modell eines Staates zweierlei Arten der Rechtsregelung geben kann, und zwar eine aus der Informationsquelle L und eine andere aus den ursprünglichen Regelungsorganen, wie es die Verstärker sind, ist der Begriff Staat hier die Funktion von zwei Variablen: der Signale aus L und der Signale aus den Elementen der Verstärker J, A und E. Das besagt, daß es schon dann einen Staat gibt, wenn zumindest eine dieser Variablen größer als Null ist und daher auch dann bestehen kann, wenn eine der Variablen gleich Null, wenn es z.B. keinen Verstärker gibt, eine zweite jedoch ungleich Null ist. Wie schon gesagt wurde[12], ist die Sanktionsandrohung kein wesentliches Merkmal der Rechtsnorm. In der Neuzeit ist es nicht bekannt, daß sich das ganze Rechtssystem einer Gesellschaft nur aus *leges imperfectae* zusammensetzen würde, und es wird allgemein angenommen, daß dieser Begriff mit Zwang in Verbindung steht, der in dem rechtskybernetischen Modell eben eine der Aufgaben der Verstärker ist. Das rechtfertigt das Unterscheiden von drei Staatstypen:

1. *Staaten mit einer Doppelregelung,* d.i. mit der Regelung der Gesetzgebung und der Regelung durch Verstärker, z.B. die Staaten unserer Epoche, die außer den Elementen P, R und S auch die Elemente L, N, J, A und E haben (Staaten *sensu stricto*);
2. *Staaten mit einfacher Regelung* durch Verstärker, z.B. primitive Staaten, die sich allein mittels des Gewohnheitsrechts ordnen, aber außer P, R und S die Elemente J, A und E haben (und wenn das Recht kodifiziert ist, auch das Element N);
3. *Staaten mit primitiver Gesetzgebungsregelung,* z.B. sehr primitive Staaten, wo es einen Rat der Ältesten, sonst aber kein anderes Rechtsorgan gibt, also außer P, R und S nur L und N[13, 14].

---

12 Oben S. 28 f.

13 Siehe dazu auch 7. Kapitel, S. 144.

In der weiteren Folge wird unter „Staat“ ein Staat im 1. Sinne gemeint sein, d.i. ein zeitgenössischer, hochentwickelter Staat mit den Elementen L sowie J, A und E.

Die Rückkopplung P→L informiert das Element L u.a. von der Bewertung der Störungen und des Rauschens durch die einzelnen Gesellschaftsgruppen in P. Wenn jedoch L auf diese Informationen nicht reagiert und die Rechtsnorm beibehält oder eine Rechtsnorm erläßt, die sich auf einer Wertung stützt, die im Widerspruch mit der Wertung steht, die von den Gruppen angenommen wurde, kann dies in P weitere Störungen verursachen. Dieses Rauschen könnte am besten dadurch eliminiert werden, daß L eine neue Norm erlassen würde, die sich auf von der Gruppe anerkannte Wertungen stützt. Will jedoch L die Wertungen dieser Gruppen nicht annehmen (z.B. infolge der persönlichen Interessen derjenigen Personen, die in L wirken), dann hängt die Eliminierung dieses Rauschens in P von der Kraft der Verstärker J, A und E ab. Der Zusammenhang zwischen den Wertungen in P und der Kraft der Verstärker ist eine Modellauffassung des bekannten Konfliktes zwischen unzufriedenen Gesellschaftsgruppen, die eine Änderung des geltenden Rechts anstreben, und anderer Gesellschaftsgruppen, die sich mit den Staatsbehörden und Machtbefugten solidarisieren. Ergebnis dieser labilen Situation ist entweder eine Stärkung der herrschenden Gruppe derart, daß sie die Änderung nicht zuzulassen braucht, oder ihre Schwächung derart, daß sie gezwungen ist, die Änderungen zuzulassen oder sie selbst entfernt wird.

Die Rechtsnorm, die in L auf Grund der Bewertung von Störungen und Rauschen durch die einzelnen Gesellschaftsgruppen in P entstanden ist, wird in N kodiert und kehrt mit der direkten Kopplung N→P zu den einzelnen Gesellschaftsgruppen in P zurück. Diese Gruppen reagieren auf diese Norm verschieden, je nachdem ob und inwiefern die eigene Wertung in dieser Norm durch L berücksichtigt wurde. Gewöhnlich reagieren die einzelnen Gruppen so, als wenn sie jedes Normenmerkmal und jede ihrer Wirkungen, die mit ihrer eigenen Bewertung nicht übereinstimmen, als Regelungsrauschen anerkennen

---

14 Bei den drei Definitionen ist zu beachten, daß in der 1. Definition das Wort „Regelung“ beide Bedeutungen besitzt, die oben S. 16 angeführt wurden. In den beiden anderen Definitionen besitzt dieses Wort nur die Bedeutung, die dort unter Punkt 1 aufgeführt wurde. Diese terminologische Unterscheidung ist für das folgende nicht ohne Bedeutung.

würden. Berücksichtigt also das Element L in einem bestimmten Bereich die Wertung jeder einzelnen Gruppe, aber in keiner einzigen vollständig, so wird eine solche Norm *N*, die von L erlassen wurde, am häufigsten in P durch alle Gruppen als Regelungsrauschen, oft von schwacher Intensität, bewertet werden.

Wird die Rechtsnorm von irgendeiner Gesellschaftsgruppe als Geräuschregelung angesehen, so kommt dies in den Handlungen oder Unterlassungen der einzelnen Personen dieser Gruppen zum Ausdruck. Die verschiedenen Merkmale dieser Handlungen oder Unterlassungen, z.B. die Anzahl von Streiks in einer bestimmten Zeit, können mitunter statistisch erfaßt werden. Dann können ihnen Zahlenangaben zugeordnet werden, die auf diese Weise das negativ gewertete, alle Normen betreffende Rauschen auf eine Größe bringen. Bezeichnen wir diese Größe mit $\overline{Z}$. Sie kann als Maßstab der Kopplungsverzerrungen P→A und P→J und gleichzeitig der geraden Kopplung P→R interpretiert werden. Eine Optimalsituation tritt dann ein, wenn alle Gruppen gleich werten, d.i., wenn $\overline{Z} = 0$. In der Praxis kommt das aber sehr selten vor.

Aus dem Vorangehenden ergibt sich, daß im rechtsgesellschaftlichen System in dem es verschieden wertende Gesellschaftsgruppen gibt, $\overline{Z}>0$ ist. In einem solchen System ordnet sich ein gewisser Teil der Bevölkerung dieser Norm gar nicht oder nur teilweise unter. Ändert sich die Bewertung der in N kodierten Norm im Laufe der Zeit nicht, so wächst die Zahl $\overline{Z}$ allmählich an, obgleich dieses Anwachsen sehr langsam und anfangs oft gar nicht bemerkbar ist, und die Kopplung P→A wird positiv. Gäbe es also keinen Verstärker, der alle Rechtssubjekte dazu zwingen würde, sich der Norm unterzuordnen, so würde die Rechtsregelung nur einen Teil der Gesellschaft umfassen. Eine der Aufgaben des Verstärkers beruht also ebenfalls darin, das Anwachsen der Zahl $\overline{Z}$ zu hemmen, welches das System von innen zersprengen würde, wie bei allen unbegrenzt wachsenden positiven Rückkopplungen. Betrachten wir diesen Fall in Abb. 19.

Das Signal, das die Norm und die in ihr enthaltene Wertung kodiert, läuft normal von L zu N, aber alle vom Gesetzgeber L erlassenen Normen sind auf ein und dieselbe Wertung gestützt. Ein Mathematiker würde sagen, die Wertung in L sei konstant. Möge die Zahl $\overline{Z}$ beim Ausgang von P zum Verstärker in der Anfangsphase t_0 gleich $\overline{Z}_0$ sein. Die Signale aus P durchlaufen im Laufe der Zeit mehrmals den geschlossenen Weg

$P \genfrac{}{}{0pt}{}{\nearrow J \searrow}{\searrow A \nearrow} E \rightarrow P.$

Abb. 19

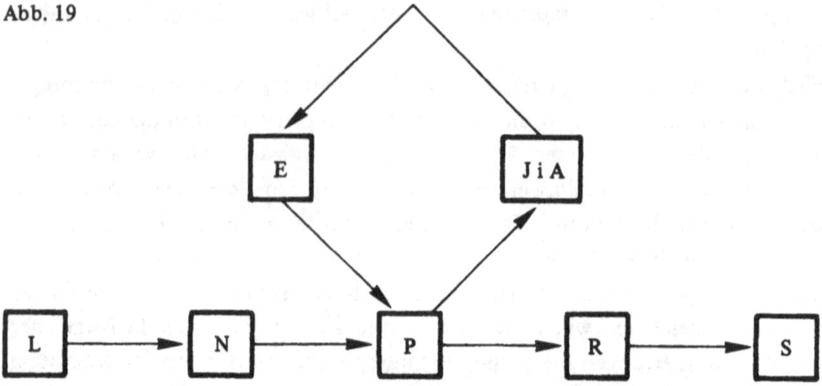

Bezeichnen wir die Zahl $\bar{\bar{Z}}$ beim Ausgang aus P nach den einzelnen Umläufen mit $\bar{Z}_1, \bar{Z}_2, \ldots$ In bestimmten Zeitintervallen, etwa t 30 Tage, ausgehend von t_0, werde das Ergebnis gemessen. Die Ergebnisse der aufeinanderfolgenden Messungen können wir mit Hilfe des zyklischen Faktors des Umlaufs K[15] wie folgt eintragen:

$$K_1 = \frac{\bar{Z}_1}{\bar{Z}_0}, \qquad K_2 = \frac{\bar{Z}_2}{\bar{Z}_1}$$

und allgemein:

$$K_i = \frac{\bar{Z}_i}{\bar{Z}_{i-1}} \tag{9}$$

Wenn die unzufriedene Gesellschaftsgruppe oder ein Teil von ihr jetzt gegen die Regierung oder gegen eine andere Gruppe demonstriert oder ihre Unzufriedenheit durch andere Handlungsweisen oder Unterlassungen ausdrückt, dann unterdrücken die Elemente J, A und E diese Ausschreitungen und unternehmen Schritte, um den status quo ante wieder herzustellen oder um einen noch günstigeren Zustand zu erzielen, also einen solchen, in dem

15 Siehe dazu Formel (6) S. 39.

$\frac{\bar{Z}_i}{\bar{Z}_{i-1}} \leqslant 1$, d.i. $K_i \leqslant 1$.

Wenn diese Bedingung erfüllt ist, wird das rechtsgesellschaftliche System als stabilisiert betrachtet.

Diese Stabilisierung ist jedoch gewöhnlich nicht vollkommen, und zwar aus folgenden Gründen:

$\bar{Z}$ neigt dazu, je Zeiteinheit anzusteigen. Der Verstärker muß also in seinen Elementen A, J und E einen immer größeren Widerstand überwinden, wenn die zyklische Kopplung aus P zu P über diese Elemente nicht positiv werden soll, also, wenn es kein $K_i > 1$, ausgehend von einem gewissen i, geben soll. Historische Beobachtungen bestätigen es, daß Staaten, in denen die Rechtsnormen immer auf ein und derselben Wertung beruhen, die mit den Wertungen einiger Gesellschaftsgruppen nicht übereinstimmt, dazu gezwungen werden, einen immer größeren Administrationsapparat, Gerichtsapparat und Exekutionsapparat (J, A und E) zu bilden. Aber selbst der größte Verstärker kann $\bar{Z}$ gewöhnlich nur innerhalb einer gewissen Zeit und bis zu einem gewissen Grad, nicht aber unbegrenzt, beibehalten oder verkleinern. So konnte z.B. der komplizierte Staatsapparat im 19. und 20. Jahrhundert im zaristischen Rußland den Ausbruch der Revolution nicht verhindern.

Erwägen wir zum Schluß, was geschieht, wenn die Rückkopplung positiv wird, d.i. wenn der Verstärker dem Signal die Ausgangsgröße $\bar{Z}_0$ nicht mehr wiedergibt, also wenn der Rückkopplungsfaktor 1 zu überschreiten beginnt. Wie aus der Kybernetik bekannt ist, unterliegt das kybernetische System dann entweder einer radikalen Umgestaltung in ein anderes System oder fällt der Vernichtung anheim je nachdem, ob das Anwachsen der positiven Rückkopplung begrenzt oder unbegrenzt ist.

In gesellschaftlichen Verhältnissen kommt das gewöhnlich durch den Sturz der Gesellschaftsordnung und Entstehung einer neuen zum Ausdruck, in der das neue L auf Grund neuer Wertungen Rechtsnormen zu erlassen beginnt.

Es entsteht die Frage, ob in dem erörterten Fall die Zeit einer eventuellen Explosion des bestehenden kybernetischen Systems (Bürgerkrieg, Revolution usw.) praktisch vorauszusehen ist, ob man diese annähernd berechnen kann. Ein Anlehnen an historische Beispiele löst die Frage genauso wenig, wie die naiven Wetterprognosen, die sich auf analoge meteorologische Konfigurationen der Vergangenheit stützen. In der zeitgenössischen Wissenschaft gibt es jedoch Methoden, die Theorie der Spiele und Entscheidungen, die unter gegebenen Bedingungen die Lösung dieses Problems ermöglichen. Sie erfordern allerdings Faktenmaterial und Messungen, die vorher auf bestimmte Art und Weise gesammelt und entsprechend bearbeitet wurden. In manchen Ländern führt man z.B. soziologische Untersuchungen und bearbeitet verschiedene Angaben, um auf sie strategische, wirtschaftliche, politische und andere Prognosen zu stützen, die zu demselben Bereich wie die Vorhersage eines politischen Umsturzes zählen. Die Formel (9) gehört zu denen, die, nachdem sie erweiterte und kompliziertere Varianten annehmen würde, schon am Anfang aller Berechnungen, die zu dem angeführten Zweck nötig sind, Anwendung finden könnte.

3. Rückkopplungen in der Hauptkette und deren Bedeutung für die Dauerhaftigkeit der Rechtsnormen

Das Element L, das im rechtskybernetischen Modell die Rolle der Informationsquelle spielt, versiegt, wenn es keine Signale aus den Rückkopplungen erhält, oder nur in ungenügender Anzahl. Von solchen Perioden der Gesetzgeberstagnation wird in diesem Kapitel noch die Rede sein[16].

In einer wohlgeordneten Gesellschaft erhält L Rückkopplungssignale aus N, P, R und S. Die wichtigsten Signale kommen vom Effektor S, da diese schon die Synthese der vorangehenden enthalten[17], sowie aus dem Kode N, damit diese Norm in formellrechtlicher Hinsicht korrigiert wird, wie auch die Signale aus den Elementen des Verstärkers[18].

Einstweilen befassen wir uns mit Rückkopplungen verschiedener Elemente der Hauptkette mit dem Element L, d.i. mit den Kopplungen $N \rightarrow L$, $P \rightarrow L$, $R \rightarrow L$ und $S \rightarrow L$.

Die Rechtsregelung im kybernetischen Sinne[19] arbeitet fehlerhaft, wenn L die Rückkopplungssignale direkt von N, von P usw. abnimmt und nicht gleichzeitig Signale aus S, obwohl das möglich ist.

16 Unten S. 84 ff.

17 Dazu oben S. 62.

18 Weiteres darüber unten S. 77.

19 Im Sinne des Punktes 2 auf S. 17.

Abb. 20

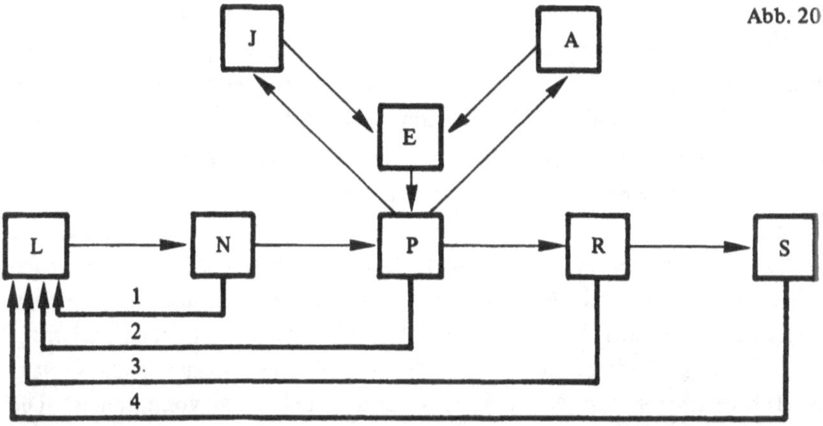

Man kann von diesem Standpunkt eine 4-gradige Fehlerhaftigkeitsskala I–IV der erwähnten Regelung aufstellen.

I. Die Regelung, in welcher L nur Signale aus N erhält und auf Signale aus entfernteren Elementen der Hauptkette nicht reagiert, ist eine formell-rechtliche Regelung, denn sie abstrahiert von den Kausalitätszusammenhängen, nämlich von tatsächlichen Wirkungen der Rechtsnorm und der Erscheinungen in den Elementen P, R und S sowie J, A und E. Diese Regelung ist einseitig, weil sie hauptsächlich nur von der Rückkopplung N→L Gebrauch machen kann. Deshalb stieß die Gesetzgebungstechnik der klassischen Rechtslehre, die sich auf eine rein logische Analyse der Rechtsnorm stütze, also auf die Methoden, die als Formalismus, Normativismus, Dogmatismus, Konstruktionismus, Begriffsjurisprudenz usw. bezeichnet wurden, vor allem seitens der sog. historischen Schule in der 1. Hälfte des 19. Jahrhunderts[20], auf eine scharfe Kritik. Dann verwandelte sie sich in eine allgemeine Kritik des juristischen Formalismus, die nicht frei von Einseitigkeiten gewesen ist[21]. Im 20. Jahrhundert entstanden in der Rechtswissenschaft auf dem Wege einer natürlichen

---

20 Z.B. F.C. VON SAVIGNY, Vom Beruf unserer Zeit für Gesetzgebung und Rechtswissenschaft, S. 54 ff.

21 Vgl. dazu R. IHERING, Scherz und Ernst in der Jurisprudenz, S. 362. Er vergleicht den Formalismus mit der scholastischen Denkensart, mit der kasuistischen, moralistischen Literatur der Jesuiten und mit der Literatur des Talmuds. Nach IHERING hat die Geschichte bewiesen, wie fahl und sophistisch die Ergebnisse derartiger Ideen gewesen sind.

Reaktion solche Ansichten, die den Formalismus rechtfertigten[22]. WYSZYŃSKI wiederum begann in der Sowjetunion, den juristischen Formalismus heftig anzugreifen und so fort. Diese Kontroversen sind inzwischen abgeschwächt, haben aber nichts an ihrer Aktualität verloren.

Vom Gesichtspunkt des rechtskybernetischen Modells würde der juristische Formalismus (*Normativismus, Konstruktivismus* usw.) die Kodierungstheorie betreffen. Es ist kein Zufall, daß der kybernetische Kode und der rechtliche Kodex einen gemeinsamen Wortwurzelstamm haben (*codex*, ursprünglich *caudex* – hölzernes mit Wachs überzogenes und zum Eintragen von Zeichen dienendes Täfelchen). Die Kodierung ist im Grunde genommen eine wichtige und schwierige Aufgabe der Kybernetik, die für den einwandfreien Verlauf der Informationen von N zu P, J, A und E unbedingt vonnöten ist. Die juristischen Formalisten arbeiten besonders daran, daß in L die Information richtig analysiert, in N richtig kodiert und in P, J, A und E richtig verstanden wird. Sie waren jahrhundertelang darum bemüht, einen optimalen juristischen Kode zu diesem Zweck zu schaffen und erzielten in einigen Rechtsgebieten Ergebnisse, die der Aufmerksamkeit würdig sind. Da eir guter Kode Bedingung einer richtigen Informationsübertragung und Mittel der gesellschaftlichen Störungsregelung ist, sollte also vom kybernetischen Gesichtspunkt aus die Arbeit der Rechts-Formalisten geschätzt werden und die weitere Entwicklung des juristischen Formalismus von der Kodierungstheorie, die sich u.a. mit den optimalen Kodes befaßt, Gebrauch machen.

II. Die Regelung, in der L nur Signale aus P erhält, ist auf schnellen Profit eingestellt. Man kann sie als konjunkturale oder einstweilige Regelung anerkennen oder als opportunistische abwerten. Der Gesetzgeber, der sich auf Informationen stützt, die aus P kommen, berücksichtigt vor allem, daß die von ihm erlassenen Rechtsnormen in der Gesellschaft populär sind. Aber populäre Normen müssen nicht unbedingt vollständig und treffend sein[23]. Die konjunkturelle Regelung der Rechtsnormen wird in der Gesellschaft oft am Vortage von Unruhen oder in der Zeit revolutionärer Umschwünge beobachtet. Die neuen Rechtsakte sind dann oft nicht auf längere Sicht hin eingestellt, sondern nur darauf, die Gemüter zu beruhigen.

---

22 Siehe dazu H. KELSEN, Hauptprobleme der Staatsrechtslehre, S. 92.

23 Im Sinne der Ausführungen oben S. 43 und S. 45.

III. Die Regelung, in der L nur Signale aus R erhält, bildet schon reifere und dauerhaftere Normen als die vorher erwähnten, aber noch nicht die besten, da sie zur Quelle L keine Informationen überträgt, die die entfernteren Wirkungen der Norm betreffen. Die allgemeinen Wirkungen einer Rechtsnorm können auf einem Gesellschaftsgebiet vorteilhaft sein, auf einem anderen jedoch unvorteilhaft. Die anfänglichen allgemeinen Folgen einer Rechtsnorm, die für das gesamte System vorteilhaft sind, können auch ungünstige sekundäre Wirkungen haben und umgekehrt[24].

IV. Die Regelung, in der L Signale aus S erhält, ist am günstigsten, da L eine Norm mit Berücksichtigung der weitestgehenden Wirkungen bildet. Wir nehmen an, daß, wenn L von den entferntesten Rückkopplungen Gebrauch macht, es dies auch von den näheren tut, denn da L die weiteren Wirkungen kennt, kann es ebenfalls die näheren feststellen[25]. Wenn also der Gesetzgeber L von den Rückkopplungen aus S Gebrauch macht, die das Merkmal $\bar{N}$ der Norm N betreffen, so berücksichtigt er gleichsam den formell-rechtlichen Wert dieser Norm auf Grund der Signale von N oder die frühen Wirkungen dieser Norm auf Grund der Signale aus P und R.

Die Koppelungen J→L, A→L und E→L werden gesondert behandelt werden[26].

Stützt man sich auf die erwähnten Abstufungen der Rückkopplungen I–IV, kann der Grad der Fehlerhaftigkeit der Rechtsregelung, also der Norm selbst, die von L erlassen wurde, zahlenmäßig ausgedrückt werden. Zu diesem Zweck abstrahieren wir von den Verzerrungen, die die Kopplungssignale erleiden, und rechnen so, als wenn die Kette in diesem Bereich störungsfrei wäre. Dann ist

$k_N^L = k_P^N = k_S^P = k_S^R = 1$ und k_L^S, ist als Produkt dieser Zahlen

(siehe Formel (4) S. 00) auch gleich 1, und infolgedessen ist nach Formel (1)

$\frac{\bar{N}_S}{\bar{N}_L} = 1, \bar{N}_L = \bar{N}_S$ also $k_L^S = 1$ wiederum nach Formel (1).

24 Dazu oben S. 47.

25 Dazu iben S. 62 und 70.

26 Unten S. 77 bis 82.

Das Fehlen von Verzerrungen in den direkten Kopplungen führt zum Fehlen von Verzerrungen in den Rückkopplungen. Dieselbe Rechnung beweist, daß es auch umgekehrt der Fall ist.

Es sei w_i der Gradmesser der Fehlerhaftigkeit jedes einzelnen Merkmals N der Norm $\overline{N}$. w_i ist dann gleich dem Quotienten, gebildet aus der Größe $\overline{N}^{L*}$ des Normenmerkmals $\overline{N}^L$ und der Größe $\overline{N}_i^*$ des Normenmerkmals $\overline{N}_i$ für den Fall, daß L nur von den Signalen des *i*-ten Elements der Kette Gebrauch macht, wobei also *i* die Nummer der Kopplung in Abb. 20 ist. Es gilt also

$$w_i = \frac{\overline{N}^{L*}}{\overline{N}_i^*},\ 1 \leqslant i \leqslant 4. \tag{10}$$

Wie ersichtlich, ist die Zahl w_i *ex definitione* etwas anderes als der Kopplungsfaktor

$$k_L^i = \frac{\overline{N}^L}{\overline{N}_i}\,^{27},$$

da bei der Bezeichnung der Zahl k der Nenner das Merkmal, die durch das i-te Element signalisierte Norm ist und der Zähler das Merkmal dieser Norm nach der Ankunft zu L, während bei der Bezeichnung der Zahl w_i der Nenner das Normenmerkmal ist, das L herausgegeben hat, als es sich nur auf die Signale des *i*-ten Elementes stützte, und der Zähler das Normenmerkmal, das L herausgäbe, wenn es sich auf die Signale aus allen Elementen, oder, was auf eins herauskäme, auf die Signale des Elementes S stützen würde. Wie schon erwähnt wurde[28], enthalten die Signale aus S, d.i. aus der Kopplung $i = 4$, synthetische Signale aus allen früheren Elementen, und vorhin haben wir vorausgesetzt, daß die Signale der Rückkopplungen keine Verzerrungen erleiden. Somit kann $\overline{N}^{L*}$ aus der Formel (10) mit N_4^* identifiziert werden.

Bekommt L z.B. eine Information nur aus R, so haben wir

$$w_3 = \frac{\overline{N}^{L*}}{\overline{N}_3^*}$$

---

27 Dazu oben S. 38.

28 Oben S. 62, 70 und S. 73, Punkt IV.

Aus der Formel (10) geht hervor, daß der Grad der Fehlerhaftigkeit der Rechtsregelung w_i im Bereich des Normenmerkmals $\overline{N}$ gleich 1 ist, wenn L alle Folgen seiner gesetzgebenden Tätigkeit im Bereich dieses Normenmerkmals berücksichtigt, denn dann ist

$$w_i = w_4 = \frac{\overline{N}^{L*}}{\overline{N}_4^*} = \frac{\overline{N}^{L*}}{\overline{N}^{S*}} = \frac{\overline{N}^{L*}}{\overline{N}^{L*}} = 1.$$

Es kann aber auch vorkommen, daß $i \neq 4$, und trotzdem $w_i = 1$ ist, nämlich $\overline{N}_1^* = \overline{N}^{L*}$:

$$\frac{\overline{N}^S}{\overline{N}_i} = \frac{\overline{N}^L}{\overline{N}_i} = 1.$$

Aus der letzten Formel geht hervor, daß die Fehlerhaftigkeit der Regelung w_i auch dann gleich 1 sein kann, wenn L zwar keine Normen auf Grund ihrer weitgehendsten Wirkungen erläßt, wenn aber die näheren Wirkungen der Norm auf Grund deren sie L bildet, gleich den entferntesten sind. Demzufolge kann L eine vollständige[29] und treffende Norm[30] dank eines günstigen Zufalls bilden, wenngleich entsprechende Informationen fehlen. Der Grad der Fehlerhaftigkeit der Regelung w_i dagegen steigt an, wenn w_i ansteigt oder kleiner wird als die Größe 1[31].

Die vorstehenden Erwägungen über den Gradmesser der Fehlerhaftigkeit einer Regelung ermöglichen auch eine große Präzision bei der Bezeichnung der Elemente P, R und S. Wie schon erwähnt[32], verstehen wir unter R die ersten allgemeingesellschaftlichen Wirkungen, die sich voneinander unterscheiden lassen und durch Ursachen, die in P stecken, hervorgerufen werden, unter S verstehen wir dagegen entfernte sekundäre Wirkungen. Eine solche Abgrenzung von R und S ist insofern relativ, als der Begriff der ersten allgemeingesellschaftlichen Wirkungen, die sich voneinander unterscheiden lassen, von der Unterscheidungsmethode dieser Wirkungen abhängt. Wir bleiben nicht nur

29 Dazu oben S. 42.

30 Dazu oben S. 45.

31 Algebraisch korrekt beträgt die Zahl, die die Fehlerhaftigkeit der Rechtsregelung durch L messen soll, $|\log w_i|$.

32 Oben S. 11 f.

deshalb dabei, weil eine genauere Abgrenzung in der Praxis auf Schwierigkeiten stoßen würde, sondern deshalb, weil wir sie nicht benötigen. In den bisherigen Erwägungen genügte die Voraussetzung, daß die Ursachen, die in P stecken, die ersten allgemeingesellschaftlichen Wirkungen in R, und entferntere Folgen in S hervorrufen.

Die Abgrenzung R und S dagegen wird deutlich, wenn man eine unbekannte Norm oder Rechtsinstitution in Betracht zieht. So gab z.B. Karl der Große nach dem Sieg über die Sachsen mit dem Ziel der Ausrottung des Heidentums, das bei diesem Volke auch in der rituellen Verzehrung von Pferdefleisch zum Ausdruck kam, das strenge Verbot, überhaupt Pferdefleisch zu verzehren. Es wird angenommen, daß diese Vorschrift dazu geführt hat, daß diese heidnische Sitte allmählich verschwand (bezweckte Wirkung in R). Aber diese Vorschrift hatte auch sekundäre Folgen, die vom Gesetzgeber nicht berücksichtigt wurden. Sie führte nämlich zum allgemeinen Widerwillen gegen Pferdefleisch, der in Sachsen und den zahlreichen Grenzländern bis heutigentags andauert (entfernte Wirkung in S). Es können auch noch weitere sekundäre Wirkungen eintreten, z.B. ein völliger Rückgang der Pferdezucht, falls die Zugkraft der Pferde einst gänzlich durch Maschinen ersetzt wird. All diese sekundären Wirkungen umfaßt der Effektor S im erwähnten rechtskybernetischen Modell.

Manche Wirkungen der Rechtsnorm können schon in den früheren Elementen verschwinden und brauchen nicht bis an S heranzukommen (siehe S. 84 f.). Es gibt Rechtsnormen, die in S Wirkungen hervorrufen, die wiederum Wirkungen nach sich ziehen usw. Selbstverständlich können alle Folgen in S durch L oder P positiv oder negativ gewertet werden.

Wenn die Zahl dieser sekundären Wirkungen in S groß ist und L von jemandem ein Rückkehrsignal erhält, so befindet sich L unter einer Lawine von Signalen, deren Einfluß als auch deren Regelungswert praktisch ohne Bedeutung sein kann, da diese durch L nicht angewandt werden können. In einem solchen Fall tappt L meist im Finstern, es ändert die Norm immer wieder oder bildet neue Gegen-Rauschen-Normen[33].

Wenn aber L zufälligerweise intuitiv oder dank Kenntnis des Gegenstandes, eine Norm erlassen konnte, die zu S ohne schädliche Verzerrungen gelangt

33 Siehe dazu oben S. 44.

und die Störungen (zusammen mit den sekundären Störungen in S) entfernt, so ist, wie wir gesehen haben, die Fehlerhaftigkeit der Regelung, die durch die Formel (10) ausgedrückt wird, gleich 1. Wenn die Rückkopplung diese Größe 1 zu L bringt, so ist der zyklische Faktor K[34] auch gleich 1, die Norm wird also keine Änderungen fordern[35]. Das erklärt, warum gewisse Normen, trotz stets anderer gesellschaftlichen Störungen, jahrtausendelang unverändert bleiben konnten und alle Proben, die darauf ausgingen, diese zu ändern, immer wieder mißlungen sind, so daß man schließlich davon Abstand genommen hatte.

4. Rückkopplungen aus den Elementen eines Verstärkers und deren Bedeutung für die statistischen Untersuchungen in den Rechtswissenschaften

L empfängt nicht nur aus den Elementen der Hauptkette N, P, R und S zusätzliche Rückkoppelungen, sondern auch aus den Elementen der Verstärker A, J und E. Selbstverständlich können diese Kopplungen auch von vielen Elementen gleichzeitig abstammen, z.B. die Kopplung A→L gleichzeitig aus J→L und E→L oder z.B. aus S→L (siehe Abb. 21).

Die zusätzlichen Rückkoppelungen aus dem Element eines Verstärkers sind allein deshalb schon wichtig, weil die Gesetzgeber den Informationen, die die Administrations-, Gerichts- und Exekutionspraxis betreffen (z.B. den Gerichtsstatistiken) eine große Rolle zuschreiben.

Die Personen, die in den Elementen des Verstärkers wirken, z.B. Richter und Advokaten, arbeiten mit dem Gesetzgeber zusammen, was starken Rückkoppelungen zwischen J und L gleichbedeutend ist.

In praktischer Hinsicht sind vor allem Mängel des Rechtsreglers wichtig, die dann entstehen, wenn L nur Signale aus J oder nur aus A oder nur aus E erhält.

Wenn z.B. gewisse Verbrechen nur schwer aufzuklären sind oder aus sonstigen Gründen nicht zu einem Verfahren vor Gericht führen (Element J), so kann

34 Dazu S. 38.

35 Siehe dazu oben S. 41 Punkt 3.

der Gesetzgeber (Element L), der sich nur auf die die verurteilten Verbrechen betreffenden Gerichtsstatistiken stützt und der die außergerichtlichen Lebensverhältnisse (im Element P) nicht beobachtet, eine falsche Vorstellung von dem wirklichen Verhalten der Bürger haben, die sich z.B. dieses Verbrechens sehr oft schuldig machen.

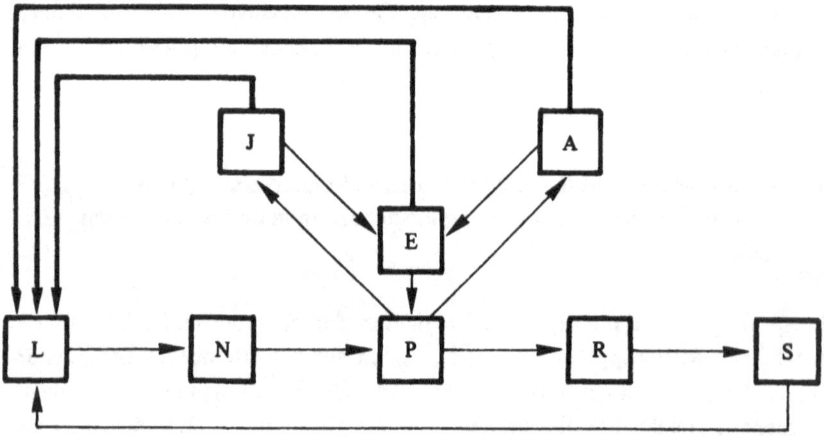

Abb. 21

Betrachten wir dieses Problem einmal näher. Berücksichtigen wir zu diesem Zweck, daß das Signal, das in der kybernetischen Kette von einem Element zum anderen weitergeleitet wird, nicht unbedingt einheitlich sein muß, wie z.B. das einfache Signal des Impulses in steuernden elektronischen Einrichtungen, sondern aus einem ganzen Strom von Signalen besteht. Dieser Strom kann am Eingang zum nächsten Element in einzelne Signale oder in Signalbüschel verzweigt werden, die einzeln weitergeleitet werden. So geschieht dies gewöhnlich im besprochenen rechtskybernetischen Modell etwa mit den Rechtsnormen, die von N zu P überwiesen werden. Eine Norm oder ein Merkmal $\overline{N}$ der Norm N trifft auf viele Personen, von denen sich die einen unterordnen und die anderen nicht.

Das ermöglicht die quantitative Qualifizierung der Signalströme und deren Anwendung zur Einführung eines Gradmessers der Fehlerhaftigkeit, der über L aus den Elementen des Verstärkers erhaltenen statistischen Informationen. Diesen Gradmesser bezeichnen wir je nach dem Element, auf das er sich bezieht, mit w_J, w_A und w_E. Er darf nicht mit dem Gradmesser w_i[36] verwechselt werden, der die Fehlerhaftigkeit der Rechtsregelung durch L, auf Grund der aus den Elementen der Hauptkette kommenden Information und nicht die Fehlerhaftigkeit der Information an sich gemessen hat.

Die Zahlen w_J, w_A und w_E können durch Formeln bezeichnet werden. Möge zu diesem Zweck p^- die Zahl der Bürger bezeichnen, die sich dieser Norm nicht untergeordnet haben, z.B. der Strafnorm N, und p^+ die Zahl der Bürger, die sich dieser Norm untergeordnet haben. Entsprechend bezeichnen wir mit j^- und j^+ die Zahl der Angeklagten in J, die sich dieser Norm nicht untergeordnet haben und verurteilt wurden, sowie diejenigen, die sich der Norm N untergeordnet haben und trotzdem angeklagt, aber freigesprochen wurden (Abb. 22).

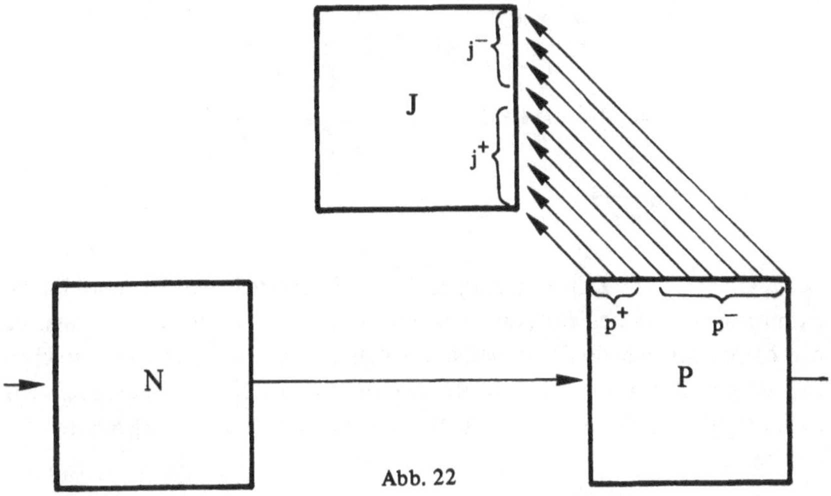

Abb. 22

Wenn z.B. in P unter 1 000 000 Adressaten der Rechtsnorm sich dieser 950 000 unterordnen und 50 000, die sich nicht unterordnen, so ist

$$\frac{p^+}{p^+ + p^-} = \frac{950\,000}{950\,000 + 50\,000} = \frac{19}{20},$$

36 Dazu S. 74.

und entsprechend

$$\frac{p^-}{p^+ + p^-} = \frac{1}{20} \, .$$

Der Gradmesser der Fehlerhaftigkeit der Information, die über L aus J erhalten wurde, kann also durch die Formel ausgedrückt werden (sogleich in statistisch normierter Form auf 1)

$$w_J = \frac{p^+}{p^+ + p^-} - \frac{j^+}{j^+ + j^-} \tag{11}$$

und entsprechend für die Information aus A und aus E

$$w_A = \frac{p^+}{p^+ + p^-} - \frac{a^+ + a^-}{a^+} \quad \text{sowie} \quad w_E = \frac{p^+}{p^+ + p^-} - \frac{e^+ + e^-}{e^+} \, .$$

Daraus geht hervor, daß die Fehlerhaftigkeit w_J gleich Null ist, wenn

$$\frac{p^+}{p^+ + p^-} = \frac{j^+}{j^+ + j^-}$$

Das Verhältnis der Zahl der Bürger, die in J verurteilt wurden und die die Norm respektieren, zu den gesamten verurteilten Bürgern in J ist also dasselbe wie das entsprechende Zahlenverhältnis dieser Bürger in P. In einem solchen Fall ist das Verhältnis der Zahl der Bürger, die die Norm respektieren, zur Zahl der Bürger, die diese Norm nicht respektieren, in beiden Elementen das gleiche.

Tatsächlich ist die Gleichung

$$\frac{p^+}{p^+ + p^-} = \frac{j^+}{j^+ + j^-}$$

der Gleichung

$$\frac{p^+ + p^-}{p^+} = \frac{j^+ + j^-}{j^+}$$

äquivalent und somit ebenso der Gleichung

$$\frac{p^+}{p^+} + \frac{p^-}{p^+} = \frac{j^+}{j^+} + \frac{j^-}{j^+}, \text{ also } 1 + \frac{p^-}{p^+} = 1 + \frac{j^-}{j^+}, \text{ also } \frac{p^-}{p^+} = \frac{j^-}{j^+}, \text{ also } \frac{p^+}{p^-} = \frac{j^+}{j^-}.$$

Aus dem Grad der Fehlerhaftigkeit nach Formel (11) geht weiter hervor, daß dieser Grad Null sein kann, oder auch eine positive oder negative Zahl aus dem Intervall −1, +1:

$$-1 \leqslant w_j \leqslant +1.$$

Die kleinste nicht positive Fehlerhaftigkeit (also die Größe hinsichtlich des Absolutwertes) besteht dann,

wenn $\frac{j^+}{j^+ + j^-} = 1,$

wenn also $j^- = 0$ und die größte nicht negative Fehlerhaftigkeit,

wenn $\frac{j^+}{j^+ + j^-} = 0$, wenn also $j^+ = 0$ ist.

Ziehen wir die nicht positive Fehlerhaftigkeit in Betracht, wenn j^- im Bereich gewisser Verbrechen nahe 0 ist. Der Gesetzgeber (Element L), der sich auf Gerichtsstatistiken stützt, ist über die Erscheinungen, die im gesellschaftlichen Leben auftreten, sehr im Irrtum, wenn in allen oder vielen Strafprozessen, die diese Verbrechen betreffen, freisprechende Urteile gefällt werden. Er ist dann der Meinung, daß derartige Verbrechen gar nicht oder nur selten vorkommen. Da z.B. im Rechtsverfahren der Gerichtspraxis bei Vergewaltigung freisprechende Urteile überwiegen, könnten diejenigen, die sich auf Gerichtsstatistiken stützen, irrtümlich annehmen, daß derartige Fälle höchst selten vorkommen, was gewöhnlich wieder eine übermäßig kritische Bewertung der Beweise und Verdachtsgründe hervorruft, was auch eine Abschwächung der Repression für diese Verbrechen zur Folge hat.

Und umgekehrt, betrachten wir jetzt einmal die nicht negative Fehlerhaftigkeit, die nahe $j^+ = 0$, also das Fehlen von selten freisprechenden Urteilen im Rechtsverfahren bei bestimmten Verbrechen (z.B. in Polen das Stehlen von Volkseigentum). Das führt zur falschen Annahme, daß sich eine ziemlich große Zahl der Bürger dieses Verbrechens schuldig macht, was wiederum eine kritische Bewertung der Beweise und Schuldgründe hervorruft, wie auch eine Verschärfung der Repression gegen dieses Verbrechen.

Wie aus diesen Beispielen hervorgeht, drohen beide Arten der Fehlerhaftigkeit, die nicht positive und nicht negative, mit der Entstehung einer positiven Rückkoppelung J→L im Zyklus L→N→P→J→L_1, also mit dem Umsturz in der Organisation der Rechtsprechung, dem man dann gewöhnlich durch außerordentliche Mittel vorbeugt, wie z.B. durch eine allgemeine Amnestie. Daraus kann der praktische Schluß gezogen werden, daß das Benutzen der Gerichts-, Administrations- und Exekutionsstatistiken, ohne deren mathematische Analyse, für die Gesellschaft gefährlicher ist, als es den Anschein hat.

5. Schwache und starke Kopplungen

In den kybernetischen Untersuchungen beruht einer der Unterschiede zwischen den Gesellschaftswissenschaften und den meisten übrigen Wissenschaften in der Vielfalt der Signalstrecken. Es gibt Wissenschaften, in denen das Problem der Signalstrecke keine Zweifel erweckt, wie z.B. die Signalstrecke der Rückkopplungen zwischen dem mechanischen und elektrischen System im Verbrennungsmotor. Dagegen lassen sich die Signalstrecken der Gesellschaftswissenschaften sehr schwer voneinander unterscheiden, und zwar schon deshalb, weil die Kausalitäts- und Wirkungszusammenhänge, die in den Gesellschaftserscheinungen auftreten, nicht genügend bekannt sind. Mit diesem Unterschied hängt der nächste zusammen, der sich auf Wirkungen einer großen Energie bezieht. Es handelt sich um gewisse Erscheinungen von großer Energie als Wirkung eines kleinen Energieeinsatzes. Es besteht z.B. kein Zweifel, daß die Reaktionskette in einem Atomreaktor Wirkung der Verschiebung eines kleinen Hebels sein kann. Wird hingegen im gesellschaftlichen Leben eine große Energie ausgelöst, etwa in einer Revolution, so werden Zweifel wach, ob diese Erscheinung Wirkung einer kleinen Ursache sein kann. In den Gesellschaftswissenschaften gibt es nämlich keine anerkannte gesellschaftsrechtliche Energieeinheit, wie z.B. das Kilogrammeter oder das Joule in der Technik. Versuche, die gesellschaftliche Energieeinheit in Arbeitsstunden oder durch Geld auszudrücken, haben sich als unbequem und unvollkommen erwiesen.

Versuchen wir also, in einer solchen Situation auf gesellschaftsrechtlichem Gebiet ohne den Begriff der Energieeinheiten auszukommen und uns nur auf die Differenz zwischen den schwachen und starken Nullkopplungen im erörterten kybernetischen Modell zu stützen.

Von der Informationsquelle L gelangen zu den weiteren Elementen der Hauptkette Signale, die durch Signale aus anderen Quellen, vor allem aus den Elementen der Verstärker A, J und E gestärkt oder aber infolge einer Resistenz, auf die sie innerhalb der Strecke von L zu S und in den Rückkopplungen stoßen, geschwächt werden können. Also in jedem Punkt p der durchlaufenen Strecke ist die Intensität $e(p)$ des Signals eine Funktion f von mindest drei Variablen: von seiner Anfangsintensität $e_0(p)$, von den sumarischen Intensitäten $e_\sigma(p)$ der von verschiedenen Kopplungen abstammenden verstärkenden Signale und auch von den auf dem Wege zum Punkt p angetroffenen Resistenzen $\omega(p)$:

$$e(p) = f(e_0(p), e_\sigma(p), \omega(p))$$

Alle diese Zahlen sind *ex definitione* nicht negativ. Das Diagramm der Funktion $e(p)$ liegt also in einem vierdimensionalen Raum.

$e(p)$ kann sogar dann sehr groß sein, wenn $e_0(p)$ sehr klein ist, nämlich sooft $e_\sigma(p)$ im Vergleich zu $\omega(p)$ sehr groß ist. Und umgekehrt, $e(p)$ kann sogar bei großen $e_0(p)$ und $e_\sigma(p)$ sehr klein sein, wenn die Resistenzen $\omega(p)$ sehr groß sind. Gebrauchten wir im übertragenen Sinne Bezeichnungen aus der Physik, so würden wir z.B. sagen, daß die beim Gesetz betreffs der Gehaltstarife für Schornsteinfeger angewandte Energie, der bei der Nationalisierung der Schwerindustrie angewandten Energie gleich sein kann, mit dem Unterschiede, daß die Wirkung dieser Gesetze in der Gesellschaft verschieden ist: der Einfluß der Schornsteinfegernorm kann im Vergleich zum Einfluß der Nationalisierungsnorm sehr klein sein.

Wenn $e_0(p) = 0$ oder wenn $e_0(p)$ eine Unterschwellengröße besitzt, d.i. eine zu kleine, um irgendein Signal in der Kopplungskette auszulösen, dann entschwindet das Signal, was in verschiedenen Punkten seiner Strecke eintreten kann. So ruft z.B. die Tätigkeit der zeitgenössischen Gesetzgeber, die eine übergroße Anzahl von verschiedenen Rechtsnormen erlassen, eine solche Blockierung im Kanal N→P hervor, daß den Adressaten die Normen nicht bewußt werden; $e(p)$ fällt dann schon in der Kopplung N→P bis auf 0.

Das geschieht auch dann, wenn z.B. ein Alleinherrscher, der die gesetzgebende Gewalt innehat, durch seine Umgebung von der Gesellschaft isoliert wird. In diesem Fall kann das Signal der Norm *N* (also $e_0(p)$), obwohl es in S noch sehr stark wäre, in dem Moment, in dem es L erreicht, bis auf 0 fallen. Manchmal kann das Signal der Norm aus L zu L so sehr geschwächt zurückkehren, daß es in diesem Element keine Wirkung mehr auslöst, was praktisch mit dem Entschwinden des Signals in der Rückkopplung gleichbedeutend ist.

Eben in einem solchen Sinn kann vom Fehlen einer Rückkopplung und auch von schwachen und starken Kopplungen gesprochen werden.

Erwägen wir einige extreme Beispiele.

I. Das Präsidium des Bezirksrates (in der Rolle des Elements L) hat eine Norm herausgegeben, die vorschreibt, wie man sich beim Sammeln von Waldfrüchten verhalten soll. Der Beschluß, der diese Norm enthält, wurde an alle Aufkaufstellen für Waldfrüchte gesandt. Die Norm betrifft eine kleine Anzahl von Personen, von denen fast alle den Beschluß kennen, aber für nicht richtig halten und diesen immer weniger und schließlich gar nicht mehr respektieren (klassisches Beispiel für *desuetudo*). Tatsächlich ist es so, daß, falls diese Norm angewandt worden wäre, größere Störungen im Gesellschaftsleben hervorgerufen worden wären, als solche, die vor deren Herausgabe bestanden haben. Die Administrationsbehörde A zwingt also niemanden dazu, sich dieser Norm unterzuordnen und die Normenquelle selbst (das Präsidium des Bezirksrates) kennt weder die Folgen der Norm, noch interessiert sie sich für diese. Wir haben es hier mit einer pathologischen Erscheinung zu tun, die durch Fehlen einer wirksamen Rückkopplung verursacht wurde. Hätte diese Rückkopplung nicht gefehlt, würde die nichttreffende Norm entweder von L aufgehoben oder verbessert werden.

II. Das *Liberum veto* und Unterbrechen der Sejme war in Polen während des 17. und 18. Jahrhunderts eine Störung der Sejmtätigkeit als Element L und schwächte je nach der Intensität die Kopplung L→N oder löste sie völlig auf. Solange die zu dieser Zeit traditionell geltenden Normen, die von N zu S oder sogar zum Verstärker (z.B. durch weitere Veröffentlichung des Magdeburger Rechts) weitergeleitet wurden, die bestehenden Störungen entfernten, solange konnten die negativen Folgen des *liberum veto* beim Übergang von L zu N abbrechen. Als jedoch, wie es im 17. und 18. Jahrhundert der Fall gewesen ist, die damaligen Normen eine Änderung forderten, etwa weil sie nicht vollständig und nicht treffend waren[37], wurde L durch das Signal der Rückkopplung S→L u.a. wegen der Störungen, die durch das *liberum veto* hervorgerufen wurden, nicht erreicht. Es wirkte nämlich nicht auf den Sejm, der mit Auseinandersetzungen und Streitigkeiten, anstatt mit der Gesetzgebung beschäftigt war. Infolgedessen steigerten sich die nicht entfernten Störungen auf der Strecke N→S. Unter solchen Verhältnissen unterliegt das kybernetische System bekanntlich einer plötzlichen Umgestaltung oder Vernichtung[38]: im rechtsgesellschaftlichen System kommt es zu einem Umschwung.

Obiges Beispiel des Mechanismus, der die Rückkopplung S→L schwächt, stand im damaligen Polen mit dem gleichzeitigen Verschwinden der Kopplungen $\genfrac{}{}{0pt}{}{J\searrow}{A\nearrow}$E→P im Zusammenhang, und was noch schlimmer war, auch mit dem Verschwinden der Rückkopplungen S→P und R→P.

Das Verschwinden der Kopplungen L→N führt gewöhnlich zum Ansteigen der präjudiziellen Signalisation in J und A[39]. Die Macht mancher Staaten wuchs eben durch die präjudizielle Tätigkeit der Elemente J und A an, dank der die Regelung der Signale, die aus N↙ kamen, schnell und ungebunden gewesen ist. Aber in Polen waren die Signale aus J und A zu dieser Zeit nicht stark genug, um infolge der Rückkopplung S→P und R→P über P und nicht unmittelbar infolge der Kopplungen S→J, R→J, S→A und R→A, den sich nähernden Signalen die Gestalt von Präjudizien zu geben. Abgesehen davon hat die Exekutive (Element E) auf die traditionelle Signalisation aus N über P und über J und A nicht entsprechend reagiert, was Folge einer Schwäche dieser beiden Elemente gewesen ist.

Der schlecht geordnete Zustand der Gesellschaft, der im Beispiel II beschrieben wurde, kann in dem kybernetischen Modell graphisch dargestellt werden, und zwar durch punktierte Pfeile und Quadrate, die die entschwindenden Rückkopplungen und geschwächten Elemente bezeichnen (siehe Abb. 23).

Wie aus Abb. 23 ersichtlich, können die Elemente J und A die Schwächewirkungen der Kopplung L→N korrigieren, und umgekehrt kann L über N die

37 Dazu oben S. 43 und S. 45.

38 Siehe dazu oben S. 69 f.

39 Siehe dazu oben S. 30.

Kopplung J→P und A→P' beseitigen, indem Normen erlassen werden, die die Tätigkeit des Verstärkers regulieren. L kann den Verstärker sogar zur Präjudiz anregen. So übertrug z.B. der Senat im Altertum unter gewissen Umständen einen großen Teil der gesetzgebenden Funktion einem Konsul, der dann Diktator genannt wurde. Die gesellschaftlichen Verfassungen können also in dieser Hinsicht ähnlichen Automatismen unterliegen, wie die biologischen Systeme, in denen die Verletzung eines Organs mitunter ein anderes Organ dazu anregt, dessen Lebensfunktion zu übernehmen.

Abb. 23

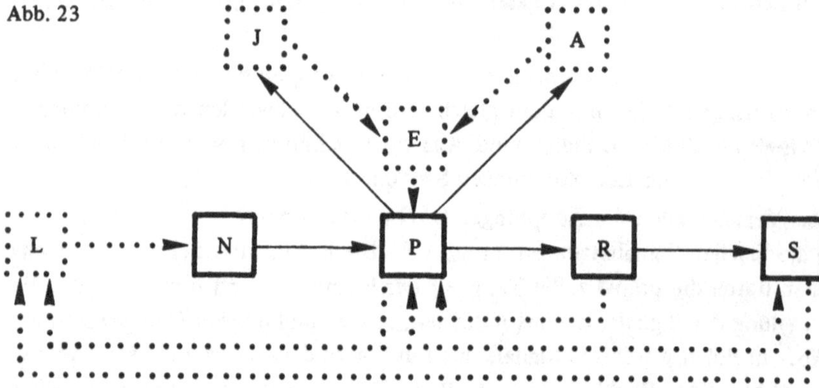

In Polen hatte dieser Automatismus im 17. Jahrhundert wohl deshalb nicht gewirkt, weil, grob gesagt, zwei Organe schlecht gearbeitet haben: L (in dessen Wirkung die Kopplung L→N fast verschwand), sowie J und A (in dessen Wirkung die Kopplungen J→P und A→P fast verschwanden). Die Ursache dieser schlechten Arbeit der Elemente L, J und A war, wie bereits erwähnt, das Fehlen entsprechender Rückkopplungen P→L, R→L und S→L. Zwar fiel am Ende des 18. Jahrhunderts die Ursache dieser schlechten Arbeit in L vorübergehend fort und es kam zu starken Rückkopplungen S→L (die Konstitution vom 3. Mai), aber es war eine zu kurzfristige, zu späte und zu plötzliche Regelung und besaß deshalb sehr bedeutende und zahlreiche Störungen (Rauschen). Sie hätte bessere Ergebnisse erzielt, wenn der Verstärker, vor allem sein Element E, stärker gewirkt haben würde. Da dies jedoch nicht der Fall gewesen ist, konnte der großartige Rechtsakt dieser Epoche (die erste europäische Konstitution) die Mängel der Regelung, die zum Sturz eines so mächtigen Staates geführt haben, nicht mehr beseitigen.

III. Viele Normen des Zivilrechts unterliegen schwachen Rückkopplungen infolge ihrer seltenen Anwendung oder ihrer sehr abstrakten Fassung, die sie für einen großen Teil der Gesellschaft unverständlich macht. Z.B. findet die Norm, die in der Antike *lex Rhodia de jactu* genannt wurde (vgl. § 1043 des Österreichischen Allgemeinen Gesetzbuches aus dem Jahre 1811, des Art. 122 § 1 des polnischen Schuldrechtskodex aus dem Jahre 1933 und Art. 757 des polnischen Zivilkodexes aus dem Jahre 1964 und §§ 700 ff. des deutschen Handelsgesetzbuches aus dem Jahre 1897) in den heutigen Verhältnissen der modernen Schiffahrt und infolge des Niedergangs der Seeräuberei nur selten Anwendung. Selbst wenn wir annehmen, daß eine solche Norm durch alle Gerichte einer Wojewodschaft durchschnittlich einmal im Jahre angewandt wird, dann werden die diese Norm betreffenden Signale der Rückkopplung so schwach sein, daß sie zu L erst dann gelangen, wenn ein Rechtswissenschaftler diese in irgendeiner Dissertation sammelt und durch Speicherung seiner eigenen Energie (Arbeit) den Gesetzgeber L auf diese Norm aufmerksam macht, was eventuell bei der nächsten Kodifizierung zu ihrer Verbesserung führen könnte.

IV. Die Situation ist völlig anders, wenn die Norm unmittelbar eine große Gruppe von Bürgern betrifft und wenn die Norm außerdem die bisherigen gesellschaftlich-wirtschaftlichen Verhältnisse wesentlich verändert, wie etwa eine Norm über die Preiserhöhung von lebenswichtigen Artikeln. In einem solchen Fall ist die Rückkopplung sehr stark. Die Rückkehrsignale aus S und aus den früheren Elementen der Hauptkette, wie auch aus den Elementen der Verstärker J, A und E gelangen ohne Vermittlung der juristischen Theoretiker in großer Anzahl zu L. Wenn die Signale anzeigen, daß das Rechtssystem, die durch die neue Norm eingeführten Änderungen nicht erträgt, muß L neue Signale aussenden, um die Wirkungen des vorigen Signals zu mildern, damit es zu keiner positiven Kopplung der Wirkungen dieser Norm kommt[40].

V. Die stärksten Signale der Rückkopplung werden in der Zeit großer politischer Umwälzungen, wie z.B. Revolutionen, beobachtet, wo es unmittelbar aus dem Element P leicht zu Rückkopplungen kommt. Manche Beschlüsse der Französischen Nationalversammlung aus den Jahren 1792–1795, die unter Druck der begeisterten Volksmenge erlassen wurden, waren typische,

---

40 Siehe dazu oben S. 74.

starke Rückkopplungen direkt aus P zu L. In solchen Fällen kann es zur Fehlerhaftigkeit kommen, von der schon oben die Rede war[41].

Die Begriffe „starke und schwache Rückkopplungen" erklären, freilich in wesentlicher Vereinfachung, viele rechtswissenschaftliche Erscheinungen. Von der Intensität der Rückkopplung hängt es u.a. ab, wie oft die Rechtsnormen geändert werden, da mit zunehmender Zahl und Intensität der Signale, die sich in L ansammeln, die Wahrscheinlichkeit ihrer Umsetzung in N steigt.

Das Auftreten einer Rechtsrezeption, wie etwa des römischen Rechts in Deutschland, könnte auch als starke Rückkopplung erklärt werden, obwohl dies natürlich nur in groben Zügen möglich ist und dabei die lange Geschichte dieses Vorgangs und die früheren Verhältnisse berücksichtigt werden müssen. Hier näherte sich $e_0(p)$, das zufälligerweise in ein anderes Land und in eine andere Zeit versetzt wurde, zu 0, unterlag aber infolge seiner Attraktivität einer plötzlichen Verstärkung ($e_0(p)$ sehr groß) und stieß nur auf geringen Widerstand ($\omega(p)$ sehr klein). Das führt dazu, daß $e(p)$, welches nun schon zu einem anderen L zurückkehrte, sich überraschenderweise als groß erwies und in dieser neuen Form einen neuen Zyklus von Wechselwirkungen begann.

In den sozialistischen Staaten wird auf die Rückkopplungen, ähnlich wie sie hier besprochen wurde, besonderes Augenmerk gelenkt. Letztens wurde aber darauf hingewiesen (siehe BANASZAK), daß die Informationen zu L in völlig unberührter Form gelangen müssen.

Die Notwendigkeit der Unberührtheit dieser Informationen wirft jedoch weitere Probleme auf, etwa hinsichtlich der Art und Weise ihrer Sicherstellung. Die Sicherstellung kann ähnlich wie bei der kontradiktorischen Prozeßführung oder mit anderen Mechanismen erreicht werden, die eine genaue Information der Fakten von Element zu Element garantiert. Dieses große Problem überschreitet jedoch bereits die Rahmen der vorliegenden Arbeit.

---

41 S. 78 ff.

4. Kapitel
Verfahrensprobleme

1. Verfahrens-Normen

Die Normen des Gerichts- oder Prozeßverfahrens (Zivil- und Strafverfahren), der Verwaltungsverfahren verschiedener Behörden sowie anderer, etwa unstreitiger Verfahren, werden kurz *Verfahrens-Normen* genannt.

Die Römer konnten die Verfahrens-Normen von den Normen des materiellen Rechts nicht unterscheiden. Eine deutliche Einteilung in diese zwei Normenarten hat erst später stattgefunden und sich schließlich in der Neuzeit verfestigt. Aber auch heute noch ist die Einteilung in diese zwei Normarten recht relativ[1]. So ist z.B. die Norm, die den Richter amtlich dazu verpflichtet, von einer Rechtsprozedur fernzubleiben, wenn ein naher Verwandter eine der Parteien ist, eine Verfahrensnorm. Dieselbe Norm ist aber im Disziplinarverfahren gegen den Richter, der dieser Pflicht nicht nachkommt, eine Norm des materiellen Rechts. Jedenfalls müßte entsprechend die Revision des Disziplinarurteils formuliert werden, die in Frage stellen würde, ob der beschuldigte Richter in einem solchen Fall verpflichtet gewesen wäre, vom Prozeß fernzubleiben. Die Einteilung dieser Rechtsnorm in zwei Arten hat also auch eine praktische Bedeutung.

Das rechtskybernetische Modell ermöglicht eine genaue Einteilung der Normen in diese zwei Arten und erklärt auch die erwähnte Relativität. Beginnen wir mit der Untersuchung gewisser Eigenschaften der Verfahrens-Norm vom Gesichtspunkt des rechtskybernetischen Modells, vor allem der Normen, die durch R ins Leben gerufen wurden, um Folgen im Verstärker hervorzurufen.

Jedes Merkmal $\overline{N}$ einer solchen Norm N geht die Strecke P→J→E→P oder P→A→E→P durch den Verstärker, aus dem es z.B. Rauschen und andere Störungen entfernen soll. Das betrifft vor allem die Elemente J und E. Trotzdem kann N, bevor das Signal des Merkmals $\overline{N}$ über P den Verstärker

---

1 Wie streitig dieses Problem des Verhältnisses von materiellem Recht und Verfahrensrecht in der juristischen Fachliteratur noch ist, wird deutlich bei W. BERUTOWICZ, Znaczenie prawne dochodzenia roszczeń, S. 5.

erreicht, in P und in den weiteren Elementen der Hauptkette Wirkungen verursachen. So kann z.B. die Verfahrens-Norm, die das Anwenden einer scharfen Untersuchungsmethode verbietet, gleich nach ihrem Erlaß und noch bevor sie in J ins Leben gerufen wurde, das Verhalten der Subjekte in P verändern, die, da sie sich vor der Methode nicht mehr fürchten, sich nun in bestimmten Fällen frei benehmen, was wiederum weitere Wirkungen in R und S nach sich ziehen kann, u.a. ebenfalls auf dem Weg P→J→E→R und P→A→E→P. Unter den Signalen, die alle genannten Elemente durch die Rückkopplungen an L weiterleiten, gibt es auch Signale von den Wirkungen und den Störungen der Norm, deren Aufgabe Entfernung der Norm sein sollte. Wie erwähnt, sind ja in der Rückkopplung insbesondere Signale von früheren Wirkungen berücksichtigt worden, darunter auch solche, die durch die Norm *N* in den Elementen der Verstärker J, A und E, aus denen sie an P weitergeleitet wurden, hervorgerufen worden sind.

Die Verfahrens-Normen beziehen sich *ex definitione* auf die Subjekte in J, A und E, d.i. auf machtausübende oder mitwirkende Personen wie Richter, Staatsanwälte, Advokaten, Gerichtsbeamte, Gerichtsvollzieher sowie auf Personen, die der gegebene Streitfall betrifft, wie Angeklagte, die klägerische Partei, Antragsteller, Beteiligte des Verwaltungsverfahrens. Die Verfahrens-Normen berechtigen die Subjekte oder verpflichten sie zu einem bestimmten Verhalten in J, A und E, nicht aber in P, obwohl, wie oben erwähnt, sie auch die Psyche und die Wirkung der Subjekte in P beeinflussen und in diesem Element tatsächlich Wirkungen hervorrufen. Allgemein gesagt, berechtigen oder verpflichten die Verfahrens-Normen die Subjekte in J, A und E zu einem bestimmten Verhalten, aber in P sowie in R und S können sie zwar das tatsächliche Verhalten der Subjekte beeinflussen, aber nicht auf Grund ihrer normativen Verpflichtungen oder der durch diese Norm erteilten Befugnisse.

Die Verfahrens-Normen sind im allgemeinen seltener mit einer Strafmaßnahme belegt als diejenigen Normen, die – wie die Norm des materiellen Rechts – die Verhaltensregelung der Subjekte in P zum Ziel haben. Die Sanktionen der Verfahrens-Normen sind sehr unterschiedlich. Da die Existenzberechtigung der Verstärker, als der eigentlichen Empfänger der Verfahrens-Norm, im Erzwingen eines bestimmten Verhaltens der Subjekte im Element P besteht, tritt das gegensätzliche Verhalten der Subjekte zur Verfahrens-Norm in J oder E auf, und diese Subjekte würden bei einer Zwangsausübung einen 2. Verstärker höheren

Grades erforderlich machen, der die Wirkung N auf der Strecke $P \genfrac{}{}{0pt}{}{\nearrow J \searrow}{\searrow A \nearrow} E \rightarrow P$ regulieren würde. Müßte man außerdem noch das Verhalten der Subjekte im Verstärker 2. Grades erzwingen, so müßte dafür ein Verstärker 3. Grades geschaffen werden und so fort. Das kann in der Praxis selbstverständlich nicht in Frage kommen, und eben deshalb umfassen die Verstärker der Verfahrens-Norm bestimmte Normenarten nicht, nämlich solche nicht, die mit kleinen Strafmaßnahmen oder, hinsichtlich der angewandten Rechtsmittel, mit sehr unterschiedlichen Strafmaßnahmen belegt sind. So z.B. haben manche Verletzungen der Verfahrens-Norm nur zur Wirkung, daß das Urteil wegen Verletzung der Normen aufgehoben oder für ungültig erklärt wird, während andere Verletzungen dieser Norm standrechtlich geahndet werden, ohne daß ein gesondertes Verfahren durchgeführt wird, etwa durch Geldstrafen oder Strafhaft für Personen, die sich im Gerichtssaal ungebührlich benehmen. Manchmal aber kann die Verletzung der Verfahrens-Norm für die Partei, die sie sich zu Schulden kommen ließ, sogar negative Folgen in Form eines ungünstigen meritorischen Entscheids haben, etwa durch ein Versäumnisurteil.

Eine wesentliche und allgemeine Verbesserung dieses Standes scheint bei den der Rechtstheorie aktuell zur Verfügung stehenden Mitteln unmöglich zu sein. Unter manchen Verhältnissen ist jedoch das Einführen des Verstärkers nicht nur sehr erwünscht, sondern auch möglich. Solche Verstärker sind z.B. Disziplinarkommissionen D_1, D_2 usw. für machtausübende oder mitwirkende Personen. Solche Verstärker des Hauptverstärkers, also des Verstärkers 2. Grades sind auf Abb. 24 sehr schematisch dargestellt.

Abb. 24

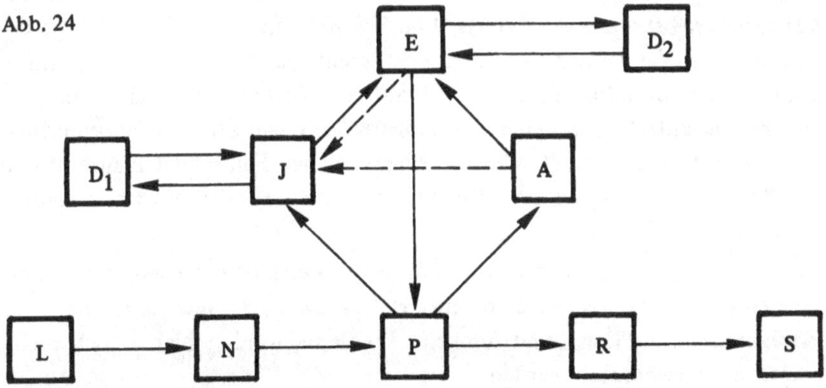

Das Element D_1 im Verstärker 2. Grades J→D_1→J bezeichnet auf dieser Abbildung die Disziplinarkommission für Richter, und das Element D_2 im Verstärker 2. Grades E→D_2→E, die Disziplinarkommission für Gerichtsvollzieher.

In zeitgenössischen Staaten gibt es viele solcher Verstärker 2. Grades.

Schwieriger ist es, ein Beispiel für einen Verstärker 3. Grades zu finden, am häufigsten ist nämlich der Verstärker für den Verstärker 2. Grades nicht der Verstärker 3. Grades, sondern der Verstärker des 2. Grades selbst oder des Verstärkers 1. Grades. So könnte etwa eine geringfügige Verletzung der Verfahrens-Norm, deren sich ein Disziplinarrichter schuldig gemacht hat, von derselben Kommission belangt werden, in der der Disziplinarrichter sein Amt ausgeübt hat. Betrifft die Verletzung der Norm jedoch ein Verbrechen, z.B. eine Bestechung, dann wird er vom Element J des Verstärkers 1. Grades belangt. Ähnlich kann sich der Verstärker 1. Grades gelegentlich selbst verstärken, z.B. wenn sich die machtausübende Person in J, A oder E z.B. eine Amtspflichtverletzung zu Schulden hat kommen lassen, etwa eine Amtsanmaßung, oder wenn eine andere Person auf grobe Weise die Verfahrens-Norm verletzt, etwa wenn ein Zeuge ein falsches Zeugnis ablegt. In solchen Fällen treten üblicherweise Rückkopplungen A→J und E→J ein, die auf Abb. 24 mit unterbrochener Linie angegeben sind. Die Rückkopplungen leiten überall ein Verfahren gegen die Täter aufgrund bestimmter Strafvorschriften ein, so daß eine Situation ähnlich derjenigen entsteht, in der eine Verletzung der Norm in P vorgekommen ist.

Abgesehen von den beschriebenen Fällen sind die Rückkopplungen, die im Verstärker selbst auftreten (wie E→J oder E→A), im Zivilverfahren, Strafverfahren oder Verwaltungsverfahren eine recht häufige Erscheinung. Dazu gehören etwa Situationen, die im Verlauf von Verwaltungsverfahren in E in den Fällen eintreten, in denen die Vollstreckung von Zivilurteilen unterbrochen oder ganz eingestellt wird. In einem solchen Fall sendet E mittels der Rückkopplung ein Signal zum Richter in J, der die Vollstreckung unterbrechen oder einstellen kann.

Die Rückkopplungen aus dem Element E des Verstärkers zu seinen früheren Elementen J und A können ein weites Feld für rechtskybernetische Erwägungen sein. Diese und ähnliche Probleme werden hier jedoch nicht eingehender besprochen werden.

Wie aus den bisherigen Darstellungen hervorgeht, kann die Abgrenzung zwischen den Normen des materiellen und des Verfahrensrechts im rechtskybernetischen Modell allgemein folgendermaßen zusammengefaßt werden: Normen, die das Verhalten der Subjekte in den Elementen P in bezug auf die Elemente des Verstärkers J, A und E sowie auch auf das Verhalten der Subjekte in J, A und E regulieren, sind *Verfahrens-Normen*[2]. Die anderen Normen dagegen, die das Verhalten der Bürger in P regulieren, sind Normen des *materiellen Rechts.* Diese Abgrenzung wird besonders deutlich, wenn es im gesamten Rechtssystem weder einen zweiten Verstärker oder einen Verstärker höheren Grades gibt, wie etwa die Disziplinarkommission für die Subjekte der Elemente J oder E (siehe Abb. 24), noch andere zusätzliche Verstärker für Verfahrens-Normen gibt. Ohne die Berücksichtigung kybernetischer Gesichtspunkte wird die Abgrenzung zwischen den Verfahrens-Normen und den Normen des materiellen Rechts relativ, wie aus Abb. 24 des rechtskybernetischen Modells ersichtlich ist.

Werden nämlich Verstärker zweiten oder höheren Grades oder andere Regelungen der Verfahrens-Norm in Betracht gezogen, dann werden die Verfahrens-Normen durch jeden weiteren Verstärker zu Normen des materiellen Rechts. Jeder weitere Verstärker erzeugt nämlich für den vorhergehenden Verstärker eine analoge Situation wie die, die zwischen dem Verstärker und dem Element *P* besteht und die die Einteilung in das materielle und das Verfahrens-Recht bestimmt.

Die den Verstärker niedrigeren Grades betreffenden Verfahrens-Normen übernehmen die Rolle der Form des materiellen Rechts in bezug auf den

2 Das stimmt mit den neueren Fassungen des Prozeßrechts überein. So schreibt z.B. F. LONGCHAMPS, O pojęciu stosunku procesowego między organem państwa a jednostką, S. 165: „Im Grunde genommen bestehe hier und dort, im Gericht und in der Verwaltung, eine ähnliche Situation: Irgendeine Person wendet sich an ein bestimmtes Staatsorgan mit der Forderung, entsprechend dem Recht einen Spruch zu fällen oder eine Verfügung zu erteilen, und eben diese bewährte Möglichkeit, ein Urteil oder eine Verfügung fordern zu können, ist ein allgemeiner Grundbegriff des Prozeßrechts und die Anknüpfung eines Prozeßverhältnisses. Ähnlich ist es, wenn irgendein Staatsorgan von einer Person rechtlich etwas fordert oder dieser rechtlich einen Besitz entziehen will. In diesem Fall hat die betreffende Person die Möglichkeit, vor Gericht und bei der Verwaltung darauf zu reagieren, sich zu verteidigen und ihren Standpunkt darzulegen. Auch diese Möglichkeit, rechtliches Gehör zu verlangen, ist ein bekanntes Element des Prozeßverhältnisses, eines der am besten begründeten und der lebensfähigsten."

Verstärker 2. Grades, und die den Verstärker 2. Grades betreffenden Verfahrens-Normen würden die Rolle der Norm des materiellen Rechts in bezug auf den Verstärker 3. Grades übernehmen, falls ein solcher bestehen würde, und so fort.

Entsprechend verhält es sich, wenn die Verfahrens-Norm, die den Verstärker 2. Grades betreffen, durch denselben Verstärker, also durch den Verstärker 1. Grades, verstärkt werden, und so fort.

2. Begründung der Vorzüge des kontradiktorischen Prozesses

Die Signale überweisen zwischen den einzelnen Elementen des rechtskybernetischen Systems nicht nur Informationen über Rechtsnormen, sondern auch über Tatbestände, die weder Normen noch Ursache oder Wirkung einer Norm sind. So sind z.B. die Informationen über Störungen, die die Hauptkette angreifen, welche L durch die Rückkopplungen zugehen, keine Wirkungen der Norm und können auch nicht Ursache ihres Erlasses sein, etwa wenn N auf die Störungen nicht reagieren will oder kann. Ähnlich ist es, wenn zahlreiche Signale aus P zu J über das Verhalten der einzelnen Subjekte oder andere Begebenheiten Informationen vermitteln, die richtige Grundlagen der Gerichtsentscheidungen sein können. Will man ein Urteil fällen oder eine andere gerichtliche Entscheidung treffen, so muß man nicht nur den Inhalt der einschlägigen Norm, sondern auch das Verhalten der betreffenden Subjekte und andere Begebenheiten aus P kennen.

Die Signale, die J über das Verhalten der Subjekte und andere in P auftretenden Ereignisse informieren, haben für verschiedene Prozeßprobleme, vor allem für die Beweistheorien im juristischen Sinne eine große Bedeutung. Hier wird nur von der Brauchbarkeit der Analyse dieser Signale zur kybernetischen Begründung des kontradiktorischen Prozesses die Rede sein. Die Gerichtstätigkeit (Element J) muß, wie schon erwähnt wurde[3], auf die richtigen Überweisungen der Informationen aus P gestützt sein, anderenfalls wirkt die ganze Rechtsregulierung durch den Verstärker schlecht. Bedingung einer richtigen Überweisung der Information aus P zu J ist es unter anderem,

3 Oben S. 22 f., 28 f.

daß diese Sätze wahr sein müssen. Der ganze Prozeß findet nämlich mittels Sätzen statt. Ohne uns dabei in die großen logisch-gnoseologischen Probleme zu vertiefen, ziehen wir folgende zwei Axiome in Betracht:

1. Ereignisse, die in P auftreten, können mit Sätzen im logischen Sinne beschrieben werden. Die Subjekte aus P überweisen J die Informationen in Form eben solcher Sätze. Wie alle anderen Signale können auch die erwähnten Sätze auf der Strecke Verzerrungen oder Umgestaltungen, insbesondere der inhaltlichen Umgestaltung durch Rauschen unterliegen.
2. Im Anschluß an die zweiwertige Aussagenlogik, in der Sätze nur zwei Werte annehmen können, nämlich die Wahrheit, die gewöhnlich mit 1 bezeichnet wird, und die Unwahrheit, die gewöhnlich mit 0 bezeichnet wird, nehmen wir folgende logische Alternative an, die sich auf den Grundsatz des ausgeschlossenen Dritten stützt. Entweder erfährt der wahre Satz, der das in P eingetretene Ereignis beschreibt, in der Kopplung P→J keine Sinnverzerrung derart, daß er mit dem ursprünglichen Sinn nicht mehr übereinstimmt, er also seinen ursprünglichen logischen Wert 1 beibehält und infolgedessen in J ein wahrer Satz bleibt, oder umgekehrt, er erfährt in der Kopplung P→J, etwa infolge eines schädlichen Regelungsrauschens, eine Sinnveränderung und ändert dadurch seinen logischen Wert von 1 zu 0 und gelangt zu J also als unwahrer Satz.

Der kontradiktorische Prozeß ist ein traditionelles Mittel für das Gericht, die Wahrheit zu erfahren. Seine Form ändert sich zwar in ihren Einzelheiten und sieht im Zivilverfahren anders aus als im Strafverfahren, bleibt aber im mathematischen Sinne stets die gleiche. Es werden die sich gegenseitig bekämpfenden Parteien in Betracht gezogen, von denen jede berechtigt ist, sich bei der Beweisführung und dem Aufstellen der eigenen Behauptungen frei auszusprechen und außerdem die Beweisführung der Gegenpartei anzugreifen. Dieser Grundsatz des kontradiktorischen Prozesses bedient sich ebenfalls des logischen Grundsatzes des ausgeschlossenen Dritten, worunter man versteht, daß jeder Satz entweder wahr oder falsch sein muß, *tertium non datur.* Daraus ergibt sich, daß von zwei einander widersprechenden Sätzen mindestens ein Satz unwahr ist. Man darf hier aber nicht den Grundsatz des ausgeschlossenen Dritten mit dem Satz verwechseln, der aussagt, daß von zwei sich widersprechenden Sätzen mindestens ein Satz wahr sein muß. Meist ist es jedoch so, daß von zwei sich widersprechenden Sätzen, die von den Parteien im kontradiktorischen Prozeß ausgesprochen werden, ein Satz unwahr und der andere wahr ist. Wenn es so ist, können wir diesen Sätzen die logischen Werte 0 (unwahr) und 1 (wahr) zuschreiben. Das ermöglicht bei mehreren Behauptungen das quantitative Verhältnis zwischen den Behauptungen der Parteien im kontradiktorischen Prozeß zu verdeutlichen und führt zu kybernetischen Schlußfolgerungen.

Es mögen den Einzelabschnitten auf der Abszissenachse t (Zeitachse) die Sätze der Parteien entsprechen. Rechts von Punkt 0 tragen wir in chronologischer Folge die Sätze der ersten Partei A und links die Sätze der zweiten Partei B ein. Auf der Ordinatenachse z mögen die Punkte 0 und 1 der Wahrheit und Unwahrheit dieser Sätze entsprechen. So erhalten wir ein Diagramm, das in Abb. 25 dargestellt ist.

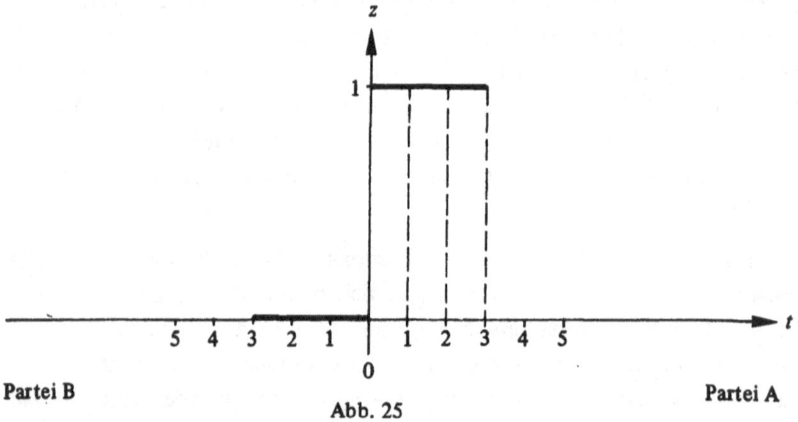

Abb. 25

Im folgenden seien nur die streitigen Sätze der Parteien berücksichtigt. Daß jedem wahren Satz einer der Parteien dann ein unwahrer Satz der zweiten Partei entspricht, kommt dadurch zum Ausdruck, daß die Summe der Ordinaten jedes Abschnittes, die die Sätze beider Parteien darstellen, immer gleich 1 ist, so wie die Summe von 0+1. Ebenso sind die Zahlen der rechts und links als Abszissenabschnitte eingetragenen Sätze einander gleich. Insgesamt bildet die Menge aller Abszissenabschnitte die Menge der sich widersprechenden Satzpaare ab.

Oft kommt es vor, daß in den sich widersprechenden Sätzen die erste Partei, z.B. die Partei *A*, die Wahrheit sagt und die zweite Partei, *B*, lügt; in den übrigen widersprüchigen Sätzen ist es umgekehrt: die Partei *A* lügt und die Partei *B* sagt die Wahrheit. In solchen Fällen sieht das Diagramm der Unwahrheit und Wahrheit der Sätze beider Parteien aus, wie es in Abb. 26 oder in komplizierterer Form in Abb. 27 dargestellt ist.

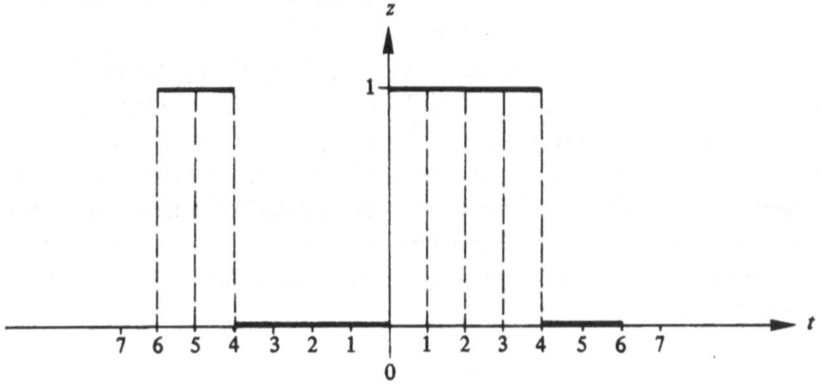

Partei B

Partei A

Abb. 26

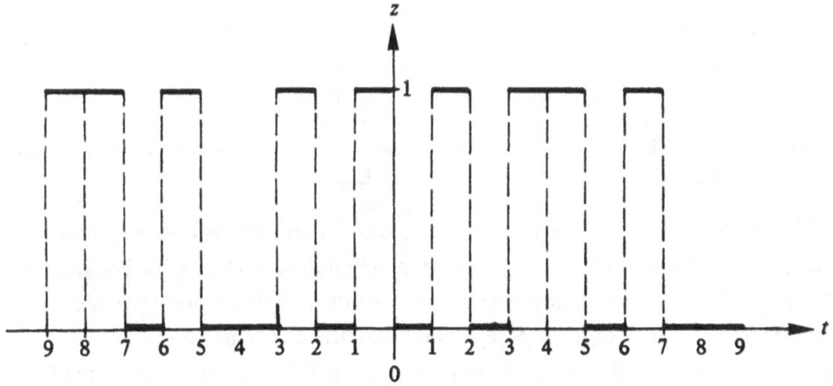

Partei B

Partei A

Abb. 27

In einem Prozeß sprechen die Parteien manchmal auch sich nicht widersprechende Sätze aus. Wegen der Schwierigkeiten bei der Feststellung der wahren

Sachverhalte durch das Gericht sind die sich widersprechenden Sätze der Parteien jedoch die wichtigeren. Kraft Definition sind zwei sich nicht widersprechende Sätze der Parteien entweder beide wahr oder beide unwahr. Die zweite Möglichkeit kommt in der Gerichtspraxis selten vor, so daß sie hier nicht berücksichtigt zu werden braucht. Sie tritt z.B. ab und zu in Scheinprozessen auf oder wenn ein Irrtum vorliegt, wenn z.B. die passive Partei (der Beklagte oder der Vorgeladene) irrtümlicherweise die unrichtigen Behauptungen der aktiven Partei zugibt.

Vom kybernetischen Gesichtspunkt aus ist es jedoch wichtig, daß das Gericht im kontradiktorischen Prozeß die Rolle des Elements J übernimmt und die Parteien und Zeugen die Rolle der Kopplung P→J, da diese über Fakten aussagen, die in Element P geschehen sind. Sieht man von den sich nicht widersprechenden Sätzen ab und bezeichnet man die Zahl aller übrigen Sätze mit $2c$, die wahren Sätze mit v und die unwahren mit f, so können v und f als zwei Signalarten im Kanal P→J betrachtet werden und in einem Modell dargestellt werden (Abb. 28).

Abb. 28

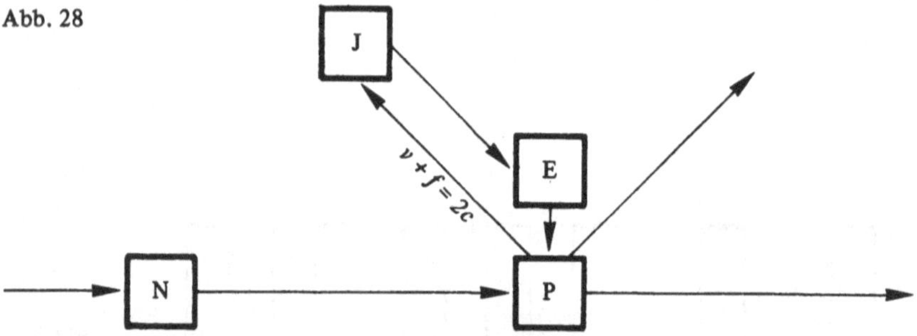

Es ist nun immer $v = c$ und $f = c$, d.h., daß es so viele wahre und unwahre Sätze gibt, wie es insgesamt sich widersprechende Satzpaare gibt. Daraus geht hervor, daß sich im kontradiktorischen Prozeß unter den sich widersprechenden Satzpaaren J weder eine größere Anzahl von unwahren als von wahren Sätzen befinden, daß also die Wahrscheinlichkeit eines Irrtums bei der Entscheidung aufgrund sich widersprechender Sätze 1/2 nicht überschreitet. Wäre der Prozeß nicht kontradiktorisch, wäre also die Freiheit der Parteien, Behauptungen aufzustellen, begrenzt, etwa durch traditionelles Abweisen der Fragen durch den Richter, so wäre das im kybernetischen Sinne gleichbedeutend mit der ganzen oder teilweisen Blockierung der Durchgangskapazität des Kanals P→J, und es könnte geschehen, daß nur manche Sätze der sich widersprechenden Satzpaare vor Gericht kämen; demzufolge könnte $v < c = f$ sein, das Gericht würde sich also meist vollständig oder teilweise auf unwahre Sätze stützen. Mit anderen Worten, für solche Prozesse könnte die Wahrscheinlichkeit einer falschen Tatsachenfeststellung beim Urteilen größer als $2\frac{c}{v}$ sein, also größer als die Zahl 1/2. Es ist also besser, daß es eine Prozeßkontradiktion gibt, als wenn diese fehlen würde, d.h. die Freiheit der Parteien, eigene Behauptungen und Aussagen vorbringen zu können, eingeschränkt wäre.

Es ist zweckmäßig, die Vorzüge des kontradiktorischen Prozesses aufzuweisen, da sogar im 20. Jahrhundert in manchen Ländern der Grundsatz des kontradiktorischen Prozesses in Frage gestellt und offiziell gegen ihn verstoßen wird, z.B. durch Einsetzung von Polizeigerichten. Die Analyse des Modells dagegen spricht für die Anerkennung des kontradiktorischen Grundsatzes, der als eine prinzipielle Norm ohne Ausnahme gelten sollte.

5. Kapitel
Rechtsinterpretation

1. Über die Rechtsinterpretation im allgemeinen

Die Juristen gebrauchen den Terminus *Interpretation* (deutsch: Ausdeutung, Erläuterung) vor allem in zweierlei Bedeutung, einmal für die Bezeichnung der Tätigkeit des Interpretierens (wenn wir z.B. „systematische Interpretation“ sagen, denken wir an eine bestimmte Art ihrer Ausführung) und für die Bezeichnung des Ergebnisses dieser Tätigkeit (wenn wir z.B. „einengende Interpretation“ sagen, so meint man, daß irgendeine Norm im engeren Sinne verstanden wird, als es dem Wortlaut des Gesetzes entspricht). Um diese Zweideutigkeit zu vermeiden, werden hier zwei Bezeichnungen verwandt: eine, die von der Verbform „interpretieren“ abstammt, das Interpretieren oder *die Interpretierung*, und die zweite, substantivisch gebrauchte, die der lateinischen Form näher steht, *Interpretation*. Diese Unterscheidung erleichtert es z.B., die Beziehungen zwischen den Ergebnissen der Interpretation und der Art des Interpretierens auszudrücken, was eines der wichtigsten methodologischen Probleme der Rechtswissenschaft ist.

Das Ergebnis des Interpretierens betrifft gewöhnlich nicht die ganze interpretierte Norm N, sondern ein bestimmtes Merkmal $\overline{N}$ dieser Norm. Wir bezeichnen mit $I(\overline{N})$ die Interpretation des Merkmals, die dank einer gewissen Art des Interpretierens erzielt wurde. Eine so entstandene Interpretation $I(\overline{N})$ ist selbst eine Norm, die mehrere Merkmale besitzen kann. Möge nun $\overline{I(\overline{N})}$ irgendein Merkmal dieser Norm bezeichnen. So entsteht ein komplizierter Begriff: das Interpretationsmerkmal eines bestimmten Normenmerkmals; Zeichen $\overline{I(\overline{N})}$.

Es gibt verschiedene Arten des Interpretierens, die von der Wissenschaft empfohlen werden, worüber im folgenden die Rede sein wird[1]. Hier werden vor allem Mittel erörtert werden, mit denen die Subjekte der Interpretation, die einer Gesellschaft angehören, die Norm interpretieren, wobei angenommen wird, daß diese sich nicht von irrationalen Gründen leiten lassen. Von

---

1 S. 103.

diesem Gesichtspunkt aus sind die Signale, von denen $I(N)$ abhängt, von dreierlei Art:

1. Signale, die vom Element N abstammen, zu der
   a) die Größe des Merkmals $\overline{N}$ gehört, die Gegenstand der Interpretation ist,
   b) die Größe anderer Rechtsnormenmerkmale $\overline{N}_1$, $\overline{N}_2$, $\overline{N}_3$, ..., wenn ihre Größe zumindest vom Gesichtspunkt des interpretierenden Subjekts aus, mit der Größe $\overline{N}$ vergleichbar ist (siehe 3. Art) und irgendeine Bedeutung für ihre Interpretation haben.
2. Signale aus anderen Elementen des rechtskybernetischen Modells, die unabhängig von der Größe der Kopplungsfaktoren mit dem Subjektelement der Interpretation die Ergebnisse des Interpretierens beeinflussen können, z.B. Nachrichten von Fakten, die mit der Norm in Kausalitäts- und Ursachenzusammenhängen stehen und sich zahlenmäßig erfassen lassen. Die Menge dieser Signale wird mit F bezeichnet, das eventuell mit Kennziffern versehen wird.
3. Signale, die vom Subjekt des Interpretierenden abhängen. Dieses entscheidet nämlich darüber, welche Merkmale, von welchen Normen $\overline{N}_1$, $\overline{N}_2$, . . . , und welche Angaben über die Fakten aus der Menge F in Betracht gezogen und bewertet werden.

Unter Gegenstand der Interpretation wird natürlich das verstanden, was interpretiert wird: die Norm, das Normenmerkmal usw., und unter Subjekt der Interpretation wird derjenige verstanden, der interpretiert: Personen, Rechtspersonen, Richter usw.

Die Subjekte der Interpretation werden mit Q_1, Q_2, Q_3, . . . , bezeichnet werden und mit $\overline{I(\overline{N})_i}$ das Merkmal der Interpretation des Merkmals N, der Norm $\overline{N}$, durch das Subjekt Q_i.

Aus obigem geht hervor, daß $\overline{I(\overline{N})_i}$ Funktion f_i von mindestens 3 Variablen sein kann:

$$\overline{I(\overline{N})_i} = f_i\,(\overline{N}, F, Q_i), \tag{12}$$

wobei durch $\overline{N}$ gleich die ganze Merkmalgruppe $\overline{N}_1$, $\overline{N}_2$, . . . eventuell anderer Normen (oben Art. 1 b) bezeichnet wird und mit dem Symbol der Funktion f_i, werden implicite die in Betracht kommenden Kopplungsfaktoren erfaßt, da die Größe der Merkmale $\overline{N}$, $\overline{N}_1$, $\overline{N}_2$, . . . , sowie die Fakten aus F zum Subjekt der Interpretation auf dem Weg der Kopplungen zwischen den Elementen gelangen, auf dem sie auch Verzerrungen unterliegen können, die für jede dieser Größen verschieden sein können. Außerdem kann sich das Subjekt der Interpretation in verschiedenen Elementen des Modells befinden, z.B. in P oder in J (Abb. 29).

Abb. 29

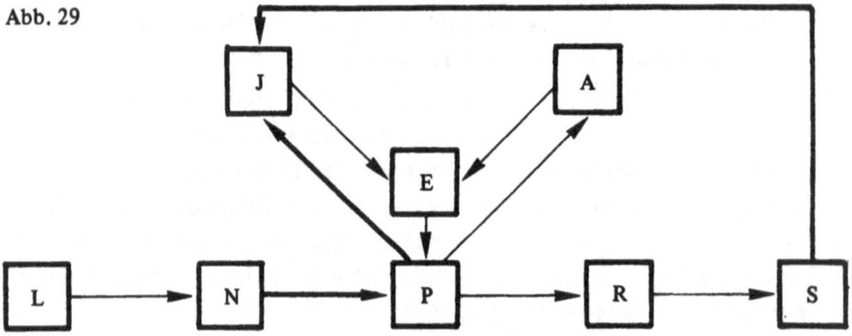

Mit starken Pfeilen wurde in Abb. 29 die Kopplung N→P, P→J und S→J bezeichnet, die Menge F wurde nicht besonders verdeutlicht, da diese schon im Element S enthalten ist, und wenn vorausgesetzt wird, daß in der Kopplung N→P schon die Signale enthalten sind, die die Merkmale der Norm N und eventuell die Normen $\overline{N}_1$, $\overline{N}_2$, . . . , betreffen. Die Menge der letzteren werden mit F_N bezeichnet[2].

Wenn verschiedene Subjekte der Interpretation ähnlich interpretieren, und zwar so weitgehend, daß deren Interpretationen praktisch als dieselben anerkannt werden können, so kann man es bei der Untersuchung der Menge dieser Subjekte als einzigem Subjekt der Interpretation bewenden lassen. Solche Mengen können z.B. die Menge der Richter J oder die Menge der Beamten A sein. In einem solchen Fall kann in der Formel (12) anstelle der Kennziffer i des folgenden Subjekts der Interpretation Q_i, das Symbol der ganzen Menge angewandt werden. Dann sieht die Formel (12) so aus:

$$I(\overline{N})_J = f_J(\overline{N}, F, J). \quad (13)$$

2 Siehe dazu unten S. 104.

2. Rechtskybernetische Gliederung der klassischen Interpretationsmethode

Das Interpretieren des Rechts nach bestimmten, von vornherein festgesetzten Grundsätzen wird in der Rechtswissenschaft Interpretationsmethode genannt. Möge Q_M die Menge der Interpretationssubjekte $Q_1, Q_2, \ldots, Q_i$ bezeichnen, die die Norm N mittels der Methode M interpretieren. Selbstverständlich ist hier die Rede nur von solchen Interpretationsmethoden M, für die die Subjektmenge dieser Interpretation nicht leer und nicht frei von Einflüssen in der Gesellschaft ist, und zwar infolge ihrer kleinen Zahl oder geringen Rolle in der Gesellschaft.

Solche Interpretationsmethoden werden *klassische Methoden* genannt werden.

Es ist beachtenswert, auf was für eine natürliche Weise die wichtigsten Methoden der klassischen Interpretation unter dem Gesichtspunkt des rechtskybernetischen Modells nach den Kopplungen der nächsten Elemente der Hauptkette mit dem Element J geordnet werden können. Dies ist unter der Voraussetzung, daß das Interpretationssubjekt in J enthalten ist, etwa ein Richter, in Abb. 30 dargestellt.

Abb. 30

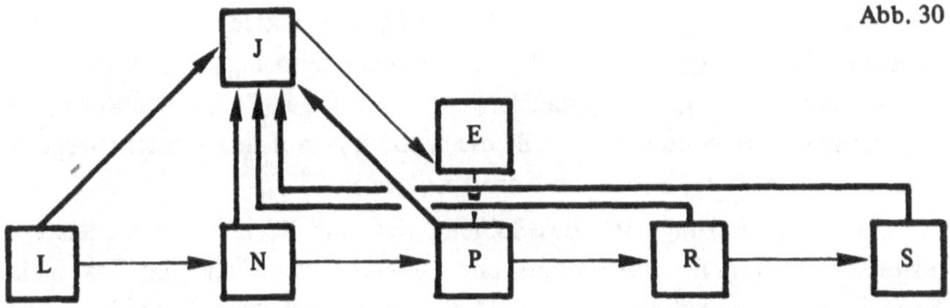

Es wird auch vorausgesetzt, daß dem Interpretationssubjekt in J das Merkmal $\overline{N}$ der Norm N, welches Interpretationsobjekt ist, schon bekannt ist, anderenfalls könnte es durch diese nicht interpretiert werden. Das bedeutet, daß das dieses Merkmal $\overline{N}$ betreffende Signal sich schon im Element J befindet.

Darüber, wie das Signal J erreicht, ist schon auf S. 102 (siehe auch Abb. 29) ausführlich die Rede gewesen.

Betrachten wir nun die Kopplungen der aufeinanderfolgenden Elemente der Hauptkette mit dem Element J, also die Kopplungen L→J, N→J, P→J, R→J und S→J, die in Abb. 30 ersichtlich sind.

1. Das Interpretieren auf Grund der Signale von L zu J, das sich also auf die Kopplung L→J stützt, stimmt mit der *historischen Interpretation* überein. Diese Art zu interpretieren beruht auf Berücksichtigung von Fakten, die mit dem Erlaß von Gesetzen verbunden sind, also im Element L enthalten sind. Die Römer haben ihre Menge *occasio legis* genannt. Zu solchen Fakten zählen Sejmdiskussionen oder Diskussionen, die in anderen gesetzgebenden Körperschaften geführt werden, Aussprachen und Meinungen der Kodifikationskommissionmitglieder usw. Deshalb haben die Protokolle der Sejmverhandlungen, Begründungen von Gesetzentwürfen u.ä. für die interpretierenden Juristen große Bedeutung. In vielen juristischen Kreisen wird die historische Interpretation nicht als Methode anerkannt, ja, man vermeidet sogar das Wort Methode, wenn von der historischen Interpretation die Rede ist. Da sie sich jedoch auf von vornherein anerkannte Grundsätze stützt, ist sie *ex definitione* eine Interpretationsmethode.

Bezeichnen wir mit F_0 allgemein die Menge der Fakten, die aus einem beliebigen Element 0 zu J über die Kopplung 0→J signalisiert wurde, also vor allem mit F_L die Faktenmenge aus L, mit F_N die Faktenmenge aus N, also kurz die Normenmerkmale, mit F_P die Erscheinungsmengen aus P (Meinungen, Wertungen usw.), mit F_R die Menge, der sofortigen Folgen der Norm, die aus R signalisiert wurden (wie z.B. die Sicherheit auf den Verkehrswegen), und mit F_S die Menge entfernter Normenfolgen in S[3].

Bei der Voraussetzung, daß das Subjekt, das eine Rechtsnorm mittels der historischen Methode interpretiert und außer F_L keine anderen Fakten in Betracht zieht (so daß also $F_N = F_P = F_R = F_S = 0$ ist), kann diese historische Interpretation im Sinne von (13) durch folgende Formel charakterisiert werden:

$$\overline{I(\overline{N})}_{hist} = f_{hist}(\overline{N}, \overline{F}_L, \overline{J}_{hist}), \qquad (14)$$

in der J_{hist} die Menge der Interpretationen im Element J bezeichnet, die die historische Interpretation anwenden.

3 Siehe dazu oben S. 11.

2. Das Interpretieren auf Grund der Signale von N zu J, das sich also auf die Kopplung N→J stützt, stimmt mit der *Begriffsjurisprudenzmethode* überein; sie wird in der Fachliteratur verschieden benannt: Konstruktionismus, systematische Interpretation, Formalismus, Dogmatismus, Normativismus usw. Bei dieser Methode werden außer dem Merkmal $\overline{N}$ der interpretierten Norm und eventuell der Normenmerkmale, die zur Menge F_N (siehe $\overline{N_1}, \overline{N_2}$, . . . , S. 00) gehören, keine anderen faktischen Angaben aus der Menge F in Betracht gezogen.

Es ist dann also $F_L = F_P = F_R = F_S = 0$ und die Formel (13) nimmt folgende Gestalt an:

$$\overline{I(\overline{N})}_{Begr} = f_{Begr}(\overline{N}, F_N, J_{Begr}), \qquad (15)$$

in der J_{Begr} die Subjektmenge der Interpretation im Element J bezeichnet, die die Begriffsinterpretation anwenden.

3. Das Interpretieren auf Grund der Signale von P zu J, die sich auf die Kopplung P→J stützen, gleicht der *Interessenjurisprudenzmethode* im Sinne von IHERING. In dieser Methode wird fast ausschließlich das Ziel der Norm berücksichtigt, also die Interessen der Rechtssubjekte und das wahre Verhalten dieser Subjekte. Da in dem erörterten rechtskybernetischen Modell das Verhalten der Rechtssubjekte im Element P enthalten ist – in dem auch innere direkte Kopplungen und Rückkopplungen zwischen den einzelnen Rechtssubjekten stecken, die u.a. die Wechselbeziehung der Interessen dieser Subjekte ausdrücken –, kann die Interessenjurisprudenz fast nur auf Grund ihrer Abhängigkeit von F_P charakterisiert werden. Hier werden $F_L = F_N = F_R = F_S = 0$ und die Formel (13) nimmt folgende Gestalt an:

$$\overline{I(\overline{N})}_{int} = f_{int}(\overline{N}, F_P, J_{int}), \qquad (16)$$

in der J_{int} die Menge derjenigen Interpretationssubjekte in J bezeichnet, die die Interessenjurisprudenz anwenden.

4. und 5. Das Interpretieren auf Grund von Signalen aus R und S zu J, das sich also auf die Kopplungen R→J und S→J stützt, entspricht den *modernen Interpretationsmethoden*, die sich in den letzten Jahrzehnten herausgebildet haben. Zu diesen gehören in erster Linie diejenigen, die auf dem historischen Materialismus und auf der Rechtssoziologie basieren. In den eigentlichen Rechtsdisziplinen sind diese Methoden verhältnismäßig schwach entwickelt.

Aus dem theoretischen Hintergrund dieser Methoden ergibt sich, daß sie auf der Suche ist nach Kausalitäts- und Ursachenzusammenhängen zwischen der Rechtsnorm (also dem Interpretationssubjekt) und der ganzen übrigen Wirklichkeit und umgekehrt zwischen der Wirklichkeit und der Rechtsnorm. Bei dieser Konzeption wird nicht nur die schon erwähnte Begriffsjurisprudenz fraglich, sondern auch die Gedankenspekulationen der Normativisten werden als sehr zweifelhaft und unzuverlässig beurteilt, da sie oft keine richtigen Lösungen finden. Höchstwahrscheinlich wird in dieser Methode den individuellen Interessen der Subjekte in P größere Aufmerksamkeit gewidmet. In den modernen Methoden wird also aufgrund der Angaben aus den Mengen F_R und F_S interpretiert. Dagegen wird von solchen Fakten, die keine direkten oder entfernteren Wirkungen der Norm in P sind, abgesehen: $F_P = F_N = F_L = 0$, und die Formel (13) kann hier folgende Gestalt annehmen:

$$\overline{I(\overline{N})}_{mod} = f_{mod}(\overline{N}, F_R, F_S, J_{mod}), \qquad (17)$$

in der J_{mod} die Menge derjenigen Interpretationssubjekte bezeichnet, die moderne Interpretationsmethoden anwenden.

Die anderen klassischen Methoden sind nur noch Kombinationen der Methoden von 1 bis 5, wie etwa die *klassische Methode* von STAMMLER, die sich auf die Kantsche Philosophie stützt. STAMMLER unterscheidet zwei Rechtsnormen: 1. die „richtige", die nach STAMMLER nicht mit den Moralnormen identifiziert werden darf; ihre Richtigkeit beruht auf der Übereinstimmung mit dem „Gesellschaftsideal", und 2. die übrigen Rechtsnormen. Der Befugnis- und somit auch der Pflichtenkreis sollte so interpretiert werden, daß durch diesen das „richtige" Recht nicht verletzt wird. Woran man aber erkennen soll, welche Rechtsnormen richtig und welche nicht richtig sind, wird von STAMMLER auf neue wissenschaftliche Denkweise nicht erklärt. Nehmen wir an, daß z.B. seine „richtigen" Normen im Sinne der vollständigen und treffenden Norm zu verstehen sind[4]. Bezeichnen wir mit F_{N+} die Menge der richtigen Normen und mit F_{N-} die Menge der nicht richtigen Normen in der Menge F_N. Da sich das Interpretieren nach STAMMLER nur auf richtige Normen stützen sollte, also $F_L = F_N = F_P = F_R = F_S = 0$, kann seine Interpretationsmethode im Sinne der Formel (13) wie folgt charakterisiert werden:

4 Dazu oben S. 42 und S. 45.

$$\overline{I(\overline{N})}_{Stam} = f_{Stam}(\overline{N}, F_{N+}, J_{Stam}), \qquad (18)$$

in der J_{Stam} die Menge derjenigen Interpretationssubjekte in J bezeichnet, die die Methode STAMMLERS anwenden.

Ähnlich können andere klassische Interpretationsmethoden beschrieben werden. Daraus können weitere Schlußfolgerungen gezogen werden, zu denen man nur schwer gelangen würde, wenn diese Methoden weiterhin nur mit Hilfe lockerer wörtlicher Formulierungen beschrieben werden würden. Eine dieser Schlußfolgerungen soll hier noch behandelt werden.

3. Einteilung der Interpretationsmethoden in der Praxis

Unabhängig von der Einteilung der Interpretationsmethoden nach den Kopplungen der aufeinanderfolgenden Elemente der Hauptkette[5] können die Interpretationsmethoden auch nach der den Faktenmengen F_L, F_N, F_P, F_R und F_S zugeschriebenen Bedeutung eingeteilt werden. Es wurde schon erwähnt[6], daß F_L, F_P, F_R und F_S *ex definitione* Faktenmengen sind, die in Kausalitäts-Ursachenzusammenhängen verbleiben und sich zahlenmäßig erfassen lassen, F_N dagegen ist die Menge der Rechtsnormenmerkmale, eventuell die Menge der Nachrichten, die sich ebenfalls zahlenmäßig erfassen lassen. Dennoch können zwei Arten der Rechtsinterpretationsmethoden unterschieden werden:

I. Die Methoden, in denen die Variablen aus den Mengen F_L, F_P, F_R und F_S auftreten, aber nicht aus der Menge F_N. Zu ihnen gehören: historische Interpretationen, Interessenjurisprudenz und die moderne Interpretationsmethode, die durch die Formeln (14), (16) und (17) charakterisiert worden sind.

II. Die Methoden, in denen die Variablen auftreten, die zur Menge F_N gehören, aber nicht zu den Mengen F_L, F_P, F_R und F_S; also die Begriffsjurisprudenz, die durch die Formel (15) charakterisiert worden ist.

In der Gerichtspraxis und in den die einzelnen Rechtsdisziplinen betreffenden wissenschaftlichen Arbeiten werden die Methoden der ersten Art, also die

5 Dazu oben S. 103 ff.

6 S. 104.

geschichtlichen Methoden und vor allem die Interessenjurisprudenz, mit den modernen Interpretationsmethoden identifiziert, obwohl sie sowohl vom Gesichtspunkt der traditionellen Rechtswissenschaft, als auch vom Gesichtspunkt des rechtskybernetischen Modells verschieden sind. Sie werden auch gewöhnlich der Methode der zweiten Art, d.i. der Begriffsjurisprudenzmethode, gegenübergestellt. Das ist verständlich, wenn man bedenkt, daß das Unterscheiden zwischen den Methoden der ersten Art, also die Abgrenzung der Wirkungen der Rechtsnorm in P und ihre Wirkungen in R und in S praktisch schwer möglich ist[7].

In der Rechtspraxis führen also die klassischen Rechtsinterpretationsmethoden zu zwei gegensätzlichen Methoden, nämlich zu der unter I. allgemein begriffenen Methode, in der an die Gesellschaftswirklichkeit angeknüpft wird – nennen wir sie unformalistische Methode – und der II. Methode, also der Begriffsjurisprudenzmethode.

Aufgrund der Formeln (14), (16) und (17) können alle drei Methoden der ersten Art durch eine gemeinsame Formel dargestellt werden:

$$\overline{I(\overline{N})_I} = f_I(\overline{N}, F_P, F_R, F_S, J_I), \tag{19}$$

in der J_I die Menge derjenigen Interpretationsmethoden im Element J bezeichnet, die sich der unformalistischen Methode bedienen.

Die Beobachtungen der juristischen Interpretationen zeigen jedoch, daß ihre Anhänger, obwohl sie im allgemeinen für die I. oder II. Methode optieren, nicht immer konsequent handeln. Sogar extreme Anhänger der Begriffsjurisprudenz greifen manchmal nach Prämissen aus F_L, F_P, F_R oder F_S und extreme Anhänger der unformalistischen Methode greifen manchmal nach den Prämissen aus F_N. Der Unterschied zwischen diesen Arten der Interpretationssubjekte ist eher ein quantitativer und beruht darauf, daß erstere die Fakten aus den Mengen F_L, F_P, F_R und F_S weniger berücksichtigen als aus der Menge F_N, und die anderen umgekehrt.

Das kommt auch in der Geschichte der Staats- und Rechtstheorie zum Ausdruck. In Zeiten, in denen sich die gesellschaftlichen Verhältnisse stabilisieren, wenn also die Gesellschaft keinen stärkeren Störungen und keinem Rauschen unterliegt, verarmen gewöhnlich die Faktenmengen F_P, F_R

7 Vgl. dazu oben S. 75.

und F_S und kommen daher nur in geringem Maße beim Interpretieren der Rechtsnormen durch die Interpretationssubjekte in Frage, die Menge F_N hingegen und ebenfalls ihre ursprüngliche Rolle wird jedoch beim Rechtsinterpretieren immer größer.

Umgekehrt ist es in Kriegszeiten, während der Revolution oder anderer Unruhen, also dann, wenn die Gesellschaft stärkeren Störungen und Rauschen unterliegt.

Ich habe absichtlich andere zahlreiche soziologische Beobachtungen, die aus dem Vergleich der Schlußfolgerungen, der Analyse des rechtskybernetischen Modells, mit den Schlußfolgerungen, die aus der bestehenden Konzeption der Interpretationsmethoden hervorgehen, nicht in Betracht gezogen, wie etwa der Vergleich des gesellschaftlichen Wertes der einzelnen Methoden. Diese Beobachtungen würden meiner Ansicht nach zeigen, daß weitere Modelluntersuchungen auch für die Interpretation der Rechtstheorie nützlich wären.

6. Kapitel
Gesetzliches Recht und Moralität sowie die Konkurrenz der Rechtsnormen

1. Die rechtskybernetische Abgrenzung zwischen gesetzlichem Recht und Moralität

Die traditionelle Staats- und Rechtstheorie stieß bei der Abgrenzung zwischen Recht und Moral auf Schwierigkeiten. Da das Leben jedoch eine Abgrenzung forderte, wurde eine solche eingeführt und verschiedenartig, leider jedoch inkonsequent, bezeichnet. So wurde z.B. Zwang als Rechtsmerkmal[1] und das Fehlen von Zwang als Moralmerkmal angesehen, obwohl es Rechtsvorschriften gibt, die sich durch Zwang nicht realisieren lassen. Oder es wurde angenommen, daß das Recht einen attributiv-imperativen „Charakter" besitzt und die Moralität nur einen imperativen, als ob die Menschen aus den Moralnormen nicht moral-subjektive Befugnisse folgern würden. Man könnte viele solcher Beispiele aufzählen.

Das besprochene rechtskybernetische Modell ermöglicht eine verhältnismäßig einfache und konsequente Abgrenzung des Rechts von der Moral. Die Rechtsnormen entstehen gewöhnlich entweder in L infolge von Rückkopplungen anderer Elemente der Hauptkette und des Verstärkers mit dem Element L, oder auch in den Elementen J und A als Präjudizien infolge von Kopplungen mit den Elementen verschiedener Elemente der Hauptkette, die auf N folgen, sowie den Signalen der übrigen Elemente des Verstärkers.

Die Moralnormen entstehen gewöhnlich in P infolge der Rückkopplungswirkungen mit den Elementen der Hauptkette, die nach P auftreten und auch unter teilweisem Einfluß der Rechtsnormen und Präjudizien infolge der direkten Kopplungen mit dem Element P, der vorigen Elemente der Hauptkette und der des Verstärkers. Erachten wir diese Behauptung als Bezeichnung der Abgrenzung zwischen Recht und Moral.

In Abb. 31 wurden mit verstärkter Linie die wichtigsten Rückkopplungen gekennzeichnet, durch deren Wirkung Moralnormen entstehen.

---

1 Vgl. dazu oben S. 28.

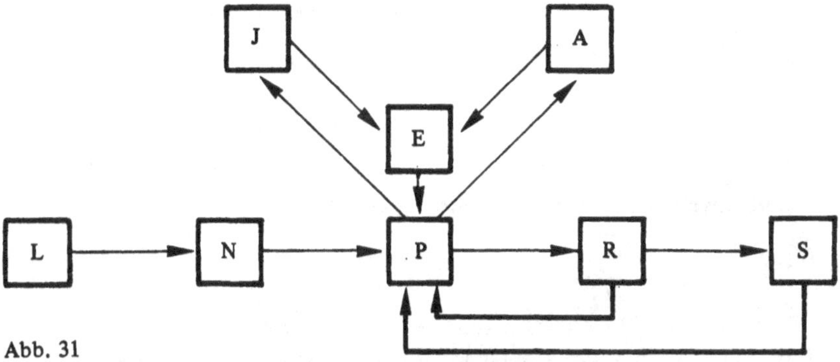

Abb. 31

Die Moralnormen gestalten sich in P aber auch unter dem Einfluß der Rechtsnormen und umgekehrt. Alle Elemente des rechtskybernetischen Modells, und dabei vor allem N und J, verbleiben unter den Einflüssen der Rückkopplungen aus P, so daß sich die Rechtsnormen in N und J ebenfalls unter dem Einfluß der Moralnormen gestalten. Die beiden Normarten, nämlich die Rechts- und die Moralnormen, beeinflussen einander oft so vorteilhaft, daß es zur Nivellierung der Unterschiede zwischen ihnen kommt. Die Unterschiede können jedoch auch größer werden, z.B. wenn die Rechtsnorm so verändert wird, daß sie den Störungen, die sie bekämpfen soll, nicht entspricht[2], oder wenn die Norm trotz neuer Störungen unverändert bleibt. Mögen die Rechtsnorm N_p und die Moralnorm N_m das gleiche Subjekt haben. Möge $\overline{N}_p$ Merkmal der ersten Norm und $\overline{N}_m$ das ihr entsprechende Merkmal der zweiten Norm sein. So kann der Unterschied zwischen diesen Merkmalen in P durch eine Ungleichheit zwischen ihren Größen in P folgendermaßen ausgedrückt werden:

$$\overline{N}_m \neq \overline{N}_p \cdot k_P^N \tag{20}$$

entsprechend der Formel (2), oder, wenn N durch die Ungleichheit Präjudiz ist:

$$\overline{N}_m \neq \overline{N}_p \cdot k_P^J \text{ oder } \overline{N}_m \neq \overline{N}_p \cdot k_P^A \tag{21}$$

2 Dazu oben S. 43.

In all diesen Formeln ist k aus dem 2. Kapitel als Kopplungsfaktor bekannt[3], also in der ersten Formel als Quotient

$$\frac{\overline{N}_p}{\overline{N}_N}$$

und in der zweiten und dritten Formel als Quotient

$$\frac{\overline{N}_p}{\overline{N}_J} \quad \text{oder} \quad \frac{\overline{N}_p}{\overline{N}_A}.$$

Auf der linken Seite dieser Ungleichheit tritt das Merkmal $\overline{N}_m$ der Moralnorm ohne Kopplungsfaktoren auf, da diese im Element P und nicht in irgendeinem mit ihm gekoppelten Element entstanden ist.

Die Konkurrenz der Moralnorm und der Rechtsnorm tritt im Element P ebenfalls in zweierlei Weise auf: entweder als Konkurrenz der aus N stammenden Signale der Rechtsnormen mit den Signalen der Moralnorm oder als Konkurrenz der aus dem Verstärker stammenden Signale der Rechtsnorm mit den Signalen der Moralnorm.

Beide Konkurrenzen waren in der Geschichte der Rechts- und Staatstheorie Ursache ununterbrochener Streitigkeiten. Man versuchte vor allem die Frage zu beantworten, welche der Normen für die Bürger von größerer Autorität sei – die Moralnorm oder die Rechtsnorm.

Um die Aufgabe im Sinne des rechtskybernetischen Modells zu lösen, muß darauf hingewiesen werden, daß die Formeln (20) und (21) in einer optimalen Situation, d.i. wenn zwischen dem Inhalt der Rechtsnorm oder einem Präjudiz und dem Inhalt der Moralnorm kein Unterschied besteht, die Gestalt einer Gleichung annehmen.

$$\overline{N}_m = \overline{N}_p \cdot k_P^N, \; \overline{N}_m = \overline{N}_p \cdot k_P^J \text{ oder } \overline{N}_m = \overline{N}_p \cdot k_P^A,$$

so daß in diesem Fall die Normen einander autoritativ nicht übergeordnet sind.

Wenn anstelle dieser Gleichungen eine Ungleichheit tritt, dann setzen wir, um diese Aufgabe zu lösen, voraus, daß diejenige Norm bevorzugt wird, die die

---

3 Dazu oben S. 38.

äußeren Störungen und das Regelungs-Rauschen besser beseitigt. Daraus geht hervor, daß man weder eine allgemeine These von der Überordnung der Moralnorm über die Rechtsnorm, noch der Überordnung der Rechtsnorm über die Moralnorm aufstellen darf, da in manchen Fällen die Moralnorm die äußeren Störungen besser beseitigt und kleineres Regelungs-Rauschen verursacht als die geltende Rechtsnorm; in anderen Fällen dagegen gelingt dies der geltenden Rechtsnorm besser als der Moralnorm. Die gesuchte Lösung ist also von jedem einzelnen Fall abhängig.

Artikel 18 § 5 in fine des kleinen Strafgesetzbuches (Dekret vom 13.6.1946 des Gesetzblattes Nr. 30 mit späteren Änderungen) sah z.B. Gefängnisstrafe bis zu 10 Jahren für irgendeine Amtsperson der Regierungs- oder Selbstverwaltung vor, die eine glaubwürdige Nachricht über ein Verbrechen erhält, das auf ihrem zuständigen Gebiete geschehen ist (etwa ein sog. Konterrevolutionsverbrechen, auf dem u.U. die Todesstrafe steht) und darüber die zur Verfolgung berufenen Behörden nicht informiert. Die Pflicht besteht unabhängig davon, ob eine solche Informierung einen nahen Verwandten betrifft, der zur Verantwortung gezogen würde. Aus dieser Vorschrift ging also hervor, daß die betreffende Amtsperson sogar gegen den eigenen Sohn Anzeige erstatten müßte, was im Widerspruch zu der allgemein anerkannten Moralnorm steht, nach der z.B. vom Vater nicht verlangt werden kann, daß er bei einer Lebensgefährdung seines Sohnes mitwirke. Deshalb ist es auch erklärlich, daß – soweit mir bekannt – eine diesbezügliche Anklage vermieden wurde. Mit anderen Worten, in diesem Fall dominierte die Moralnorm über die Rechtsnorm.

Eine entgegengesetzte Tendenz konnte bei Scheidungsfragen bemerkt werden. Der größte Teil der Gesellschaft, der unter traditioneller oder religiöser Wirkung der Moralnorm stand, die die Scheidung nicht erlaubte, begann allmählich die eingeführten zivilrechtlichen Normen, die Scheidungen gestatteten, unter bestimmten normativen Bedingungen zu akzeptieren, da er bemerkt, daß diese zur wirksamen Behebung bestimmter Übel im Gesellschaftsleben beitragen. In diesem Beispiel kann von einer Überordnung der Rechtsnorm über die Moralität gesprochen werden.

Jedoch gibt es noch weitere Überlegungen. Eine bessere Behebung der Störungen geht nicht immer Hand in Hand mit dem Entstehen geringen Regelungs-Rauschens. Es ist sogar häufig umgekehrt: eine bessere Behebung der äußeren Störungen vergrößert die Regelungsstörungen. Der Vergleich der Rechtsnorm mit der Moralnorm muß also auf dem Vergleich von zweierlei Funktionen beruhen, von der jede die Funktion zweier Variablen ist: des Rauschens und der Störung. Dieser Vergleich kann sehr schwierig werden, falls man keinen gemeinsamen Maßstab der gesellschaftlichen Schädlichkeit der Störungen und des Rauschens finden kann. Es scheint jedoch, daß eine nähere Untersuchung der gesellschaftlichen Wertung der Störungen und des Rauschens zur Vereinfachung dieses Problems führen können.

Wenn die Moralnorm und die Rechtsnorm N_p ein und denselben Gegenstand haben, beide Normen aber in P sehr unterschiedlich sind, kann es geschehen, daß J oder A – vielleicht auch E –, anstatt die Signale des Merkmals N_p die aus den Elementen N stammen, zu verstärken, sie die Signale von dem aus P, R und S erhaltenen Merkmal verstärken. Infolge einer solchen Verstärkung durch die Elemente J, A oder E kann es im Element P zu einer Konkurrenz zwischen den Signalen aus N und den Signalen aus dem Verstärker kommen[4]. Und zwar kann es zu einer solchen Konkurrenz unabhängig von der Moralnorm und den diese generierenden Rückkopplungen aus R und S kommen. In dem Verstärker, z.B. dem Element J, können nämlich Präjudizien entstehen, die mit den Signalen, die aus N aus dem Verstärker gelangen, nicht übereinstimmen. J braucht sogar mit dem aus P stammenden Moralsignal nicht zu rechnen, sondern läßt sich z.B. fälschlicherweise nur davon leiten, die eigene gesellschaftliche Position zu festigen, oder J ist überhaupt unfähig dazu, die anderen Signale aufnehmen zu können. Deshalb wird das Problem der Konkurrenz in P zwischen den Signalen aus N und J gesondert behandelt werden[5], da diese nicht unbedingt mit der Konkurrenz der Rechts- und Moralnorm übereinstimmen muß.

2. Moralnormen und Vertragsfreiheit

Für die Rechtswissenschaft haben bestimmte Verallgemeinerungen, die bisher nur Gegenstand philosophischer Erwägungen gewesen sind, eine große Bedeutung. Ein Beispiel dafür, wie nützlich das rechtskybernetische Modell

4 Dazu Näheres am Ende des Kapitels S. 123 ff.

5 Unten S. 123 ff.

bei der Erfassung einer solchen Verallgemeinerung in der Rechtstheorie sein kann, ist die Vertragsfreiheit als kybernetische Funktion der Moralnormen.

Relativ geltende Vorschriften (jus dispositivum) nennt man Normen, die nur dann angewandt werden, wenn die Subjekte durch Willenserklärung, also durch ein gewisses Verhalten in P die Anwendung dieser Vorschriften nicht ausschließen. Wenn z.B. Kontrahenten das Recht haben, dem Kaufvertrag eine Willenserklärung beizufügen, die die Vorschriften über die Gewährleistung ausschließt, so zählen diese Vorschriften zum *ius dispositivum.*

Darüber, ob eine bestimmte Norm Vorschrift *juris dispositivi* ist, entscheidet gewöhnlich ein anderes Merkmal derselben Norm oder das Merkmal einer anderen Norm. Wir bezeichnen dieses Merkmal mit $\overline{N}$ und das Merkmal der Norm, die in bezug auf $\overline{N}$ zum *jus dispositivum* zählt, mit $\overline{N}_{\mathrm{d}}$. Sowohl $\overline{N}$ wie auch $\overline{N}_{\mathrm{d}}$ stammen also aus N, was auf Abb. 32 dargestellt ist.

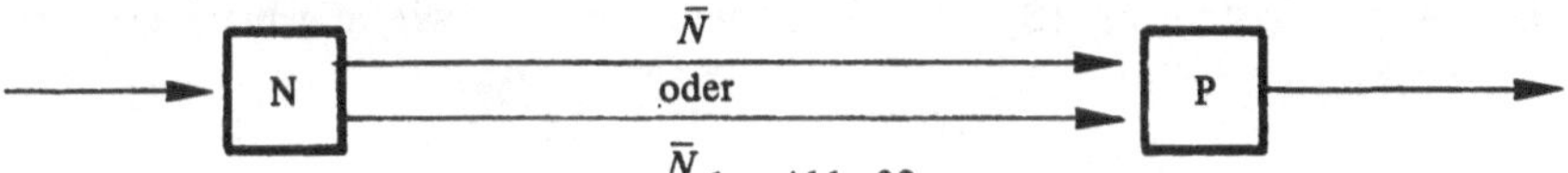

Abb. 32

Zwei Signale, von denen eines das Merkmal $\overline{N}$ betrifft und das andere das Merkmal $\overline{N}_{\mathrm{d}}$, schließen einander beim Eintritt in P aus. Dieser Sachverhalt wurde in Abb. 32 als Disjunktion $\overline{N}$ oder $\overline{N}_{\mathrm{d}}$ vermerkt. Diejenigen Parteien nämlich, die einen Vertrag schließen, können entweder das Vertragsverhältnis in Übereinstimmung mit der Vorschrift *juris dispositivi* $\overline{N}_{\mathrm{d}}$ regulieren oder von der Erlaubnis der Norm *N* Gebrauch machen und im Element P eine neue Vertragsnorm *(lex contractus)* schaffen.

Trifft das Element P auf das Signal mit dem Merkmal $\overline{N}_{\mathrm{d}}$, so wirkt es wie jedes andere Normenmerkmal weiter (Abb. 33).

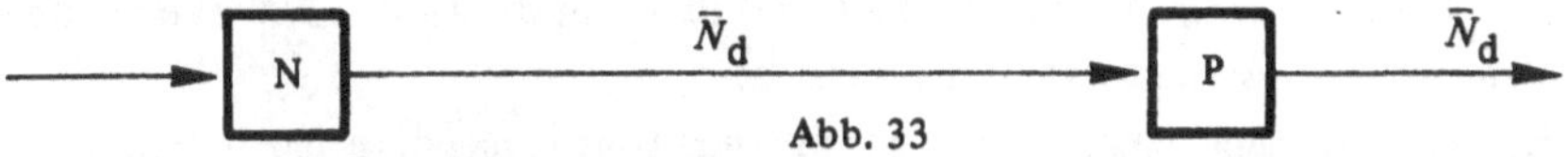

Abb. 33

Schließen jedoch die Subjekte in P also die Kontrahenten, die Anwendung der Norm $\overline{N}_{\mathrm{d}}$ *juris dispositivi* durch Willenserklärung aus, so entsteht in P eine neue Art der Norm, die sog. Vertragsnorm. Bezeichnen wir das Merkmal dieser Norm mit N_u. Auf Grund der Erlaubnis, die den Subjekten in P durch die Norm *N* erteilt wurde, können sie in P als ein Merkmal $\overline{N}_u$ bilden. Es entsteht also eine größere Menge $\overline{N}_{u1}, \overline{N}_{u2}, \ldots \overline{N}_{ur}$ von Vertragsnormen, die Folge eines Merkmals $\overline{N}$ sind (Abb. 34).

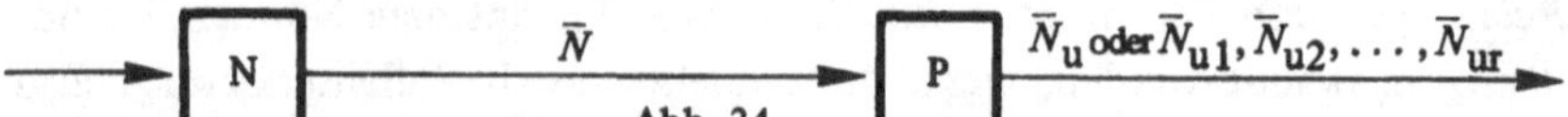

Abb. 34

Das Signal aus N informiert die Subjekte in P über einen bestimmten Freiheitsbereich, auf dessen Basis sie neue Vertragsnormen $\overline{N}_{u1}, \overline{N}_{u2}, \ldots, \overline{N}_{ur}$ bilden können. Diese Freiheit heißt, vor allem im Zivilrecht, Vertragsfreiheit.

Das Signal $\overline{N}$ wird auf der Strecke der Hauptkette quantitativ umgeformt. Beim Eingang in P enthält es Informationen über einen bestimmten Rahmen, der die Vertragsfreiheiten bestimmt, beim Eingang in R enthält es jedoch schon Informationen über die Wirkungen dieser Vertragsnorm. Wenn wir uns des Kopplungsfaktors (S. 00) bedienen, können wir angeben, daß im Element R

$$\overline{N} \cdot k_R^N = \overline{N}_{u1} \cdot k_{1R}^P \cdot \overline{N}_{u2} \cdot k_{2R}^P \cdot \ldots \cdot \overline{N}_{ur} \cdot k_{rR}^P$$

ist. In einem einfacheren Fall, wenn infolge der Merkmalswirkung $\overline{N}$ im Element P eine Vertragsnorm von nur einem Merkmal $\overline{N}_u$ entsteht, ist

$$\overline{N} \cdot k_R^N = \overline{N}_u \cdot k_R^P. \tag{22}$$

Die Formel (22) wird auch künftig angewandt, da sie nicht so kompliziert ist.

Notieren wir zu den einzelnen Elementen der Hauptkette vor und nach den Kopplungen das veränderte Merkmal $\overline{N}$ der Norm N, samt dem ihr entsprechenden Merkmal $\overline{N}_u$ unter Berücksichtigung, wann $\overline{N}$ vor und nach der Umgestaltung Vertragsfreiheit definiert und wann es Wirkung der Vertragsnorm ist, so entsteht die Tafel II.

Es ist ersichtlich, daß $\overline{N}$ nicht nur quantitativ, sondern auch qualitativ umgestaltet wird, was in der letzten Reihe der Tafel II vermerkt worden ist.

Bei der Veränderung einer Norm, die ein bestimmtes Rechtsproblem betrifft, lassen sich auf natürliche Weise einzelne Stufen unterscheiden. Die Anzahl der einzelnen Stufen kann dann als Merkmalgröße dieser Normen im Hinblick auf das untersuchte Problem angesehen werden. So ist es z.B. auch mit den die

Tafel II
Bedeutung des Normenmerkmals $\bar{N}$ beim Eingang und nach der Umgestaltung in den aufeinanderfolgenden Elementen der Hauptkette

Element	Merkmal $\bar{N}$ der umgestalteten Norm in den aufeinanderfolgenden Elementen nach Formel (22)	Bedeutung des umgestalteten Merkmals
N*	$\bar{N}$	Vertragsfreiheit
P	$\bar{N}_P = \bar{N} \cdot k_P^N = \bar{N}_u$	Vertragsfreiheit
R	$\bar{N}_R = \bar{N}_P \cdot k_N^P = \bar{N} \cdot k_R^N = \bar{N}_u \cdot k_R^P$	Wirkung der Vertragsnorm
S	$\bar{N}_S = \bar{N}_R \cdot k_S^R = \bar{N} \cdot k_S^N = \bar{N}_u \cdot k_S^P$	Wirkung der Vertragsnorm
L**	$\bar{N}_L = \bar{N}_S \cdot k_L^S = \bar{N} \cdot k_S^N \cdot k_L^S = \bar{N}_u \cdot k_S^P \cdot k_L^S$	Signale von deren Wirkungen
N**	$\bar{N}_N = \bar{N}_L \cdot k_N^L = \bar{N} \cdot K = \bar{N}_u \cdot k_S^P \cdot k_L^S \cdot k_N^L$	

*** Eingangselement** **** Nach der Rückkopplung**

Vertragsfreiheit betreffenden Normenmerkmalen. Das Merkmal $\bar{N}$ der Norm N muß stets sowohl vom Merkmal $\bar{N}_u$, das der Vertragsnorm entspricht, wie vom Merkmal N_u, das der von den Parteien geschaffenen Norm entspricht, unterschieden werden. Die erste Norm bestimmt nämlich nur einen gewissen Rahmen der Vertragsfreiheit und signalisiert nicht, wie die Parteien diese ausnützen. Die zweite Norm dagegen gibt die Art und Weise der Freiheitsnutzung an. Trotz alledem hängt das Bestehen des Merkmals $\bar{N}_u$ vom Bestehen des Merkmals $\bar{N}$ ab. Das Bestehen des Merkmals $\bar{N}$ ist sogar eine notwendige Bedingung für das Bestehen des Merkmals $\bar{N}_u$. Diese Beziehung ergibt die Funktion

$$\bar{N}_u = f_u(\bar{N}). \qquad (23)$$

Außerdem erfahren die Subjekte in P durch die Rückkopplungen R→P und S→P u.a. von den Wirkungen der Moralnormen in R und S, die in P entstanden sind[6], vor allem von den Rückkopplungen, die in Abb. 31 dargestellt sind, was die Gestaltung des Vertragsmerkmals $\overline{N}_u$ in P ebenfalls beeinflußt. Dieses Merkmal hängt also von zahlreichen Merkmalen der Moralnorm $\overline{N}_{m1}, \overline{N}_{m2}, \ldots \overline{N}_{mr}$ ab, was folgendermaßen angegeben werden kann:

$$\overline{N}_u = f_m(\overline{N}_{m1}, \overline{N}_{m2}, \ldots, \overline{N}_{mr}), \qquad (24)$$

worunter verstanden wird, daß die Funktionsbeziehung f_m schon in sich allein die berücksichtigten Informationen der Wirkungen der Moralnormen $\overline{N}_{m1}, \overline{N}_{m2}, \ldots \overline{N}_{mr}$ in R und S enthält.

Das Element L erhält durch die Rückkopplung P→L Informationen über die Vertragsnormen. Dank der Kopplungen R→L und S→L wertet das Element L die Folgen der Vertragsnormen und beschließt demnach, ob das Merkmal $\overline{N}$ in Kraft bleiben, ob es geändert, oder ob es entfernt werden soll. Das Merkmal $\overline{N}$ ist also Funktion der Vertragsnorm $\overline{N}_u$. Aufgrund der Formeln (23) und (24) gilt also:

$$\overline{N} = f_u^{-1} [f_m(\overline{N}_{m1}, \overline{N}_{m2}, \ldots, \overline{N}_{mr})].$$

In dieser Formel bedeutet f_u^{-1} die reziproke Funktion zu f_u. Die Formel gibt an, daß die Zunahme oder die Einschränkung der Vertragsfreiheit eine Wirkung der Berücksichtigung oder Nichtberücksichtigung der Moralnormen bei der Bildung von Vertragsnormen ist. Solange z.B. die Bürger während des Krieges Kupfer nicht zu Spekulationszwecken kaufen, solange braucht L die Vertragsfreiheit beim Umsatz von Buntmetallen nicht zu beschränken. Einführungen solcher Einschränkungen durch L könnte Regelungsstörungen hervorrufen, z.B. Zuteilungen für Kupfer und eine Zunahme der Wirtschaftsbürokratie. Beginnen die Bürger jedoch, in derselben Situation zu spekulieren, oder würde Kupfer im Kriege zu unnützen Zwecken verwendet werden, dann beschränkt L gewöhnlich die Vertragsfreiheit des Kupferumsatzes, da ein Unterlassen einer solchen Einschränkung zur Verschlechterung, z.B. der Militärlage, führen könnte.

---

6 Dazu oben S. 110 f.

Die Gesetzgeber handelten intuitiv, als sie im Zivilrecht die Norm einfügten, daß die Moralnorm durch die Ausnützung der Vertragsfreiheit nicht verletzt werden darf. Art. 55 des polnischen Schuldrechtskodex aus dem Jahre 1934 bestimmt u.a., daß Ziel und Inhalt eines Vertrages mit den guten Sitten nicht im Widerspruch stehen dürfen, wobei nach rechtskybernetischem Modell die guten Sitten mit der Moralnorm gleichbedeutend sind. Manche Gesetzgeber beschränkten die Vertragsfreiheit im Grunde genommen durch Moralnormen, da sie richtig davon ausgingen, daß eine solche Einschränkung kein Rauschen verursacht, ja sogar zur Verringerung der Störungen in P, R und S beiträgt.

Es drängen sich weitere Fragen auf, ob z.B. die Beziehung der Vertragsfreiheit zur Moralnorm nicht die Gesellschaftsfreiheit als solche betrifft, oder ob die Moralnormen von der Vertragsfreiheit abhängen. Solche Probleme können wohl kaum ohne ein rechtskybernetisches Modell erfaßt werden.

3. Rechtssicherheit und Verkehrssicherheit

Wenn eine Rechtsvorschrift eine Sanktion enthält, empfängt sie außer den Signalen, die von N zu P durch die direkte Kopplung gelangen, noch Signale, die auf dem Kopplungswege der Elemente des Verstärkers J, A und E zu ihr gelangen. Dabei ist die Kopplung S→P die wichtigste. Bezeichnen wir die Kopplung N→P mit I, und die Kopplung E→P mit II (Abb. 35).

Abb. 35

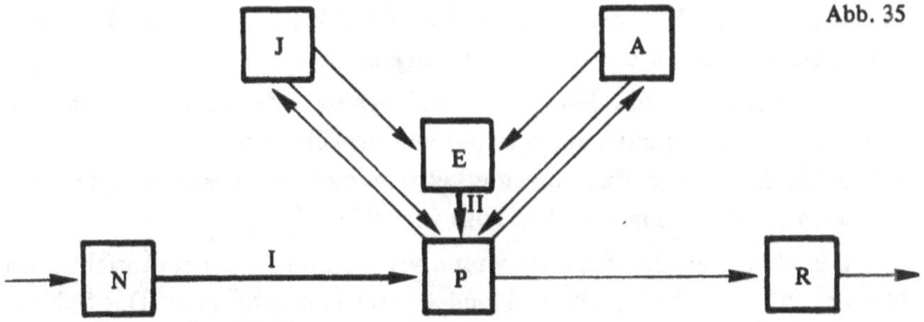

Die Differenz zwischen den Signalen aus E zu P und den Signalen aus N zu P hat sowohl für das Problem der Rechtssicherheit und Verkehrssicherheit als auch für das Problem der Konkurrenz der Signale in P sowie für die Abgrenzung beider Probleme eine große Bedeutung.

Wenn das Normenmerkmal $\overline{N}$, das beim Ausgang aus N gleich $\overline{N}_I$ ist, beim Eingang in P aus N und beim Eingang in P aus E $\overline{N}_{II}$ beträgt, können drei Möglichkeiten eintreten, die in folgender Formel erfaßt sind:

$$\overline{N}_I = \overline{N}_N \cdot k_P^N \lesseqgtr \overline{N}_E \cdot k_P^E = \overline{N}_{II} \tag{25}$$

Möge $\overline{N}_I$ die Größe der Befugnisse bezeichnen und $-\overline{N}_I$ die Größe der Pflichten, die sich für das Subjekt aus dem Normenmerkmal $\overline{N}$ ergeben, wie sie durch das Signal über die Norm aus N zu diesem Subjekt in P gelangt sind. Die Symbole $\overline{N}_{II}$ und $-\overline{N}_{II}$ mögen entsprechende Bedeutung haben. Würde z.B. in J ein Urteil über ein Subjekt gefällt und die Exekution durch E auf Grund der Norm N durchgeführt werden, so kann das Signal aus dem Verstärker diesem Subjekt Informationen über die Kompetenz $\overline{N}_{II} = \overline{N}_I \pm \frac{\overline{N}_I}{5}$ übermitteln.

Außer den durch die Gleichung in Formel (25) markierten Fälle können folgende weitere Fälle eintreten:

1+. Das Vertrauen des Subjekts wurde verletzt, da es seiner Meinung nach eine größere Befugnis hatte, als sie ihm später von den Elementen J und E zuerkannt wurde. In einem solchen Falle ist $\overline{N}_I > \overline{N}_{II}$.

2+. Das Vertrauen des Subjekts wurde verletzt, da es seiner Meinung nach eine Befugnis nicht hatte, die es in Wirklichkeit hätte geltend machen können. Da dies nicht geschehen ist, ging es dieser Befugnis verlustig. In einem solchen Falle ist $\overline{N}_I < \overline{N}_{II}$.

Entsprechend: da das Korrelat der Befugnis $\overline{N}$ Pflicht von $-\overline{N}$ ist, kommt es in folgenden Fällen zu Vertrauensverletzungen:

1⁻. Das Vertrauen des Subjekts wurde verletzt, da es seine Pflicht in größerem Umfang erfüllte, als es später von den Elementen J und E verlangt wurde. Da das Subjekt die erbrachte Leistung nicht vindizieren konnte, erlitt es einen Verlust. In einem solchen Falle ist $-\overline{N}_I > -\overline{N}_{II}$.

2⁻. Das Vertrauen des Subjekts wurde verletzt, da es seiner Ansicht nach kleinere Pflichten hatte, als es J und E von ihm verlangten. Das Subjekt erfüllte also seine Pflicht nicht in einem solchen Maße, als man von ihm verlangen konnte. Es erlitt trotzdem einen Verlust, da z.B. gegen das Subjekt ein Prozeß anhängig gemacht werden konnte, den es verlor. In einem solchen Fall ist $-\overline{N}_I < -\overline{N}_{II}$.

Die Gleichung $\overline{N}_I = \overline{N}_{II}$ schließlich tritt immer dann ein, wenn das Vertrauen des Subjekts in seine Meinung über seine Befugnisse und Pflichten nicht verletzt wurde, da es durch Gericht (J) und Behörden (A) geschützt ist. Das Prinzip einer solchen Gestaltung der Rechtsverhältnisse wird *Rechtssicherheit in sensu stricto* genannt. Wird das Vertrauen des Subjekts in die seine wirtschaftliche Sicherheit betreffenden Rechtsvorschriften nicht verletzt, dann sprechen wir von einer *Verkehrssicherheit in sensu stricto.*

Aufgrund der Formel (25) treten Rechtssicherheit *in sensu stricto* und Verkehrssicherheit *in sensu stricto* dann ein, wenn

$$\overline{N}_N \cdot k_P^N = \overline{N}_E \cdot k_P^E$$

ist, und wenn das Subjekt im Vertrauen auf Signale aus N gehandelt hat. Das Fehlen der Rechtssicherheit *in sensu stricto* und der Verkehrssicherheit *in sensu stricto* kann größer oder kleiner sein, je nach dem Größenunterschied zwischen den genannten Produkten und danach, ob das Subjekt im Vertrauen auf das Signal aus $\overline{N}$ gehandelt hat oder nicht.

Unter Juristen spricht man gewöhnlich auch dann vom Fehlen einer Rechts- und Verkehrssicherheit, wenn sich die Normen oder die Rechtsprechung geändert haben und das Subjekt weiterhin im Vertrauen auf die früheren Normen oder die frühere Rechtsprechung gehandelt hat. Das ist aber meiner Ansicht nach weder Verletzung der Rechtssicherheit *in sensu stricto* noch Verletzung der Verkehrssicherheit *in sensu stricto,* da jedes Rechtssubjekt mit Änderungen von Normen und Präjudizien rechnen muß; selbstverständlich nur mit solchen, die nach einem bestimmten, durch Normen geregelten Verfahren eingeführt wurden. Deshalb darf sein Vertrauen in geltende Normen nicht so weit gehen, daß es diese für ewig und unveränderlich hält. Dasselbe betrifft das Vertrauen in Präjudizien.

Es gibt noch andere, schwächere Verletzungen der Rechts- und Verkehrssicherheit. Vom Fehlen der Rechts- und Verkehrssicherheit spricht man nämlich auch dann, wenn die Norm nicht eindeutig ist, wenn die Rechtsgebung nicht eindeutig ist, wenn die Jurisdiktion Lücken hat und wenn das Gesetz den Richtern und Behörden eine zu große Macht überläßt.

Enthält nämlich die Norm oder das Präjudiz Unklarheiten, so braucht das Subjekt zu dem, was fraglich ist, kein festes Vertrauen zu haben. Wenn die Jurisdiktion Lücken hat und das Subjekt diese Lücken mit einem konkreten

Inhalt ausfüllt, darf es nicht gleich annehmen, daß es dadurch eine Rechtsnorm geschaffen habe. Und schließlich, wenn der Gesetzgeber dem Gericht und den Behörden einen zu großen Spielraum überlassen hat, braucht das Subjekt zu dem, was inhaltlich nicht genau bezeichnet worden ist, kein Vertrauen zu haben. In all diesen Fällen besteht ein Zustand der Unsicherheit, der eine ungünstige Erscheinung ist und Gegenstand genauerer Untersuchungen sein müßte. Der Grad der Unsicherheit, den diese Fälle mit sich bringen, ist jedoch niedriger als in den Fällen, die unter dem Begriff Verletzung der Rechtssicherheit in *sensu stricto* und der Verletzung der Verkehrssicherheit *in sensu stricto* fallen.

In den angeführten und ähnlichen Fällen einer schwächeren Vertrauensverletzung des Subjekts könnte von einer Verletzung der Rechtssicherheit *in sensu lato* und einer Verkehrssicherheit *in sensu lato* gesprochen werden.

In der angelsächsischen Variante[7] tritt weder eine Verletzung der Rechtssicherheit *in sensu stricto* noch eine Verkehrssicherheit *in sensu stricto* ein, da dort das Signal aus dem Verstärker nicht mit dem Signal aus N konkurriert. Selbstverständlich darf die angelsächsische Variante hier z.B. nicht mit dem bestehenden Rechtssystem in England verwechselt werden, wo ebenfalls die Elemente L und N bestehen und daher die Verletzung der Rechtssicherheit *in sensu stricto* oder die Verletzung der Verkehrssicherheit *in sensu stricto* auch in solchen Bereichen des gesellschaftlichen Lebens eintreten kann, die in der Produktion der Rechtsnorm aus L mit einbegriffen sind. In der angelsächsischen Variante kann die Verletzung der Rechtssicherheit *in sensu lato* und die Verletzung der Verkehrssicherheit *in sensu lato* in der gleichen Weise wie in anderen Gesellschaften auftreten.

Dieses Problem braucht in der vorliegenden Abhandlung nicht weiter behandelt zu werden. Es sollte nur als Beispiel dienen, um darzulegen, daß das rechtskybernetische Modell zur Präzisierung bestimmter, wichtiger Rechtsbegriffe erfolgreich herangezogen werden kann, im Gegensatz zu der traditionellen Rechtswissenschaft, die diese nur beschreibt und oft vieldeutig erklärt.

---

7 Dazu oben S. 30 f.

4. Konfliktsituationen infolge Widersprüchlichkeit der Signale aus N und E

Außer den schon besprochenen Konfliktsituationen, in denen sich das Rechtssubjekt infolge von Unregelmäßigkeiten der Signale aus N und aus E befinden kann, bestehen wichtige Konfliktsituationen, wenn das Subjekt aus N und aus E gleichzeitige, aber diskordante Signale empfängt. In einer solchen Situation ist das Subjekt desorientiert. Es weiß nicht, wozu es berechtigt und wozu verpflichtet ist: ob das richtig ist, was N signalisiert oder das, was vom Verstärker signalisiert wird.

Manchmal tritt bei einer solchen doppelten und nicht einheitlichen Signalisierung kein schädliches Rauschen auf. Möge z.B. eine bestimmte Rechtsvorschrift für eine bestimmte Tat eine Gefängnisstrafe von 1/2 Jahr bis zu 10 Jahren androhen. Das Gericht verhängt jedoch für diese Tat nur eine Strafe bis zu 1/2 Jahr Gefängnis und in drastischen Fällen ohne mildernde Umstände höchstens eine Strafe bis zu 2 Jahren Gefängnis. Die Gefängnisstrafe betrage durchschnittlich 3/4 Jahre, und alle Strafen müssen voll verbüßt werden. In diesem Beispiel ist die Diskordanz der Signale gesellschaftlich nicht besonders schädlich, da sie denselben Pflichtenkreis des Bürgers beibehält, obwohl sich das Normenmerkmal $\overline{N}_N$ aufgrund des Signals von N nach P von den Normenmerkmalen $\overline{N}_J$ oder $\overline{N}_E$ aufgrund der Signale aus dem Verstärker unterscheidet.

Manchmal ist jedoch eine solche doppelte Signalisierung für die Gesellschaft gefährlich, und zwar dann, wenn die Norm eine Verurteilung fordert und das Gericht freispricht. Als weiteres Beispiel können bekannte historische Erscheinungen dienen, wenn z.B. eine neue Regierungsgruppe den Verstärker in J, A und E beherrscht, aber keinen Einfluß auf die Gesetzgebung L ausüben kann. In einer solchen Situation wenden J, A und E aus L stammende Gesetze an, die aber so uminterpretiert werden, daß die Signale aus dem Verstärker nach P den Signalen aus N nach P widersprechen. Das Signal aus N wird gewöhnlich durch die Autorität der Tradition gestützt, das Signal des Verstärkers dagegen nur durch Gewaltargumente. Rechtssubjekte in P mit einer opportunistischen Haltung ordnen sich eher den Signalen des Verstärkers unter als denen aus N, da auf Grund der Signale, die vom Verstärker weitergeleitet werden, seitens J oder A und E Repressionen drohen, falls die Subjekte sich nicht unterordnen. Subjekte mit einer konsequenten Haltung ordnen sich weiterhin den Signalen aus N unter, befinden sich dadurch aber in einer besonders schweren Situation, da sie sich Repressionen seitens J, A und E ausgesetzt sehen.

Solche Konfliktsituationen haben in der Literatur eine lange Tradition. SOPHOKLES stellt in der „Antigone" z.B. zwei gegensätzliche Thesen auf: die erste lautet, daß die höchste Autorität die traditionelle Norm sei (Signal aus L), und die zweite lautet, daß die höchste Autorität die alleinbestimmende Norm sei – die in diesem Beispiel vom Herrscher erlassen wurde (Signal aus A). SOPHOKLES, der in die Kommission berufen worden war, die die athenische Verfassung ändern sollte, war ein Legislator der Antike, der mit der ersten Meinung zwar sympathisierte, aber den Wert der zweiten (Vers 806–890) richtig einzuschätzen wußte. Diese Thematik lebt bis ins 20. Jahrhundert fort (z.B. in dem zeitgenössischen Bühnenstück von ANOUILH).

Wenn die Norm für die Rechtssubjekte das Präjudiz aus J, A oder E ist, dann wird der in der Literatur nicht entschiedene Konflikt zum Konflikt zweier Rechtsnormen in ein und demselben Subjekt. In der juristischen Fachliteratur wurde dieses Problem bisher wenig beachtet. Es ist möglich, daß mit Hilfe des rechtskybernetischen Modells die Entscheidung mittels der Rückkopplungen R→P und S→P zu finden ist, zumindest dann, wenn die Rechtsnorm längere Zeit wirkt. Unter dem Gesichtspunkt des Modells führt dieser Konflikt in P zur Konkurrenz der Signale aus N und aus dem Verstärker[8]. Stimmen die Signale aus N mit den Signalen aus dem Verstärker nicht überein, dann können die Informationen, die P über die Wirkungen in R und S mittels der genannten Rückkopplungen erhält, den Rechtssubjekten in P bei der Entscheidung behilflich sein, ob das Signal aus N, das Signal des Verstärkers oder ob keines von beiden treffend war. Daraus ergibt sich, daß und warum die Rechtssubjekte in P über eine streitige Rechtsfrage nicht nur zwei, sondern mehrere Auffassungen haben können.

8 Dazu oben S. 112 f.

7. Kapitel
Das Völkerrecht und das rechtskybernetische Modell

1. Das rechtskybernetische Modell des Übersystems

In den bisherigen Erwägungen hatten wir es mit einer Gesellschaft zu tun, die nach eigenem Recht und Rechtssystem einen Staat bildete[1]. Wenn wir jetzt zwei oder mehrere solcher Systeme in Betracht ziehen, die auf internationalem Feld, in gesellschaftlich-rechtlichen Problemen aufeinander einwirken, dann können diese nur als gesamtes gesellschaftlich-rechtliches System höheren Grades betrachtet werden. Es wird *Übersystem* genannt werden.

In diesem Modell haben wir es mit neuen, wichtigen Merkmalen, den Zwischensystemkopplungen, zu tun, die die Entstehung und die Änderung der Rechtsnormen in den einzelnen Systemen wie auch die internationalen Rechtsnormen beeinflussen können. Sie können auch Ursache neuer Störungen sein.

Zwei Störungsarten sollen hier näher besprochen werden: die Systemstörung und die Übersystemstörung. Die Abb. 36 zeigt das schematische rechtskybernetische Modell des Übersystems, zu dem die Systeme I, II, . . . gehören. Die Systemstörungen sind auf diesem Modell mit Z_u und Z_n bezeichnet worden. Nicht alle Zwischensystemkopplungen sind auf diesem Schema eingetragen worden.

Möge z.B. ein bestimmtes Übersystem M aus den Systemen I, II, III und IV bestehen. Wenn sich eines dieser Systeme, z.B. II, zu einer gegebenen Zeit unter dem Einfluß irgendeiner Störung ändert – wenn es z.B. aus dem Gleichgewicht gebracht wird –, dann können auch alle übrigen Systeme I, III und IV diese Änderung erfahren. Es ändert sich also das gesamte Übersystem M.

Im Bereich der gesellschaftlichen, vor allem der internationalen Beziehungen, kann es lange, mitunter sehr lange, dauern, bis im Übersystem Änderungen eintreten und das neue Gleichgewicht wieder hergestellt wird. Störungen, die z.B. infolge der Einführung der elektrischen Energie in die Produktion eines

---

1 Siehe dazu oben S. 63 ff.

der Systeme entstanden sind, führen in den übrigen Systemen, somit also im ganzen Übersystem, zu Änderungen, die sich jahrzehntelang hinziehen können. Ähnlich ist es, wenn die Störungen Änderungen in der Gesellschaftsordnung hervorrufen, ja sogar dann, wenn die Länder formell zu keinem Übersystem gehören, d.h. wenn sie durch keinen internationalen Vertrag gebunden sind. Es genügt, daß sie nur in indirekten Beziehungen zueinander stehen, daß diese lose Einheit, die diese bilden, schon bestimmte Merkmale eines kybernetischen Übersystems besitzt.

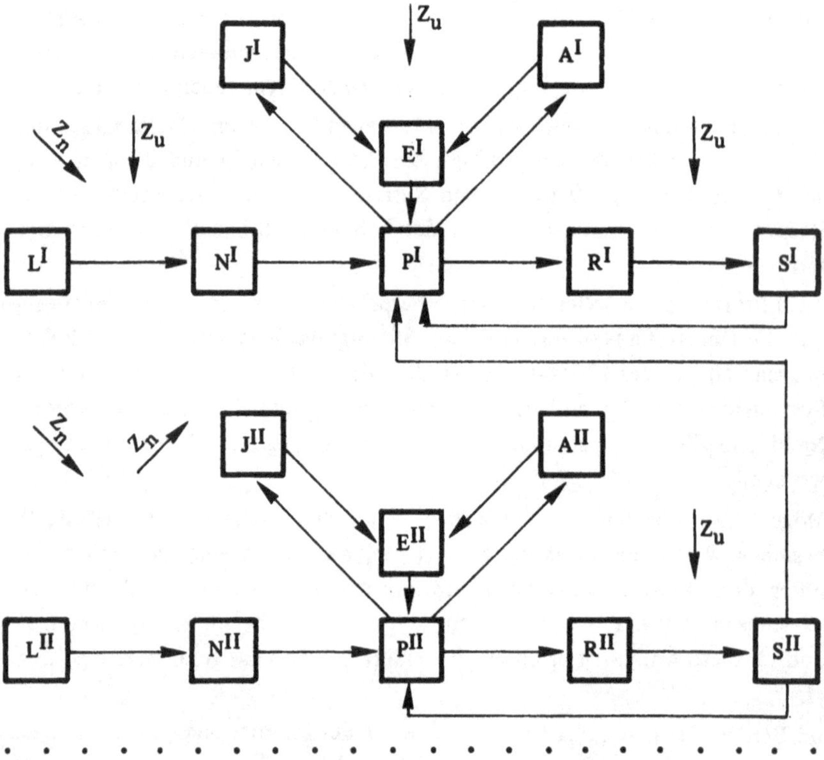

Abb. 36

Nehmen wir z.B. eine Störung, wie sie im 16. Jahrhundert die Bauernaufstände in Deutschland gewesen sind, und behandeln alle Länder als ein solch lockeres Übersystem. Die Aufstände erreichten im Jahre 1525 eine starke

Intensität[2], danach traten sie in England auf, glimmten dort eine längere Zeit, bis sie in den Jahren 1549 und 1607 zu Unruhen führten und schließlich die unzufriedenen schottischen und englischen Bauern zur Revolution antrieben[3], in deren Folge KARL I. STUART geköpft wurde. Eine ähnliche Störung führte im Jahre 1648 zur Fronde, die in Frankreich gegen den minderjährigen LUDWIG XIV. gerichtet war[4]. Eine starke Strömung derselben Störungen wurde ebenfalls durch den sog. Schützenaufstand im Jahre 1648 im Moskauer Staat und in demselben Jahr auch durch den Bauernaufstand der Kosaken unter der Führung von CHMIELNICKI hervorgerufen. Im Jahre 1651 gab KOSTKA NAPIERSKI ein Manifest heraus, das der Auftakt der Bauernaufstände in Polen war. Im Jahre 1664 entbrannte in China ein großer Bauernaufstand, im Verlauf dessen Peking eingenommen wurde und die herrschende Dynastie zu Fall kam. Es ist problematisch, ob die erörterten Störungen von System zu System übergegangen sind, und zwar in der Reihenfolge (Deutschland → England → Frankreich → Moskauer Staat → Ukraine → Polen → China), oder ob diese strahlenförmig von einem zentralen System ausgegangen sind, etwa so:

Frankreich ↖ ↗ Moskauer Staat → China

Deutschland

England ↙ ↘ Ukraine → Polen

Unstreitig ist nicht die Ordnung, sondern die Zeit, in der diese Störungen stattgefunden und mindestens 140 Jahre lang gedauert haben. Höchstwahrscheinlich hatte sich diese Aufstandsflut noch länger durch das ganze System gezogen, bis die durch sie verursachten Änderungen sich gefestigt und ein neues Gleichgewicht der Gesellschaftsordnung im ganzen Übersystem geschaffen hat. Dieses Beispiel könnte noch durch eine Analyse der Störungsmerk-

2 Siehe dazu M. LUTHER, Wider die räuberischen und mörderischen Rotten der Bauern.

3 Vgl. dazu C. HILL, Rewolucja angielska, S. 37.

4 Vgl. hierzu die Darstellung von J. BARDACH, W 300. rocznicę powstania chłopskiego pod wodzą Kostki Napierskiego. Ich stütze mich oben auf die geschichtsphilosophischen Verallgemeinerungen von BARDACH und stelle die möglichen Verhältnisse zwischen der englischen Revolution der Fronde und dem Aufstand des CHMIELNICKI dar.

male am Maßstab der einzelnen Änderungsmerkmale in jedem System vervollständigt werden, was eine neue Monographie ergäbe.

Wenn wir annehmen, daß die Bauernaufstände in Deutschland nicht durch Störungen hervorgerufen worden sind, die aus irgendeinem anderen System stammen, so wäre das vom Gesichtspunkt Deutschlands aus eine *Systemstörung* Z_u und keine *Übersystemstörung* Z_n. Die Bauernaufstände in England dagegen, falls diese u.a. durch die Bauernaufstände in Deutschland hervorgerufen wurden, wären vom Gesichtspunkt Englands aus bereits eine Übersystemstörung. Wir sehen also, daß die Einteilung in Systemstörungen Z_n und Übersystemstörungen Z_u von der Systemeinteilung abhängt und davon, ob eine Störung Wirkung einer systemimmanenten Ursache ist, oder ob sie von einem anderen System übernommen wurde. Vom Gesichtspunkt des Übersystems ist jede Systemstörung Störung des ganzen Übersystems[5].

Bezeichnen wir mit $\overline{Z}$ die Zahl der Störungen, die zur Menge der Störungen Z gehören, so kann die Zahl $\overline{Z}$ der Störungen im Übersystem in 2 Faktoren zerlegt werden:

$$\overline{Z} = \overline{Z}_u = \overline{Z}_n \tag{26}$$

Bezeichnen wir mit $\overline{Z}^i$ die Zahl aller Störungen im i-ten System, (i = I, II, ...), so gilt für jedes System die Formel:

$$\overline{Z}^i = \overline{Z}^i_u + \overline{Z}^i_n.$$

Die Formel (26) geht damit über in:

$$\overline{Z} = \overline{Z}^1 + \overline{Z}^2 + \ldots + \overline{Z}^m, \overline{Z}_u = \overline{Z}^1_z + \overline{Z}^1_u + s \ldots + Z^m_u,$$

$$\overline{Z}_n = \overline{Z}^1_n + \overline{Z}^2_n + \ldots + \overline{Z}^m_n \tag{27}$$

wobei *m* die Zahl der Teilsysteme im Übersystem bezeichnet.

Für das System III gilt z.B.:

$$\overline{Z}^{III} = \overline{Z}^{III}_u + \overline{Z}^{III}_n$$

Nicht nur die Systemstörungen Z_u, sondern auch die Übersystemstörungen Z_n können mitunter durch ein selbständiges Regelungssystem beseitigt werden. Ist z.B. für das System I die Handelskonkurrenz des Systems II, die

5 Darüber ausführlicher unten S. 150 bis 158.

für die Industrie des Systems I vernichtend ist, die Übersystemstörung Z_n, dann kann L aus dem System I durch rechtliche Regelungen den Import der Waren mit Zoll belegen. Eine solche Intervention durch Rechtsnormen ist jedoch nur schwer möglich, wenn sie das Eindringen des Systems I auf fremde Märkte sichern soll. Ausnahmen waren früher Kriege und sind heute Exportsubventionen. Auch dann, wenn I den Import der Waren aus II durch eine Zollnorm einschränkt, kann das eine Gegenhandlung seitens II hervorrufen, die wiederum weitere Gegenmaßnahmen von I fordern könnte und so fort, bis es zur positiven Rückkopplung und dadurch zu kriegerischen Konflikten kommt. Wir sehen, daß eine selbständige Regelung der Übersystemstörungen manchmal unmöglich ist oder zu noch ernsteren Übersystemstörungen führen kann, die für die Teilsysteme oft ungünstig sind. Solche Fälle sprechen für eine Kooperation der Systeme.

Bilden zwei oder mehr Systeme eine Rechtsnorm, um Übersystemstörungen oder solche Systemstörungen zu beseitigen, die für andere Systeme eine Übersystemstörung werden können, so ist die entstandene Norm eine *Völkerrechtsnorm oder eine internationale Rechtsnorm.* Entstehung und Wirkung solcher Normen werden hier *Übersystemregelung* genannt.

Die klassische Einteilung der internationalen Rechtsnormen, die sich auf Sitten und Verträge stützen, entspricht den verschiedenen Rückkopplungen im rechtskybernetischen Modell des Übersystems, das in Abb. 36 dargestellt ist und als kybernetische Definition dieser Einteilung dienen kann. In diesem Modell treten nämlich andere Kombinationen der Rückkopplungen auf, wenn sich die internationale Rechtsnorm auf die Sitte stützt und andere, wenn sie sich auf einen Vertrag stützt. Dies werde am Beispiel eines Übersystems, das aus 2 Systemen besteht, näher erläutert.
(Siehe Abb. 37 S. 130)

1. Wenn Sitte und nicht Vertrag Ursache des internationalen Rechts ist, dann gestalten sich die Übersystemkopplungen und die Rückkopplungen im allgemeinen so, wie es in Abb. 37 dargestellt ist.

Diese Kopplungen können natürlich zahlreicher und verschiedenartiger sein, wenn das Übersystem aus mehreren Systemen besteht. Manche internationalen Rechtsnormen, die sich auf die Sitte stützen, entstehen im Übersystem auf ähnliche Weise, wie die Moralnorm in einem System[6], aber bei der

6 Dazu oben S. 110 f. und Abb. 31.

Entstehung der internationalen Rechtsnorm kommen außerdem noch Rückkoppelungen zwischen gleichartigen und weiteren Elementen verschiedener Systeme hinzu.

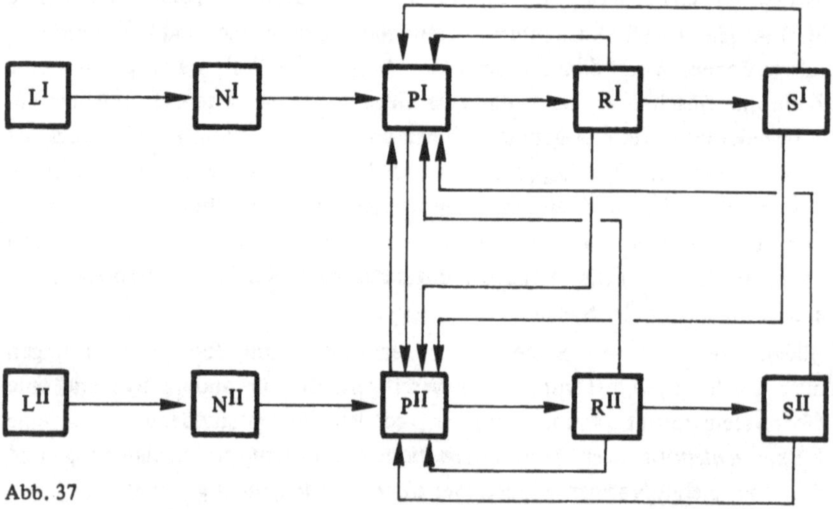

Abb. 37

Wir haben gesehen[7], daß beim Entstehen der Rechtsnorm gewöhnlich zwei Stadien die Hauptrolle spielen: die vorherige Wertung, also die Feststellung, ob und inwiefern gewisse Erscheinungen Störungen oder Rauschen sind, und die Erarbeitung der Norm, die diese Erscheinungen regulieren soll, z.B. die die Störungen entweder beseitigen oder abschwächen soll. Damit es zu einer internationalen Rechtsnorm kommen kann, die sich auf die Sitte stützt, müssen die Wertungen in den P der einzelnen Systeme gleich oder zumindesten einander ähnlich sein.

Da eine Störung in Staaten, die derselben ethnischen Gruppe angehören, meist ähnlich gewertet wird, entstehen sich auf die Sitte stützende internationale Rechtsnormen eher zwischen ethnisch verwandten Staaten. In der Praxis sind die Wertungen in fast allen Systemen des Übersystems gleich oder einander ähnlich, unabhängig von der ethnischen Zugehörigkeit der Gruppe. So besitzt z.B. in Europa der Kindesmord in allen Teilsystemen aller Übersysteme eine negative Wertung. Es gibt praktisch immer wenigstens ein

7 S. 56.

Gebiet, auf dem die Bildung einer internationalen Rechtsnorm möglich ist. Insofern kann man annehmen, daß zwischen zwei beliebigen Systemen eines Übersystems eine Übersystemregelung besteht. Nimmt man darüber hinaus an, daß es zwischen den Systemen irgendeines Übersystems keine gemeinsamen Wertungen gibt, daß also diese Systeme keine gemeinsame internationale Norm verbindet, so läge kein Grund für die Behauptung vor, daß irgendein Verhalten eines der Systeme oder der Bürger dieser Systeme, das gegen die übrigen Systeme oder Bürger der übrigen Systeme des Übersystems gerichtet ist, gesetzwidrig oder unmoralisch sei. Damit also das zweite Stadium einer Normentstehung durchlaufen werden kann, also auf die Sitte gestützte internationale Rechtsnorm formuliert werden kann, muß unbedingt eine Zwischensystemkopplung wie beispielsweise $P^{I} \rightleftarrows P^{II}$ existieren, die die Systeme gegenseitig darüber informiert, daß eine Norm von internationaler Bedeutung, die in einem der Systeme entsteht, auch in anderen Systemen entstehen wird, da die internationalen Rechtsnormen gemeinsam entstehen und auf Gegenseitigkeit beruhen.

2. Ist die Ursache des internationalen Rechts ein internationaler Vertrag, der unter Einwirkung der Legislative entsteht, dann gestalten sich die Kopplungen im Übersystem allgemein so, wie sie in Abb. 38 dargestellt sind. In diesem Schema sind jedoch die Kopplungen zwischen den Elementen R^{I} und R^{II} und S^{I} und S^{II} beider Hauptketten nicht eingetragen worden, da sie dieselben sind wie beim Entstehen der sich auf Gewohnheit stützenden Rechtsnormen. Diese Verhältnisse sind in Abb. 37 dargestellt. Auf der Basis dieser Kopplungen entsteht in den Elementen P und in den späteren Elementen eines jeden Systems eine Wertung, die in die Elemente des Verstärkers jedes einzelnen Systems übergeht. Dort werden neue internationale Rechtsnormen entworfen, die allerdings schon früher – gestützt auf die Gewohnheit – hätten wirken können. Aber solange es zwischen den Elementen J, A oder E beider Systeme nicht zu einer Verständigung kommt – bei einem Übersystem aus zwei Systemen gewöhnlich zwischen A^{I} und A^{II} – oder zur Bildung eines internationalen Organs L_u, der Legislative des internationalen Übersystems, sowie dazu, daß ihm solche Angaben überwiesen werden, auf deren Basis es endgültig seine internationale Rechtsnorm formulieren kann, gelten diese Normen nicht als Vertragsnorm. In Abb. 38 wurde außer L_n noch ein anderes Element des Übersystems eingetragen, und zwar N_n, in dem die Rechtsnor-

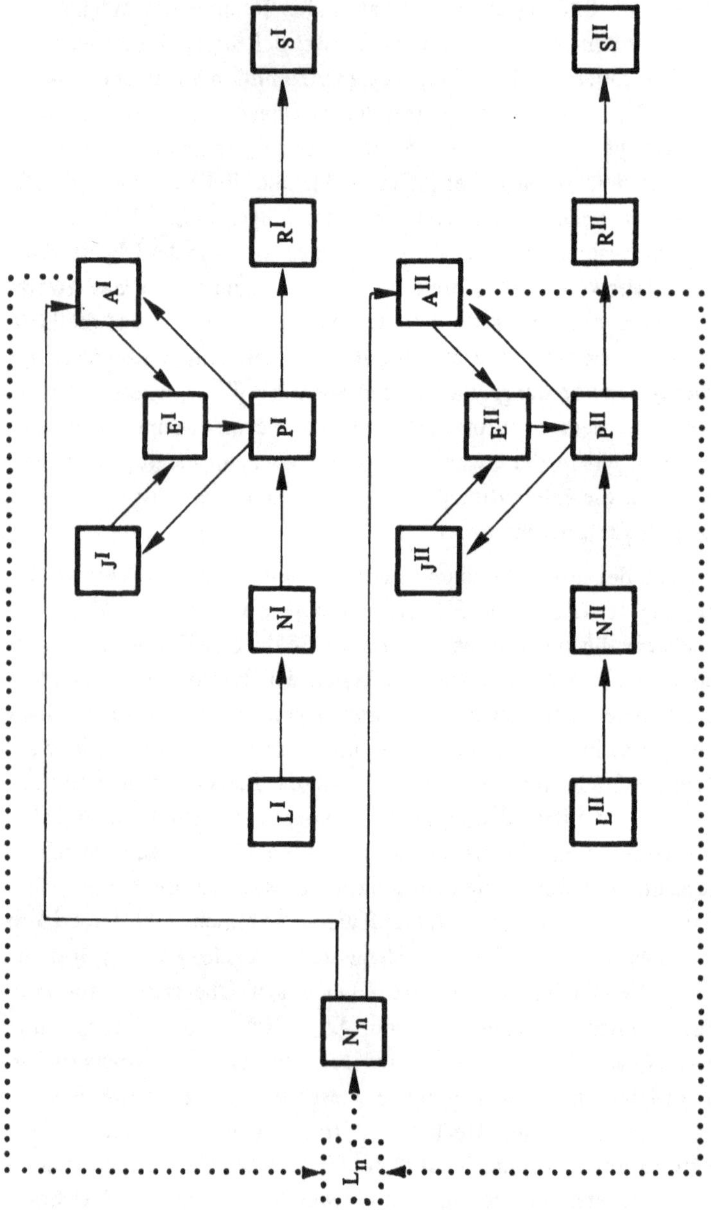

Abb. 38

men aus L_n kodiert und von dort aus zu den Elementen L und J der einzelnen Systeme überwiesen werden. Die Kopplungen zwischen den Verstärkern der Systeme I und II und L_n und von hier zu N_n wurden in Abb. 38 durch punktierte Linien dargestellt. Die Überweisung der Rechtsnormen aus N_n an L^I, L^{II} usw. und nicht direkt an A^I, A^{II} usw. tritt dann ein, wenn die internationale Norm durch die gesetzgebende Gewalt der einzelnen Systeme ratifiziert werden muß, oder wenn auf der Basis dieser Norm die nächste systeminterne Norm erlassen werden soll. Manche internationalen Rechtsnormen berechtigen oder verpflichten nicht nur ganze Staaten (Teilsysteme), also das Rechtssubjekt dieser Norm, sondern sind gleichsam Basis, auf der diese Staaten die Befugnisse und Pflichten der einzelnen Bürger betreffenden systeminternen Normen erlassen. Im angelsächsischen Modell[8] sind z.B. die Kopplungen $N_n \to L^I$ nur zur Ratifizierung der Verträge durch die Gesetzgeber L^i der einzelnen Systeme vonnöten.

Die Kopplungen $A^I \to L_n$ und $L_n \to N_n$ sind in Abb. 38 deshalb nur punktiert angegeben worden, weil sie sofort nach dem Entstehen und der Inkraftsetzung der internationalen Rechtsnorm in den einzelnen Systemen verschwinden. Das Element L_n ist meist nur ein einstweiliges und nicht beständiges Element und entsteht gewöhnlich nur zum Zweck und in der Zeit, während der ein internationaler Vertrag geschlossen wird. So bestand das Element L_n, das die europäische Staatenordnung des 19. Jahrhunderts geschaffen und internationale Normen erlassen hat, nur während des Wiener Kongresses 1814–1815. Anders ist es, wenn es sich um eine stabile internationale Organisation mit eigenen Elementen L_n und N_n handelt[9].

Die internationale Rechtsnorm, auf deren Basis im Rahmen der einzelnen Systeme Befugnisse und Pflichten der Bürger entstehen, und die sich gewöhnlich auf internationale Konventionen stützt, wirkt als Rechtsnorm eines Staates in den Elementen P, R und S der einzelnen Teilsysteme im allgemeinen auf dieselbe Weise. Außer den aus den vorangehenden Kapiteln schon bekannten direkten Kopplungen und Rückkopplungen der inneren Systeme, treten jedoch zwischen den Elementen der verschiedenen Teilsysteme Zwischensystemrauschen und Zwischensystemrückkopplungen auf, die entweder gleichnamige Elemente der Systeme parallel oder verschiedenar-

---

8 Siehe dazu oben S. 30.

9 Siehe dazu unten S. 136.

tige über Kreuz verbinden. Ein Teil eines solchen Kopplungsnetzes für zwei nicht aufeinander folgende Elemente N und S ist in Abb. 39 dargestellt.

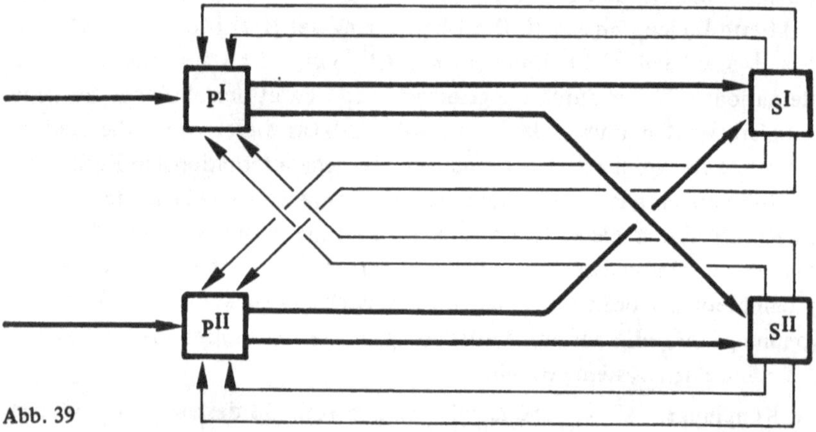

Abb. 39

Wir sehen, daß z.B. auf S^I nicht nur eine internationale Rechtsnorm aus P^I, sondern auch aus P^{II} wirkt. Das Merkmal $\overline{N}$ der Norm N des internationalen Rechts ist in S^I Resultante zweier Komponenten der Zwischensystemkopplung $P^{II} \rightarrow S^I$.

Allgemeiner gesagt, wenn das Übersystem aus ν Systemen besteht, so steht der Effektor in jedem einzelnen S unter der Wirkung ν der Kopplung $P \rightarrow S$. Daher ist das Merkmal $\overline{N}$ der internationalen Norm N Resultante von ν Ausdrücken und die Effektoren S^I, S^{II}, ... aller Systeme des Übersystems unterliegen der Wirkung von insgesamt ν^2 Kopplungen. Wenn die weiteren Wirkungen von jedem Effektor mindestens an eine Rückkopplung der Elemente P eines jeden Systems des Übersystems weitergeleitet würden, dann entstehen für das ganze Übersystem bereits ν^3 Kopplungen. Im rechtskybernetischen Modell des Übersystems, das etwa aus 75 Systemen besteht, erreichen die Kopplungen die Zahl 421 875.

Alle Kopplungen, die im Übersystem aus ν Systemen bestehen, kann man vom Gesichtspunkt eines Teilsystems U in 3 Kopplungsmengen einteilen. In Abb. 39 sind 2 Paar gleichnamige Elemente dargestellt. Es sei $\nu = 2$ und U = I und II. Dann können die Kopplungen in die Mengen W, M und T eingeteilt werden, denen die Zahlengrößen $\overline{W}$, $\overline{M}$ und $\overline{T}$ entsprechen.

W sei die Menge *systeminterner Rückkopplungen*, symbolisiert durch dünne Pfeile. In dem angeführten Beispiel gleicht ihre Zahl der Zahl der Systeme, also ν. Diese Kopplungen informieren das Element P^{I} von den Wirkungsfolgen der internationalen Rechtsnorm auf den Effektor S^{I} und das Element P^{II} von den Wirkungsfolgen auf den Effektor S^{II}.

M sei die Menge derjenigen *Zwischensystemkopplungen*, die in das betrachtete System U einlaufen und durch starke Pfeile symbolisiert sind. Von diesen Kopplungen gibt es $\nu^2-\nu$. Sie informieren das Element P^{I} von den Wirkungsfolgen der internationalen Rechtsnorm auf das Element P^{II} und auf den Effektor S^{II}.

T sei die Menge aller *übrigen Kopplungen*, und zwar der Rückkopplungen in anderen Systemen, die von dem betrachteten System U an andere Systeme gerichtet sind, symbolisiert durch dünne Pfeile. Von solchen Kopplungen gibt es $\nu^3-\nu^2$. Sie informieren das Element P^{II} von den Wirkungsfolgen der internationalen Rechtsnorm auf das Element P^{I}, sowie auf die Effektoren S^{I} und S^{II}.

Diese Einteilung erschöpft alle möglichen ν^3 Kopplungen.

$$\overline{W}+\overline{M}+\overline{T}=\nu+(\nu^2-\nu)+(\nu^3-\nu^2)=\nu^3$$

Bei der Entstehung oder der Verbesserung von internationalen Rechtsnormen ziehen die einzelnen Systeme vor allem die eigenen systeminternen Kopplungen W sowie die sie informierenden Zwischensystemkopplungen M in Betracht. So berücksichtigt das System I z.B. vor allem die Kopplungen aus S^{I} wie auch aus P^{II} und S^{II}. Die Systeme richten sich gewöhnlich vor allem nach den eigenen Interessen und nicht nach den Interessen des Übersystems. Manchmal verbergen Systeme bewußt das, was bei ihnen geschieht, und desinformieren einander. Daraus geht hervor, daß unter allen möglichen und für das Übersystem wichtigen Kopplungen ν^3, jedes Teilsystem die wichtigsten Informationen aus höchstens ν eigenen Kopplungen und aus $\nu^2-\nu$ Zwischensystemkopplungen, also insgesamt höchstens aus ν^2 Kopplungen schöpft.

In der Praxis stellt sich oft heraus, daß die Informationen, die von jedem einzelnen System über die Wirkungen der internationalen Rechtsnorm im Übersystem empfangen wurden, oft sehr spärlich sind, vor allem, wenn es sich um eine größere Zahl von Systemen handelt. Der Prozentsatz der eigenen systeminternen Kopplungen beträgt nämlich nur

$$\frac{\nu \cdot 100}{\nu^3}.$$

Wenn z.B. die internationale Rechtsnorm für 75 Staaten im Übersystem gilt, so betragen die systeminternen Kopplungen in einem der Staaten kaum 0,017% aller Kopplungen. Auf einer so schmalen Basis kann eine Norm, die den Interessen des ganzen Übersystems entsprechen würde, schwer formuliert werden. Das Ausmaß der Unwissenheit wird von Berufspolitikern intuitiv gespürt, und das macht wohl die Zurückhaltung der einzelnen Staaten bei der Bildung einer internationalen Rechtsnorm verständlich. Die Situation gestaltet sich vorteilhafter, wenn Elemente des Übersystems (wie L_n und N_n in Abb. 38) bestehen, die die Kopplungen der einzelnen Systeme in sich konzentrieren.

Wie oben schon erwähnt wurde[10], kann das Element L_n, das bei der Bildung einfacher internationaler Rechtsnormen temporär ist, ein dauerndes Element werden, wenn internationale Organisationen entstehen, z.B. der Völkerbund. In einem solchen Fall kann in Abb. 38 die Kopplung zwischen L_n und dem kodierenden Element N_n mit ausgezogener Linie wiedergegeben werden. Derartige Organisationen haben gewöhnlich einen festen Sitz – Sekretariate –, die alle Kopplungen des Übersystems bedienen, die Signale aus den einzelnen Systemen entgegennehmen und anderen Elementen laufend und nicht nur während der Zeit, in der internationale Verträge geschlossen werden, Signale übersenden.

Aus dem rechtskybernetischen Modell des Übersystems ist also ersichtlich, daß folgende Merkmale den Wert der internationalen Organisation für die Regelung des Übersystems bestimmen[11].

1. Die Art der Übersystemkopplung zwischen den einzelnen Systemen und dem Element L_n.

2. Die Fähigkeit des Elements L_n, widersprechende Wertungen verschiedener Systeme in Einklang bringen zu können.

10 S. 133.

11 „Regelung" im Sinne des Punktes 2 auf S. 17.

3. Die Verstärkung der internationalen Rechtsnormen.

Untersuchen wir diese drei Gründe etwas näher.

1. Fassen wir zuerst alle Übersystemkopplungen zusammen, die L_n mit einem System verbinden. Die Elemente der so entstehenden Mengen von Übersystemkopplungen ordnen wir nun nach ihrer Entfernung von L_n, die sich aus der Zahl der indirekten Elemente ergibt. In jedem Teilsystem ist das Element S z.B. entfernter als das Element A. Die Anordnung sieht also so aus: A, P, R, S, wie sich aus Abb. 40 ergibt.

Die Übersystemregelung ist schwach, wenn zu L_n nur Rückkopplungen des Übersystems der einzelnen Elemente A gelangen, da diese Kopplungen nur offizielle Informationen der Machtbefugten der einzelnen Systeme übertragen. Das wichtigste sind für L_n jedoch Informationen darüber, was in den Elementen der Hauptkette P, R und S der einzelnen Systeme geschieht, und eben diese Informationen werden oft tendenziös durch das Element A entstellt; vor allem dann, wenn das Element A die Rechtsnormen anders wertet als die wertenden Gruppen im Element P desselben Systems, oder wenn A z.B. Nachrichten über die Rüstung oder die Rüstungsindustrie verbergen will. Deshalb versuchen die internationalen Organisationen mitunter, wirksame Mittel gegen die für das Übersystem schädlichen Informationsverzerrungen einzusetzen. Besonders bei der Rüstungskontrolle sind Informationen, die zu L_n über A gelangen, sehr problematisch (z.B. Art. 8 des Völkerbund-Vertrages).

Die Übersystemregelung ist stärker, wenn zu L_n Rückkopplungen aus P gelangen. In einem solchen Fall wird L_n nämlich von der Normenwertung durch verschiedene Gesellschaftsgruppen sowie über andere Vorfälle, die in den Elementen P der einzelnen Teilsysteme eintreten, sofort und nicht mittels der Elemente A informiert. In diesem Fall werden die Signale, die aus den Systemen zu L_n gelangen, nicht mehr in den Elementen A verzerrt, da diese umgangen werden.

Die Übersystemregelung wird noch weniger eingeschränkt, wenn L_n Informationen aus jedem R durch Rückkopplung erhält. Diese Kopplungen überweisen nämlich nicht nur das, was in den Elementen J, A und P geschieht, sondern informieren L_n auch direkt und nicht mittels systeminterner Kopplungen und Zwischensystemkopplungen über die Wirkungen der internationalen Rechtsnorm in den einzelnen Systemen.

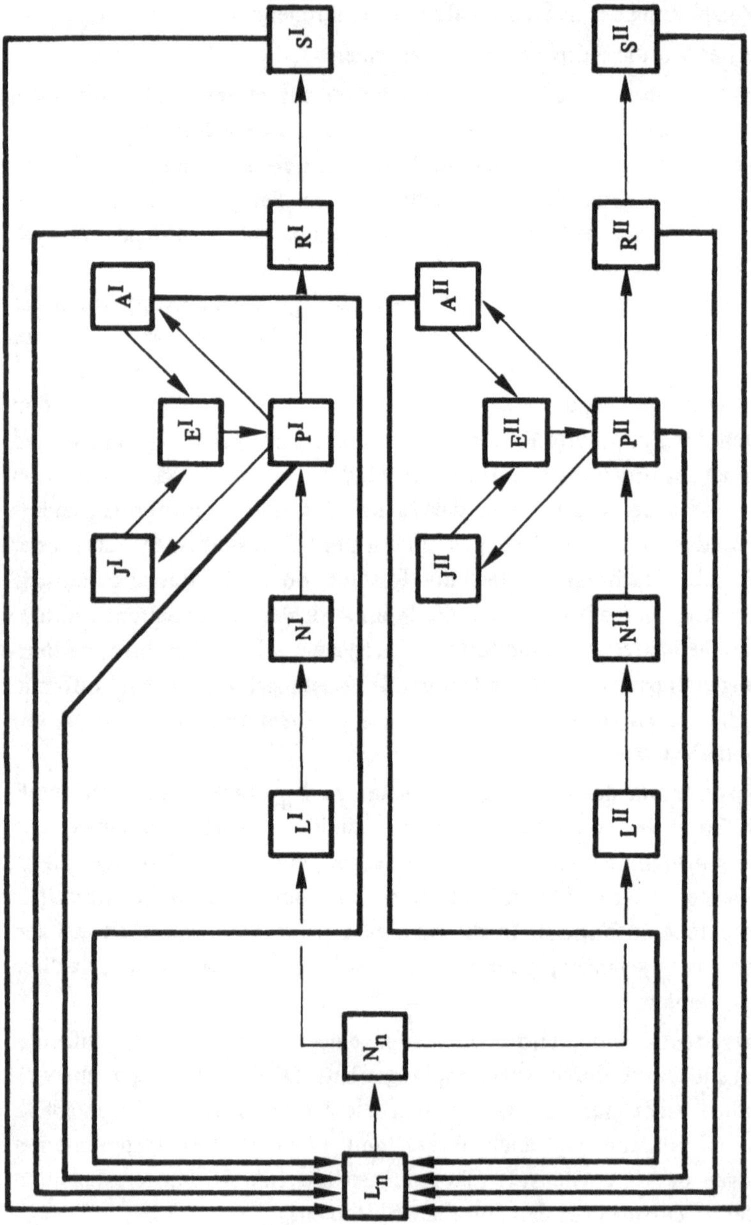

Abb. 40

Die Übersystemregelung ist am stärksten, wenn L_n unmittelbar mit dem Effektor eines jeden Systems rückgekoppelt ist, weil in einem solchen Fall die Folgen der internationalen Rechtsnorm in allen Systemen L_n bekannt sein können[12], und das ohne zusätzliche Verzerrungen durch A.

In Übereinstimmung mit der oben dargestellten Anordnung können die einzelnen Rückkopplungen im Übersystem hinsichtlich ihres Einflusses auf die Übersystemregelung bewertet werden, wobei die Rückkopplung aus S am höchsten und weiter die Rückkopplungen R, P und A immer geringer bewertet werden. Solche Bewertungen unterscheiden sich übrigens oft von der Bewertung dieser Kopplungen in den Teilsystemen, was u.a. die Resistenz mancher Länder erklärt, für die es oft zweckmäßig ist, die Rückkopplungen zwischen L_n und den von A weitergelegenen Elementen nicht nur als Kopplungen von geringerem Wert, sondern sogar als schädliche Kopplungen zu behandeln, da diese die herrschende Rolle des Element A in diesen Ländern verletzen.

Gestützt auf solch geordnete und bewertete Rückkopplungen des Übersystems, können die Regelungsmöglichkeiten der bekannten internationalen Organisationen miteinander verglichen werden. In verschiedenen Organisationen gestalten sich diese Probleme unterschiedlich. Der Völkerbund war ausschließlich auf die Kopplungen der Elemente A der einzelnen Systeme angewiesen. Ihre Übersystemregelung war also sehr unvollkommen. Diese Organisation war tatsächlich auf verschiedenen Lebensgebieten und vor allem bei wichtigen internationalen Konflikten geradezu machtlos. In dieser Hinsicht steht es mit der Organisation der Vereinten Nationen (UNO) schon bedeutend besser. Sie ist das Resultat eines deutlichen Fortschrittes in der Übersystemregelung, denn außer den ihr angehörigen Regierungsvertretern der einzelnen Länder besitzt sie über die ganze Welt verstreute Sensoren in Gestalt ihrer verschiedenen Organisationen oder Beauftragten, wie z.B. die UNESCO, die Weltgesundheitsorganisation oder den Hohen Kommissar für das Flüchtlingswesen; d.h. zu ihr gelangen Informationen aus verschiedenen Gebieten, die für das Bestehen des gesamten Übersystems von großer Bedeutung sind.

2. Sehr vielfältig sind die Übersysteme auch hinsichtlich ihrer Möglichkeit,

12 Über die synthetisierende Rolle des Elementes *S* siehe S. 62.

nicht aus den Teilsystemen stammende widersprüchliche Wertungen in Einklang zu bringen.

Normen, die durch die Organe internationaler Organisationen beschlossen worden sind[13], entstehen gewöhnlich so wie andere Normen des internationalen Rechts, falls die Bewertungen der Störungen und des Rauschens durch die Teilsysteme gleich sind. Wenn die Übereinstimmung in der Wertung nur eine kleine Anzahl von Störungen betrifft, ist die Gesetzgebungstätigkeit des Elements L_n des Übersystems im Vergleich mit den Elementen L der einzelnen Systeme zwar nicht groß, aber eben dann trägt das Element L_n zur Übereinstimmung der Wertungen bei, u.a. dadurch, daß dieses den Vertretern der Teilsysteme den vielseitigen und freien Meinungsaustausch verhindert.

Bei der Schlichtung von unterschiedlichen Wertungen innerhalb des Systems ist, wie wir es beobachten konnten, die Wirkung des Normenverstärkers von sehr großer Bedeutung[14]. Je größer die Unterschiede in den Wertungen der einzelnen Gesellschaftsgruppen sind, desto stärker muß der Verstärker[15] J, A und E sein. Im Übersystem ist es ähnlich und führt zu Verstärkern des Übersystems. Sie werden kurz *Überverstärker* genannt werden.

Wenn nämlich die internationale Rechtsnorm zum Rechtssystem eines Teilsystems gehört, dann unterliegt sie der Verstärkung durch den Verstärker des Teilsystems. Die Norm über die Bestrafung der Freibeuterei wird z.B. gewöhnlich durch die staatlichen Gerichte angewandt. Wenn aber irgendein System entgegen einem geschlossenen internationalen Vertrag Piraten nicht verfolgt, sondern mit diesen etwa zusammenarbeitet oder sie schützt, dann wird eine solche internationale Rechtsnorm nicht im System verstärkt, sondern kann nur im Übersystem verstärkt werden. Der Überverstärker besteht also praktisch erst dann, wenn eine über den Einzelsystemen stehende Organisation ins Spiel kommt, obwohl er praktisch schon bei einem gewöhnlichen, doppelseitigen internationalen Vertrag bestehen könnte. Deshalb wird vom Überverstärker erst bei der Untersuchung der internationalen Organisationen gesprochen.

---

13 Vgl. dazu J. KOLASA, Rules of procedure for the United Nations General Assembly.

14 Siehe dazu oben S. 68.

15 Regulator im Sinne des Punktes 2 auf S. 17.

Wenn ein Überverstärker besteht, sind zwei Situationen möglich:

1. Der Überverstärker richtet sich gegen Personen und sogar gegen ganze Organisationen, die nicht Teilsysteme sind, wie z.B. der Nürnberger Gerichtshof gegen die Organisation der SS des Dritten Reiches.

2. Der Überverstärker richtet sich nur gegen die Teilsysteme, wie z.B. der Überverstärker aus den Art. 15 und 16 des Völkerbund-Vertrages.

Im internationalen, vor allem im europäischen Recht wurde die zweite Situation lange Zeit als typisch und einzig zulässig angesehen. Auf dieser Grundlage wurde die rechtsnormative These aufgestellt, daß nur ein Staat internationales Rechtssubjekt sein kann. Aber im angelsächsischen Recht wurde auch die erste Situation zugelassen, und auf dieser Basis wurde die rechtsnormative These aufgestellt, daß auch eine Privatperson Gegenstand des internationalen Rechts sein kann.

In dieser ersten Situation besteht der Überverstärker aus den Elementen J_n und E_n (Abb. 41).

Hier sind die Handlungen oder Unterlassungen von Personen in den Elementen A^I, J^I, E^I, L^I und P^I, A^{II}, J^{II}, E^{II}, L^{II} und P^{II}, . . . , A^m, J^m, E^m, L^m und P^m der einzelnen Teilsysteme enthalten.

Aus diesen Kopplungselementen $A^I \rightarrow J_n$, $J^I \rightarrow J_n$, $E^I \rightarrow J_n$, $L^I \rightarrow J_n$, $P^I \rightarrow J_n$ und aus den ähnlichen Kopplungen aus den Systemen II und den weiteren wird der Überverstärker von Handlungen oder Einstellungen, die in den einzelnen Systemen entstehen, informiert. (In Abb. 41 wurde nur die Kopplung $A^I \rightarrow J_n$ vermerkt.) Aus den Kopplungen $P^I \rightarrow J_n$, $R^I \rightarrow J_n$ und $S^I \rightarrow J_n$ sowie aus ähnlichen Kopplungen aus den Systemen II und den weiteren schöpft das Element J_n Informationen, die ihm zur Bildung einer internationalen Rechtsnorm dienen. Solche Normen sind, da sie im Überverstärker entstanden sind, internationale Präjudizien[16], über die die Kopplung $J_n \rightarrow E$ im Übersystem das internationale Exekutionsorgan informiert, etwa über die Todesurteile im Nürnberger Prozeß. Schließlich informieren die Kopplungen $E_n \rightarrow L^I$ und $E_n \rightarrow P^I$, $E_n \rightarrow L^{II}$ und $E_n \rightarrow P^{II}$, . . . , $E_n \rightarrow L^m$ und $E_n \rightarrow P^m$ die Elemente L und P der Teilsysteme über den Inhalt der Präjudizien des Übersystems, sei es direkt oder durch die Elemente A, J und E dieser Systeme. Auch die Elemente A, J und E der einzelnen Systeme können durch E_n direkt oder durch die Elemente L und P der einzelnen Systeme informiert werden.

16 Siehe dazu oben S. 29.

Abb. 41

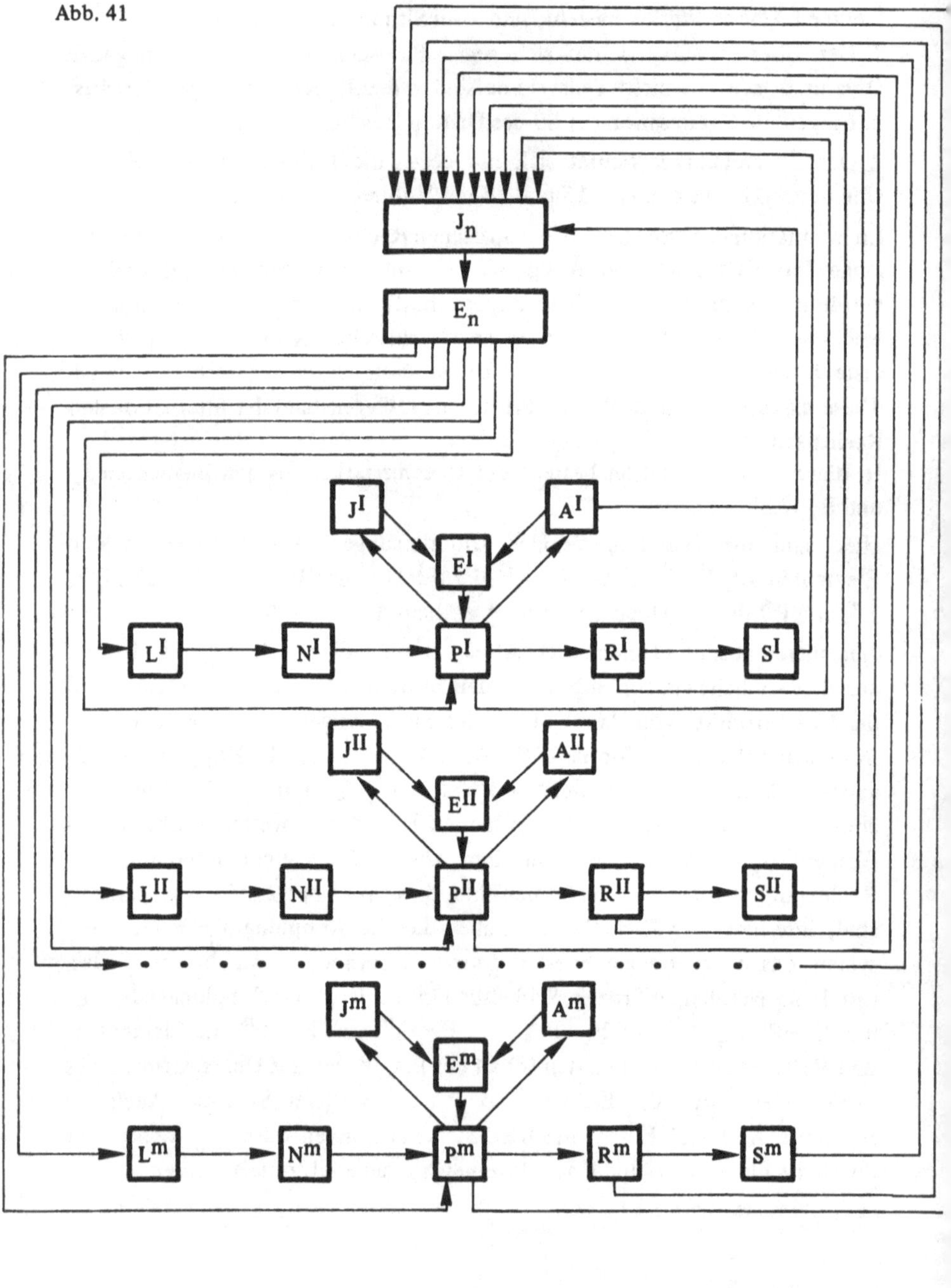
J_n
E_n
J^I
A^I
E^I
L^I
N^I
P^I
R^I
S^I
J^II
A^II
E^II
L^II
N^II
P^II
R^II
S^II
J^m
A^m
E^m
L^m
N^m
P^m
R^m
S^m

In der zweiten Situation des rechtskybernetischen Modells sind die Überverstärker, die nur gegen die Teilsysteme als Ganze gerichtet sind, anders als in der ersten Situation. Das zeugt davon, daß solche Überverstärker noch keine fertigen Erscheinungen des Gesellschaftslebens sind, sondern daß diese zwischen verschiedenen extremen Werten verschiedener Variablen, von denen sie abhängig sind, oszillieren.

Untersuchen wir zum Beispiel das rechtskybernetische Modell des Überverstärkers, das durch Art. 15 und 16 des Völkerbund-Vertrages gebildet wurde, also in einer Form, die unmittelbar aus dem Übereinkommen hervorgeht. In Abb. 42 sind die Teilsysteme nicht zergliedert, da jedes einzelne als eine Einheit betrachtet wurde.

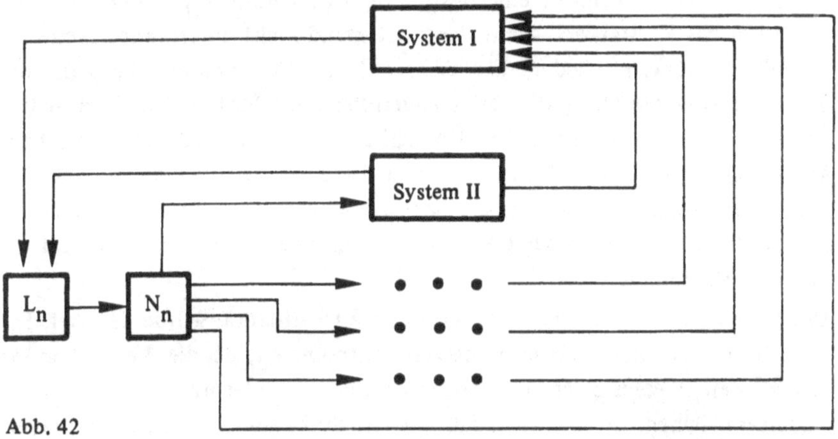

Abb. 42

Wenn die Systeme I und II miteinander im Streit liegen, dann erfährt das Element L_n des Übersystems darüber durch die Kopplungen $I \to L_n$ und $II \to L_n$. Abb. 42 zeigt einen Fall, in dem das Teilsystem I sich mit dem Teilsystem II im Kriegszustand befindet, obwohl die Regeln des Völkerbundes diesen Zustand nicht erlauben (Art. 15 Position 6 und Art. 16 des Völkerbund-Vertrages).

In Abb. 42 wurden die Kopplungen der übrigen Systeme mit dem Informationen überweisenden Element L_n außer acht gelassen, auf deren Grundlage die Versammlung des Völkerbundes den Beschluß des Rates angenommen oder nicht angenommen hat. Im Element N_n wird der Ratsbeschluß kodiert, der durch den Völkerbund einstimmig angenommen wurde. Diesen Beschluß (die Norm) sendet das Element N_n mittels der Kopplungen an alle Teilsysteme. Wenn das System I trotz des Ratsbeschlusses (der Norm) den einzigen Ausweg in einem Kriege sieht, sind die Systeme II, III, ... ipso facto dazu verpflichtet, Handlungen oder Einstellungen zu bestimmen, um das System I zum Gehorsam zu zwingen (internationale Sanktion). In Abb. 42 wurde weder das Schiedsgericht noch der Rat des Völkerbundes eingezeichnet, weil die Völkerbundsversammlung (Element L_n) in der Auffassung des Paktes die höhere und zugleich letzte Appellationsinstanz von Beschlüssen des Schiedsgerichtes und des Rates ist.

In primitiven Systemen[17] übernimmt z.B. der Rat der Ältesten die Funktion des Elementes L, wenn er eine bestimmte Rechtsnorm N_1 bildet, und die Funktion des Verstärkers, wenn sich N_1 jemand nicht unterordnet, wenn er an alle Stammesmitglieder die nächste Norm N_2 richtet, die z.B. die Steinigung der die Norm N_1 verletzenden Personen fordert. Die Primitivität des Verstärkers in diesem Beispiel bewirkt, daß er im rechtskybernetischen Modell als gesondertes Element noch nicht erfaßt werden kann. Ähnlich zeugen die durch das Emissionselement verstärkten Normen, die die Exekution weiteren Elementen der Hauptkette direkt übertragen, von der Primitivität des Völkerbundes.

Das Schema des Überverstärkers für die zweite Situation wurde den Art. 15 und 16 des Völkerbundpaktes bewußt entnommen, da die Verstärker in unserer Zeit in einer solchen Situation überhaupt das Gepräge eines judicium claudicans haben. Es scheint, daß die Analyse des rechtskybernetischen Modells Wegweiser für einen besseren oder sogar optimalen Verstärker sein kann. Die Organisation der Vereinten Nationen (UNO) bedeutet in diesem Bereich einen Fortschritt, da sie eine eigene Militärgewalt besitzt.

2. Krieg und Frieden nach dem rechtskybernetischen Übersystemmodell

Störungen ändern die Wirkung des kybernetischen Systems oder seinen Zustand. Dank der Ursachenzusammenhänge zwischen den Störungen und Änderungen im System können wir nach den später eintretenden Änderungen

17 Siehe dazu oben S. 65, Punkt 3.

auf die früheren Störungen im System schließen und umgekehrt. Man könnte vermuten, daß die Kenntnis der Störungsentwicklungslinie in einem bestimmten Grade Umwälzungsprognosen im Gesellschaftssystem ermöglichen könnte, also die politisch-gesellschaftliche Zukunft der Welt voraussieht. Das ist kein naiver Determinismus in dem Sinne, daß die mutmaßlichen Erscheinungen unbedingt eintreten müssen, denn in den gesellschaftlichen Systemen gibt es aufgrund des dargestellten rechtskybernetischen Modells Regulationserscheinungen.

Nach den früheren Erwägungen[18] beeinflussen die Störungen, allgemein betrachtet, den Zustand oder die Wirkung des Systems (Übersystem). Wie oben festgestellt wurde, beseitigt oder bekämpft die Rechtsnorm Störungen, die im System (Übersystem) negativ gewertet werden, da diese für das System (Übersystem) ungünstig sind. Auch die Zahlenmaßstäbe des Rauschens und die äußeren Störungen (sie wurden mit Z bezeichnet) sind besprochen worden. Betrachten wir nun die Rolle dieser Störungen etwas näher. Diejenigen Störungen, die durch L oder P als für das System ungünstig gewertet werden, z.B. die durch das Recht bekämpften Störungen, werden *negative* oder *Rechtsstörung* genannt werden. *Positive Störungen* nennen wir solche, die durch L oder P als für das System günstige oder gleichgültige Erscheinungen gewertet werden. Die Zahl der negativen Störungen wird mit Z^- und die der positiven mit Z^+ bezeichnet. Demnach ist

$$Z^i = (Z^-)^i + (Z^+)^i \tag{28}$$

wobei Z^i die Zahl aller Störungen im i-ten System bezeichnet.

Ebenso können die Systemstörungen Z_u und die Übersystemstörungen Z_n eingeteilt werden:

$$\begin{aligned} &Z_u = Z_u^- + Z_u^+ \text{ und } Z_n = Z_n^- + Z_n^+ \\ &Z_u^i = (Z_u^-)^i + (Z_u^+)^i \text{ und } Z_n^i = (Z_n^-)^i + (Z_n^+)^i \end{aligned} \tag{29}$$

Auf Grund der Formeln (26) bis (29) können wir also schreiben:

$$\begin{aligned} &Z = Z_u^- + Z_u^+ + Z_n^- + Z_n^+, \\ &Z^i = Z^i{}_u + Z_n^i = (Z_u^-)^i + (Z_u^+)^i + (Z_n^-)^i + (Z_n^+)^i \end{aligned} \tag{30}$$

18 S. 15 f.

Jedes einzelne System kann von vier Arten von Störungen auf einmal oder nur von einigen Störungen oder überhaupt durch keine Störung angegriffen werden. Da die Zahl der Störungen jeder einzelnen Art gleich Null oder ungleich Null sein kann, gibt es $2^4 = 16$ Möglichkeiten.

Es erhebt sich die Frage, was für Folgen diese viererlei Störungen $(Z_u^-)^i$, $(Z_u^+)^i$, $(Z_n^-)^i$, und $(Z_n^+)^i$ in den verschiedenen Elementen des i-ten Systems hervorrufen. Das wird teilweise anhand von Beispielen der Tafel III beantwortet.

Man kann genauere Angaben über die Wirkungen der einzelnen Störungen erhalten, wenn man mit den Änderungsmerkmalen operiert, die diese Störungen hervorrufen, z.B. durch genaue Angabe des geschmolzenen Stahls in einer gegebenen Zeit. Das wäre aber sehr mühsam und zeitraubend. Setzen wir aber voraus, daß die einzelnen Störungen schon in entsprechenden Einheiten angegeben wurden, dann würden sich die Zahlen Z_u und Z_n in viele Faktoren aufteilen, von denen jeder ein anderes Merkmal dieser Störungsfolge betreffen würde. Nehmen wir auch an, daß die Komponenten durch ein und dieselbe Maßeinheit ausgedrückt werden.

Bei der Einteilung der verschiedenen Störungen in vorteilhafte oder nicht vorteilhafte (Tafel III) wurde in Betracht gezogen, daß die einzelnen Systeme im Übersystem die Wirkungen der Störungen nach ihren eigenen egoistischen Interessen werten. Im Einzelfall kann das jedoch unzutreffend sein. Die Bevölkerungszunahme z.B., die durch das eigene Land gewöhnlich positiv gewertet wird – also $(Z_u^+)^i$ oder $(Z_n^+)^i$ –, kann unter bestimmten Verhältnissen negativ gewertet werden – also $(Z_u^-)^i$ oder $(Z_n^-)^i$ –. Solche Fälle sind jedoch untypisch oder kommen nur selten vor, sie brauchen daher bei den Modellerwägungen nicht miteinbezogen zu werden, da diese sich vor allem auf die allgemeinsten Zusammenhänge stützen.

Auf jeden Fall muß vorausgesetzt werden, daß weder $(Z_n^+)^i$ noch $(Z_n^+)^i$ durch Rechtsvorschriften geregelt werden, da *ex definitione* die Teilsysteme des Übersystems nur negativ wertende Störungen regulieren. Wenn z.B. ein System auf einem bestimmten Gebiet die Erhöhung von $(Z_u^+)^i$ anstrebt, z.B. eine Produktionserhöhung von internationaler Bedeutung (Tafel III, Nr. 3, Reihe 4), dann richtet es sich nicht gegen die Störungen $(Z_u^+)^i$, da diese Störungen eben günstige Wirkungen haben. Es entfernt also diejenigen Störungen, die diese hemmen, z.B. die Störungen $(Z_u^-)^i$ oder $(Z_n^-)^i$ (Tafel III, Nr. 3, Reihen 1 und 3).

Ein anderes Beispiel: Wenn der Produktionsrückgang durch Sabotage von Bürgern aus anderen Systemen verursacht wurde, muß $(Z_n^-)^i$ geregelt werden (Tafel III, Nr. 5, Reihe 3), tritt er jedoch infolge von inneren Wirtschaftsmißständen ein, müssen die in der 1. und 3. Reihe der Tafel III angegebenen Störungen reguliert werden.

Die Störungswirkungen können durch die nächstfolgenden Zustände des angegriffenen Systems dargestellt werden. So können z.B. im System I mit der Hauptkette L^I, N^I, P^I, R^I und S^I und dem Verstärker J^I, A^I und E^I die Störungswirkungen Z_u^I und Z_n^I durch die Größe der Änderungen beim Ausgang dieses, als Einheit aufgefaßten Systems bezeichnet werden. Die Störungsfolgen im gesamten Übersystem können durch die Summe der Störungsarten aller Teilsysteme an deren Ausgang gemessen werden. Ein solcher Gradmesser würde nämlich auch die durch die Rechtsregelung verursachten Änderungen (im Sinne von 2 S. 17) berücksichtigen, das sind die durch das Element L und den Verstärker verursachten Änderungen. Würde die Störungsfolge beim Eingang in die einzelnen Systeme auf dieselbe Weise gemessen werden, führte das dazu, daß die Änderungen der Wirkungen durch die systeminterne Rechtsregelung nicht unberücksichtigt blieben.

Allgemein gesagt gehört die die systeminternen Störungsfolgen bekämpfende systeminterne Rechtsregelung zu dem Aufgabenkreis der Elemente L, J, A und E[19]. Die Systemauflockerung (Tafel III, Nr. 1) wird z.B. vor allem durch *politisches Recht* und *Verfassungsrecht*, Organisationschaos (Tafel III, Nr. 2) durch *Verwaltungs-, Steuerrecht* usw. bekämpft. Wirtschaftsmißstände (Tafel III, Nr. 3) werden durch *Zivil-, Wirtschafts-, Handels-, Wechsel-, Bankrecht, Verkehrsvorschriften* usw. bekämpft. Der demographische Rückgang (Tafel III, Nr. 4) wird durch *Gesundheitsrecht* u.ä. Rechte bekämpft. Die Zunahme des Verbrechertums (Tafel III, Nr. 5) wird durch *Strafrecht* und die Polizeiorganisation bekämpft. Wenn die Emissionen verschiedener Normen und Regelungen durch den Verstärker richtig und leistungsfähig sind, treten günstige Änderungen ein, die in Reihe 2 der Tafel III vermerkt wurden.

Das Bekämpfen der negativen Störungen im Übersystem $(Z_n^-)^i$ trifft auf Schwierigkeiten, und ihre Beseitigung mit Hilfe von Rechtsnormen des Teilsystems ist oft unmöglich[20]. Gewöhnlich kann das Teilsystem die

19 Siehe dazu oben S. 19 ff.

20 Siehe dazu oben S. 129.

Tafel III. Einige Störungswirkungen

Nr.	$(Z_u^-)^i$	$(Z_u^+)^{i\,*}$
1	Systemauflockerung (z.B. eigenmächtige Verfassungswidrigkeit, Staatsstreich, Revolution)	Für die Gesellschaft günstige Änderungen in System und Politik
2	Organisationschaos (z.B. Kompetenzstreit zwischen den Behörden, Behördennachlässigkeit, falsch veranlagte Steuern)	Verbesserung der Behördenorganisation und des Verwaltungsverfahrens (z.B. des Staatseigentums)
3	Wirtschaftsmißstände (z.B. Nichtausführung von Verträgen, Inflation, Vernichtung der Feldfrüchte)	Anstieg der Produktion, des Handels und Transports
4	Demographischer Rückgang (z.B. Krankheitszunahme, Sterblichkeit infolge von Epidemien, Emigrationen)	Verbesserung der demographischen Lage (z.B. Bevölkerungszunahme, Verbesserung des Gesundheitswesens)
5	Zunahme von Verbrechen	Abnahme von Verbrechen
6	...	...

*mit Berücksichtigung der Rechtsregelungsfolgen

Z_u und Z_n in den Elementen eines Systems

$(Z_n^-)^i$	$(Z_n^+)^{i\,*}$
Rechtsmißbrauch des Übersystems im Verhältnis zu den Teilsystemen (z.B. die Vereinigten Staaten in Indochina)	Erlangung von Unabhängigkeit und demokratischer Staatsform durch einige Kolonien infolge von Störungen im Übersystem (z.B. infolge des 2. Weltkrieges)
Schwächung des Verteidigungssystems (z.B. Ägypten durch die Solidaritätsstörung der arabischen Staaten)	Paß-, Touristen- und Zollerleichterungen infolge von diskriminierenden Verfügungen anderer Teilsysteme
Verschlechterung der Handels- und Zahlungsbilanz (z.B. in Großbritannien infolge von Störungen durch die EWG)	Vorteile, die infolge obiger Erleichterungen entstehen (Tourismus, Hotellerie)
Demographische Erschütterungen, die aus anderen Teilsystemen stammen (z.B. Übertragung von Epidemien)	Demographische Vorteile, die durch Störungen in anderen Teilsystemen hervorgerugen wurden (z.B. die Imigration in die Vereinigten Staaten)
Unruhen und Straßenkämpfe oder verbrecherische Agenturen, die aus anderen Teilsystemen übertragen wurden (z.B. die Maffia, Schleichhandel mit Narkotika)	Relativer Rückgang des Gangstertums, des Schleichhandels mit Narkotika, und dem Menschenhandel (z.B. auf der Strecke Afrika – Naher Osten infolge von Störungen im Commonwealth, die durch die Regierung Südrhodesien hervorgerufen wurden)
...	...

negativen Störungsfolgen des Übersystems $(Z_n^-)^i$ erst dann bekämpfen, wenn es die eigenen negativen Systemstörungen ausreichend beherrscht. Infolgedessen verschärfen sich die internationalen Konflikte zwischen dem Übersystem und dessen Teilsystemen, wenn $(Z_u^-)^i$ abnimmt oder auch wenn $(Z_n^-)^i$ zunimmt, wenn also der Quotient

$$\frac{(Z_n^-)^i}{(Z_n^-)^i}$$

größer wird. Dieser Quotient kann somit als Kennzeichen der Konfliktsituationen für das *i*-te System zwischen dem Übersystem und dessen Teilsystemen betrachtet werden. Wir bezeichnen dieses Kennzeichen mit H^i:

$$H^i = \frac{(Z_n^-)^i}{(Z_n^-)^i} \quad . \qquad (31)$$

Entsprechend kann die Konfliktsituation des als Einheit angesehenen Übersystems durch folgendes Kennzeichen angegeben werden:

$$H = \frac{Z_n^-}{Z_n^-} \quad . \qquad (32)$$

Daraus ist ersichtlich, daß H größer wird, wenn Z_u^- abnimmt oder Z_n^- größer wird.

Wie aus (31) und (32) hervorgeht, ist das Kennzeichen H nicht die Summe der Kennzeichen von H^i; es wird, da die Zahlenzusammenhänge sehr kompliziert sind, aufgrund (27) und (31) durch folgende Formel ausgedrückt:

$$H = \frac{(Z_n^-)^1 + \ldots + (Z_n^-)^m}{(Z_u^-)^1 + \ldots + (Z_u^-)^m} \qquad (33)$$

$$= \frac{[(Z_n^-)^1 + \ldots + (Z_n^-)^m] \cdot H^1 \cdot H^2 \cdot \ldots \cdot H^m}{(Z_n^-)^1 \cdot H^2 \cdot H^3 \cdot \ldots \cdot H^m + (Z_n^-)^2 \cdot H^1 \cdot H^3 \cdot \ldots \cdot H^m + \ldots + (Z_n^-)^m \cdot H^1 \cdot H^2 \cdot \ldots \cdot H^{m-1}}$$

Bei dieser Formel ist es sehr wichtig, daß auch sie die Zunahme des Kennzeichens H aufweist, da das Produkt von allen (siehe Zähler) schneller zunimmt (wie aus der Arithmetik bekannt) als die Summe von Teilprodukten (siehe Nenner), umso mehr, da sie durch kleinere Faktoren als durch die

Summe des Zählers multipliziert werden. Diese Formel weist auch die Zunahme des Indikators H, zusammen mit der Zunahme der einzelnen $(Z_n^-)^i$ auf, da jeder von ihnen nach Auflösung der eckigen Klammern im Zähler durch ein größeres Produkt als im Nenner multipliziert ist. Es weist auch die Zunahme des Indikators H, zusammen mit dem Kleinwerden der einzelnen $(Z_u^-)^i$, die im Nenner stehen, auf (siehe erster Teil der Formel, aus der übrigens auch die Zunahme von H, zusammen mit der Zunahme der einzelnen $(Z_n^-)^i$ hervorgeht).

Wichtig ist außerdem, daß die Formel (33) wie auch die Formeln (29)–(32), auf die diese sich stützt, bei der Voraussetzung eingeführt wurde, daß es keine Übersystem-Regelung L_n und N_n gibt, oder diese nur sehr schwach ist. Dasselbe betrifft natürlich auch die weiteren Formeln, die von diesen abgeleitet wurden.

Die Indikatoren H^i nach (31) und entsprechend der Indikator H können z.B. nach Formel (32) auf 0 und 1 normiert werden, d.i. sie können zwar durch andersartige Indikatoren ersetzt werden, die jedoch nur den Wert von 0 bis 1 annehmen, was bei der Anwendung sehr bequem ist.

Möge

$$H^i = \frac{(Z_n^-)^i}{(Z_u^-)^i + (Z_n^-)^i} \tag{34}$$

und

$$H = \frac{Z_n^-}{Z_u^- + Z_n^-} \tag{35}$$

sein. H^i strebt dann gegen 0, wenn $(Z_n^-)^i$ gegen 0 strebt, und gegen 1, wenn $(Z_u^-)^i$ gegen 0 strebt; $H_i = 0$, wenn $(Z_n^-)^i = 0$, und $Hi = 1$, wenn $(Z_n^-)^i = 0$. Aus Formel (34) ist sofort ersichtlich, daß $0 < H^i < 1$ für alle $(Z_n^-)^i \neq 0$ und $(Z_u^-)^i \neq 0$.

Noch wichtiger jedoch ist, daß die Indikatoren H^i und das normierte H in Formel (34) und (35) die Eigenschaften ihres nicht normierten Prototyps (31) und (32) beibehalten; sie steigen nämlich mit der Zunahme der einzelnen $(Z_n^-)^i$ und der Abnahme der einzelnen $(Z_u^-)^i$ bis auf 1 an, und bei umgekehrten Verhältnissen fallen sie bis auf 0; H wiederum steigt mit der Zunahme eines jeden H^i bis auf 1 oder fällt mit dessen Abnahme bis auf 0.

Im folgenden werden nur normierte Kennzeichen verwendet. Wir sprechen von den Kennzeichen H^i und H derart, daß

(i) wenn alle H^i gegen 0 streben, insbesondere also, wenn H gegen 0 strebt, die internationale Situation im Übersystem optimal ist;

(ii) wenn H gegen 1 strebt (siehe (35)), wenn also Z_u^- (siehe (21)) und alle $(Z_u^-)^i$ gegen 0 (siehe (34)), und alle H_i gegen 1 streben, die internationale Situation im Übersystem am schlechtesten ist;

(iii) bei indirekten Situationen, wenn irgendein H^i zunimmt oder abnimmt, nach den Bemerkungen zu (33) und den normierten Formeln auch H zunehmen oder abnehmen kann. Die Zunahme von H zieht Konfliktsituationen im Übersystem nach sich, somit also eine Verschlechterung der internationalen Situation.

Prüfen wir einmal an einem Geschichtsabschnitt, ob die Faktoren, die nach den obigen Regeln eine Zunahme oder Abnahme der einzelnen H^i zur Wirkung haben müßten, mit denen übereinstimmen, die uns die Historiker überliefert haben. Greifen wir, natürlich in aller Kürze, zu einem Beispiel aus der altrömischen Geschichte.

Seit dem Jahre 1000 v.Chr. gab es auf der Apenninhalbinsel eine Reihe von gesellschaftlich-rechtlichen Systemen, von denen sich der Römische Staat, bezeichnen wir ihn mit I, bis zum Jahre 500 v.Chr. nicht wesentlich unterschied. In jener Epoche waren die Störungen dieser Systeme typisch für alle primitiven Hirtenstaaten. Zu $(Z_u^-)^I$ zählten Störungen, die hauptsächlich auf der Erweiterung der Weidplätze und Felder durch die Nachbarn beruhten; höchstens kam noch die Verletzung des nur schwach entwickelten Zwischenstammhandels in Frage. Zu $(Z_u^-)^I$ zählten in Rom solche Störungen, die infolge von Systemchaos und Wirtschaftsmißständen entstanden sind, vor allem hinsichtlich des Eigentumsrechts, sowie das innere Verbrechertum. Deshalb waren die Vertreibung von TARKWIN dem Stolzen und *secessio in montem sacrum* typische Erscheinungen. Sie führten jedoch zu neuen inneren Systemstörungen $(Z_u^-)^i$, die die Römer gegen 450 v.Chr. durch eine für die damalige Zeit untypische Rechtsregelung beseitigten, indem sie das Recht der XII Tafeln einführten, wodurch $(Z_u^-)^i$ kleiner, die Macht Roms aber stärker wurde. Wie hervorragend dieser Rechtsakt für die damalige Zeit war, ist allgemein bekannt, wie auch, daß manche Rechtsinstitutionen, die durch das Recht der XII Tafeln eingeführt wurden, über 20 Jahrhunderte nichts von ihrer Aktualität verloren haben und höchstwahrscheinlich auch nie verlieren werden, wie etwa die Appellation, der Grundsatz des kontradiktorischen Prozesses (in einer ausgebildeteren Form als in Griechenland), die Erbaufteilung in ein gesetzliches Erbe und ein testamentarisches Erbe, usw. Diese Rechtsverbesserungen führten die Römer durch ein gut organisiertes Administrations- und Justizwesen ein – kybernetisch gesagt, sie haben es verstanden, einen starken Verstärker zu schaffen[21]. Weil $(Z_u^-)^i$ sich 0 näherte, ergab sich nach (34), daß H^I sich 1 näherte, was die Zunahme von H, also eine Konfliktsituation im damaligen mittelmeerischen Übersystem, nach sich zog, die eine Verschlechterung der internationalen Situation ankündigte.

Und so geschah es auch. Etwa um 450 v.Chr. verwandelte sich die Apenninhalbinsel in einen großen Kampfplatz, auf dem die Römer bis zum Jahre 275 v.Chr. fast die ganze Halbinsel eroberten, mit Ausnahme des zisalpinischen Gallien.

Da im erwähnten Geschichtsabschnitt die Zunahme des Kennzeichens H Folge davon war, daß H^I gegen 1 strebte, war vorauszusehen, daß eben das System I, also Rom, Ursachenquelle der Verschlechterung der internationalen Lage sein würde.

Daß ein System, das eine sehr gute Rechtsregelung besitzt, durch diese Rechtsregelung zur Verschlechterung der internationalen Lage führt und sogar Kriegsentfacher werden kann, gehört zu den Tatsachen, die in der traditionellen Rechts- und Staatstheorie nicht so leicht wahrgenommen werden können. Nach den traditionellen Ansichten werden die Nachbarn eines Rechtsstaates sowie die internationale Lage überhaupt durch diesen günstig beeinflußt. Aber die Konfrontierung der Schlußfolgerungen, die sich aus der kybernetischen Analyse des Faktors H mit den traditionellen Ansichten ergeben, spricht für die kybernetische Schlußfolgerung, die in der Geschichte Bestätigung findet: Staaten mit der stärksten Emission und der besten Rechtsregelung wurden zur Kriegsursache. Als weiteres Beispiel kann die Geschichte Spartas mit den berühmten Gesetzgebern LIKURG und SOLON und in unserem Zeitalter das Deutsche Reich dienen, in dem das innere Rechtssystem seit der 2. Hälfte des 19. Jahrhunderts allgemein als das beste der Welt anerkannt wurde. Trotzdem, und vom kybernetischen Standpunkt aus eben deshalb, war das Reich

21 Siehe dazu oben S. 17 ff.

als Teilsystem eines Übersystems Ursache der beiden Weltkriege, einer schweren Störung im Übersystem.

Nach 275 v.Chr. strebte $(Z_u^-)^I$ weiterhin, aber schneller, gegen 0, da die Römer, die fast die ganze Apenninhalbinsel beherrschten, ihr Recht in den neuen Gebieten geltend machten, was zu noch größeren Störungen $(Z_u^-)^I$ in dem gesamten mittelmeerischen Übersystem führte, zumal Rom, Karthago und verschiedene griechische und andere Staaten miteinander im Seehandel zu konkurrieren begannen. Das führte ebenso wie vorher zu noch größerer Zunahme von H, und mußte eine weitere Verschlechterung der internationalen Lage im Übersystem ankündigen.

Tatsächlich kam es bald nach dem Jahre 275 v.Chr. zu den blutigsten Kriegen: die Punischen Kriege (261–141 v.Chr.), die Kämpfe um das zisalpinische Gallien, die Kriege mit dem mazedonischen König PHILIPP V., mit dem syrischen König ANTIOCHOS III., mit PERSEUS, dem letzten König von Mazedonien usw.

Aber um das Jahr 140 v.Chr., wenn wir es wieder nur in aller Kürze zusammenfassen, begannen sich die Größen der einzelnen Kennzeichen von H^i zu verändern. $(Z_u^-)^I$ nahm zu: Sklavenunruhen, vor allem der Sklavenaufstand in Sizilien, der von SPARTAKUS angeführte Sklavenkrieg, der Kampf der GRACCHEN um eine landwirtschaftliche Reform, die Konkurrenz zwischen den Eques und Senatoren, der Kampf der Optimaten mit den Popularen. H also begann sich von 1 zu entfernen, was bei Nichtzunahme von inneren Störungen $(Z_u^-)^{II}$, $(Z_u^-)^{III}$, ... in anderen Systemen eine Verbesserung der Lage im Übersystem verheißen mußte.

So war es auch tatsächlich. Zwar kommt es weiterhin zu kleinen Kriegen (z.B. der Jugurthinische Krieg – 110–105 v.Chr.), der vom König von Numidien erklärt wurde, oder die von MITHRIDATOS gegen Rom geführten Kriege (88–83 v.Chr.); aber diese Kriege bezweckten nur noch die Aufrechterhaltung der Ordnung im Sinne des *status quo* in den einzelnen Ländern oder Provinzen, wie etwa der Kampfzug JULIUS CAESARS nach Gallien. In kybernetischer Auffassung waren diese Kriege vor allem Mittel zur Wiederherstellung der inneren administrativen Ordnung, die darum bemüht war, die Störungen in den einzelnen Systemen zu beseitigen, also die Zahl $(Z_u^-)^i$ zu verkleinern.

Nachdem die innere Lage durch AUGUSTUS OKTAVIAN um das Jahr

30 v.Chr. aufs neue beherrscht wurde, beginnt $(Z_u^-)^I$ wieder schnell gegen 0 zu streben. Noch während seines Patriziates beseitigte er im Römischen Staat durch Rechtsmaßnahmen die Wirtschafts-, System- und Organisationsmißstände mit Hilfe von Normen des Zivilrechts, des politischen Rechts und des Administrationsrechts, ja er wollte sogar durch seine Vorschrift aus den Jahren 28 und 18 v.Chr. zur Verbesserung der Sitten beitragen. In dem bereits komplizierten Staatsgebilde I erfolgte eine systematische Emission der Rechtsnormen durch Senatbeschlüsse *(senatus consulta)* und kaiserliche Verfügungen *(constitutiones)* und sogar durch das den hervorragendsten Juristen verliehene Recht, ius respondendi herauszugeben. So entstand das klassische römische Recht. Im Laufe von ungefähr 250 Jahren, begonnen vom Prinzipat AUGUSTUS, wirkten solche hervorragenden Juristen wie: MARCUS ANTISTINIUS LABEO, ATEIUS CAPITO, JULIANUS SALVIUS, GAJUS, AEMILIUS PAPINIANUS, PAULIS und ULPIANUS, die in großem Maße zur Entstehung einer der besten Rechtsregelungen der damaligen Welt beigetragen haben. Es wiederholte sich nun die Situation der Jahre 500–275 v.Chr., d.h. da es kein starkes L_n gab, drohten weitere Eroberungen seitens der Römer.

Tatsächlich eroberten die Römer bis zum Jahre 300 n.Chr. Ägypten, Palästina, Norikum, Pannonien, Mauretanien, einen Teil von Britannien, Arabien, Datien, Mesopotamien usw., also fast die ganze damalige Welt.

So schufen die Römer aus dem vorher bestehenden Übersystem ein Imperial-System, wenn man die Barbarenstämme außer acht läßt. Die Übersystemstörungen $(Z_n^-)^I$ wurden also zu Systemstörungen $(Z_u^-)^I$, die nach dem Jahre 300 n.Chr. stark anstiegen. Die Ermordnung Ulpians im Jahre 228 in Anwesenheit des Kaisers ALEXANDER SEVERUS ist ein Zeichen dafür, daß die Rechtsregelung des Römischen Westimperiums vorüber war.

Die Zunahme von $(Z_u^-)^I$ war so groß, daß das System allein in ein West- und Oströmisches Kaiserreich zerfiel. Selbst die Überfälle der Barbaren waren im Vergleich zu der übergroßen Zahl der inneren Systemstörungen $(Z_u^-)^I$ sehr geringe Übersystemstörungen. Das Kennzeichen H strebte also 0 zu, was genauso wie vorher eine Verringerung der Konfliktsituationen im Übersystem ankündigte.

So geschah es auch; der schnelle Verfall des Römischen Imperiums, das sich nicht einmal der primitiven Barbaren erwehren konnte, befreite das Übersystem, das damalige *totus orbis terrarum,* von den immerwährenden Konflikten, die von dem einst so eroberungslüstigen, mächtigen Staat mit so großartiger militärischer Tradition und reichen Geldmitteln entfacht worden war, und der längere Zeit hindurch das dichtbevölkertste Land gewesen war. Die spätere Entwicklung des römischen Rechts, das in der Wissenschaft durch die Rechtssammlungen aus dem 4. bis 6. Jahrhundert unter dem Namen *Codex Theodosianus* und *Codes Justinianus (Corpus iuris civilis)* bekannt ist, ist schon am Hofe des Ostkaiserreiches entstanden. Dank seiner gesetzgebenden Tätigkeit begann $(Z_u^-)^{II}$ bis auf 0 zu fallen. Die weitere Geschichte des Ostkaiserreiches soll nicht weiter erörtert werden, da sie zum eigentlichen Thema nichts Neues beiträgt.

Zum Abschluß noch ein zeitgenössisches Beispiel, das notgedrungen auch nur kurz geschildert werden soll.

Untersuchen wir der Reihe nach die Störungsänderungen Z_u^-, von denen das Kennzeichen H abhängt.

Nach dem zweiten Weltkrieg nahm $(Z_u^-)^I$ in allen Systemen, d.h. in allen Staaten, zu, die an diesem Kriege teilgenommen hatten, da sich, wie gewöhnlich nach Kriegen, immer mehr nachkriegszeitliche Mißstände, Wirtschafts- und Administrationsschwierigkeiten auftürmten. Auch die sog. dritte Welt, also die in der Nachkriegszeit entstandenen unabhängigen asiatischen und afrikanischen Staaten, wie auch die Volksrepublik China, die ihr Bestehen den Revolutionskräften verdankt, war für die neu entstandenen Systeme ein Störungsherd. Nach Formel (34) werden in solchen Situationen die Kennzeichen von H^i, also auch das Kennzeichen H, kleiner, was im Übersystem die Gefahr eines totalen Krieges beseitigen mußte.

Tatsächlich brachen in diesem Jahre nur kleine lokale Kriege aus, u.a. in Korea und in Laos.

Erst mehrere Jahre nach dem Kriegsende begann sich $(Z_u^-)^i$ sowohl in den Systemen, die am Kriege nicht teilgenommen hatten, als auch in den Systemen der dritten Welt zu festigen, kleiner zu werden und gegen 0 zu laufen. Diese Erscheinung ist für die Friedenslage von großer Bedeutung, denn mit dem Frieden nimmt die Wirtschafts- und Administrationsordnung zu und das Verbrechertum relativ ab. Es weist nichts darauf hin, daß sich in den erwähnten Systemen $(Z_u^-)^i$ in den nächsten Jahren entgegengesetzt ändert, falls keine neue, die internationalen Verhältnisse störende Umwälzung eintreten sollte.

Man kann also annehmen, daß auch in den Ländern der dritten Welt die Größe der einzelnen $(Z_u^-)^i$ gegen 0 strebt, obwohl dies natürlicherweise mit einer jahrelangen Verzögerung eintreten wird, und zwar je nachdem sich die Lebensbedingungen in diesen Systemen zu einer besseren Emission und Rechtsregelung festigen werden. Es ist also voraussehbar, daß in den meisten übrigen Ländern, u.a. in den sog. neutralen Staaten, z.B. in Südamerika, $(Z_u^-)^i$ jetzt erst einmal kleiner werden. Das würde eine Abnahme von $Z_u^- = (Z_u^-)^1 + (Z_u^-)^2 + \ldots$ im ganzen Übersystem zur Folge haben, das jetzt aus allen Ländern der Welt besteht.

Ohne genauere statistische Angaben kann nur schwer festgestellt werden, ob dieser Fortschritt schneller oder langsamer vonstatten gehen wird. Wir wissen auch nicht, ob und in welchem System oder Mengen solcher Systeme die inneren Störungen kleiner sind, was für eine Prognose, ob und welches dieser Systeme einen Krieg im Übersystem entfachen kann, von großer Wichtigkeit ist[22]. Nach Formel (35) nimmt die Wahrscheinlichkeit eines Kriegsausbruches im Übersystem aufgrund der Regel ii zu, wenn Z_u^- gegen 0 und H gegen 1 strebt.

Daraus darf natürlich nicht der paradoxe Schluß gezogen werden, daß die Möglichkeit eines Kriegsausbruches im Übersystem proportional zur Auswahl der Jahre des Friedens anwächst. Das besprochene rechtskybernetische Modell weist nur auf, daß in den einzelnen Systemen eine Zeit nach dem Kriege die Menge der Systemstörungen gewöhnlich die Emission oder Rechtsregelungen bewirkt und die Zahlen $(Z_u^-)^i$ kleiner werden und 0 anzustreben beginnen. Die internationale Lage des ganzen Übersystems hängt jedoch nicht nur von den Änderungen in $(Z_u^-)^i$ ab, sondern auch von vielen bekannten und unbekannten Faktoren, die in den Formeln (28) bis (35) nicht berücksichtigt wurden und u.a. davon, ob die einzelnen Systeme die Störungen nur vom eigenen Gesichtspunkt aus bewerten *(Partikularregelung)* oder vom Gesichtspunkt des Übersystems, d.h. ob eine starke Übersystemregelung besteht, deren Fehlen oder Schwächen diesen Formeln zu Grunde liegen. Deshalb wird von vielen Moralsystemen eine Universalregelung

22 Siehe dazu S. 155.

gefordert. Aber diese Moralsysteme sind trotz ihrer großen gesellschaftlichen Bedeutung nicht immer eine genügend starke Regelung, da sie über keine Strafsanktionen verfügen und im allgemeinen der Verstärkung in den Elementen J, A und E nicht unterliegen. Deshalb werden Übersystemregelungen gebildet, um Kriege zu vermeiden.

Vor allem für das zweite der beiden behandelten Beispiele, d.h. für die Gegenwart, ergibt sich daraus folgende Alternative:

1. Entweder wird eine Rechtsregelung des Übersystems geschaffen und das Wirtschafts- und Gesellschaftsleben (Warenumsatz, Transport usw.) wird dazu dienen, die Zwischensystemstörungen zu beseitigen, wodurch *H* gegen 0 laufen und den Frieden im ganzen Übersystem sichern würde.

2. Oder es kommt im Übersystem zu keiner wirksamen Regelung, und die gesamte Produktion, der Warenumsatz, Transport usw. wird darauf eingestellt sein, systeminterne Störungen zu beseitigen, was bei einer durch die stärkste Rechtsregelung erzielte Hegemonie einzelner Systeme zur Beseitigung der Übersystemstörungen durch Gewalt, Korruption, Kriegsinterventionen usw. führen kann, also zur Annäherung des Kennzeichens *H* an 1, was unter solchen Verhältnissen den Ausbruch eines allgemeinen Weltkrieges bedeuten würde.

Aus dem aktuellen Verlauf des Kennzeichens *H* geht hervor, daß die gegenwärtige Situation ernster ist, als man annimmt. Das Problem betrifft nämlich nicht nur einen eventuellen Ost-West-Konflikt oder die Koexistenz dieser Staaten. Ein solcher Konflikt könnte vielleicht beherrscht werden, aber es würde zum Anwachsen von stets neuen Konflikten führen, da es keine Übersystemregelung gibt, die diesem ständigen Anwachsen des Kennzeichens *H* erfolgreich entgegenwirken würde. Da *H* tatsächlich die Funktion vieler Variablen ist und ihr Verlauf vom Willen vieler Menschen abhängt, müßte dieser Wille auf eine wirksame Beseitigung der internationalen Störungen durch Bildung einer starken Übersystemregelung gerichtet sein.

Schließlich muß noch beachtet werden, daß die Rechtsregelung mit Verspätung wirkt: zuerst entsteht eine Störung und dann die Handlung, die einer Wiederholung derselben Störung entgegenwirkt. Nach den beiden Weltkriegen entstanden internationale Organisationen, die den sich wiederholenden Störungen, die zu Kriegen führen, entgegenwirken sollten. Sollte tatsächlich ein dritter Weltkrieg ausbrechen, und sollte dieser nicht zur totalen Vernichtung der Welt führen, kann mit großer Wahrscheinlichkeit angenommen werden, daß die nächste internationale Organisation noch stärker und wirksamer sein würde. In dieser Richtung wirkt nämlich der natürliche kybernetische Automatismus der erörterten Rechtserscheinung.

Es besteht jedoch die berechtigte Befürchtung, daß infolge der Einsetzung von Atomwaffen, die die Menschheit in Urverhältnisse versetzen würde, keine stärkere Übersystem-Organisation entstehen könnte. Deshalb sollte das Entstehen einer internationalen Organisation nicht einfach dem Automatismus der besprochenen Rechtssysteme überlassen werden, vielmehr muß angesichts einer so drohenden Gefahr dieser Automatismus rechtzeitig durch ein bewußtes Handeln unterstützt werden, das die Bildung oder eine entsprechende Verstärkung von Übersystem-Organisationen zum Ziel hat.

Literaturverzeichnis

J. ANOUILH, Antigone, Paris 1956.,

W. R. ASHBY, An introduction to cybernetics [Wstęp do cybernetyki], przekład B. Osuchowskiego i Gosiewskiego, Warszawa 1961.

A. BANASZAK, Żarliwość czymu – autentyzm postawy [artykuł], Trybuna Ludu z 30.III.1968.

J. BARDACH, W 300. rocznicę powstania chłopskiego pod wodzą Kostki Napierskiego, Nowe Drogi, 5, 1951, zeszyt 3 (27), s. 91–124.

J. BENTHAM, An introduction to the principles of morals and legislation (1730), Oxford 1876.

W. BERUTOWICZ, Znaczenie prawne dochodzenia roszczeń, Warszawa 1966.

N. BOBBIO, La consuetudine come fatto normativo, Padua 1942.

M. BORUCKA-ARCTOWA, O społecznym działaniu prawa, Warszawa 1967.

J. BRODZKI, Drużyny, pomocnicy, poręki [artykuł], Trybuna Ludu z 9.I.1960.

A. DAVID, Méthode sociologique et méthode législative, Paris 1958, s. 91–102.

P. DE LATIL, Introduction à la cybernétique, La pensée artificielle, przekład K. Wołowskiego i S. Manczarskiego pt. Sztuczne myślenie. Wstęp do cybernetyki z XI wydania francuskiego, Warszawa 1958.

G. FASSÓ, La storia come esperienza giuridica, Mailand 1953.

A. FRYCZ MODRZEWSKI, O poprawie Rzeczypospolitej, przekład z łaciny E. Jędrkiewicza podług III wydania bazylejskiego z 1559 r., Kraków 1953.

A. GIULIANI, Ricerche in tema di esperienza giuridica, Mailand 1957.

H. GRENIEWSKI, Elementy cybernetyki sposobem niematematycznym wyłożone, Warszawa 1959.

H. GROTIUS, De jure belli ac pacis libri tres, Paris 1625.

C. HILL, Rewolucja angielska, przekład J. Sokołowskiej w książce „Rewolucja angielska 1740 r.“, Kraków 1950, s. 9–118.

D. HUME, Essays moral and political, Edinburgh 1741.

R. IHERING, Scherz und Ernst in der Jurisprudenz, Leipzig 1885.

H. KELSEN, Hauptprobleme der Staatsrechtslehre, Wien 1923.

H. KELSEN, Allgemeine Staatslehre, Berlin 1925.

V. KNAPP, Roważania nad możliwością stosowania cybernetyki w dziedzinie prawa, Państwo i Prawo 19, 1964, s. 603–630.

J. KOLASA, Rules of procedure for the United Nations General Assembly, Prace Wrocławskiego Towarzystwa Naukowego, Seria A, nr 115, Wrocław 1967.

K. KORANYI, Wstęp dp książki „Bartłomiej Groicki, Porządek sądów i spraw miejskich prawa magdeburskiego w Koronie Polskiej", Warszawa 1953, s. V–XII.

J. LANDE, Socjologia Petrażyckiego, w książce „J. Lande, Studia z filozofii prawa" pracowanej przez Kazimierza Opałka ze wstępem Jerzego Wróblewskiego, Warszawa 1959, s. 843–909.

W. LANG, Struktura kontroli prawnej organów państwowych Polskiej Rzeczypospolitej Ludwowej, Studium analityczne z zakresu ogólnej teorii kontroli prawnej, Zeszyty Naukowe Uniwersytetu Jagiellońskiego 82, Prace Prawnicze, zeszyt 14, Kraków 1965.

G. LANGROD, Les applications de la cybernétique à l'administration publique, Revue internationale des sciences administratives 24, 1958, s. 295–312.

F. LONGCHAMPS, O drogach badania struktury i działania organów państwowych, refleksje na marginesie badań nad komisjami rad narodowych, Problem Rad Naradowych, 6, 1966, s. 7–24.

F. LONGCHAMPS, O pojęciu stosunku procesowego między organem państwa a jednostką, Ksiega Pamiątkowa dla uczczenia pracy naukowej Kazimierza Przybyłowskiego, Kraków–Warszawa 1964, s. 161–167.

M. LUTHER, Wider die räuberischen und mörderischen Rotten der Bauern, Wittemberg 1525.

A. MALINOWSKI, Próby cybernetycznego ujmowania kwalifikacji prawnej stanów faktycznych, Państwo i Prawo 23, 1968, s. 57–65.

C.L. MONTESQUIEU, De l'esprit des lois, Genf 1748.

F.S.C. NORTHROP, Philosophical anthropology and practical politics, New York 1960.

K. OPAŁEK, Swoistość prawoznawstwa a problem integracji, Państwo i Prawo 21, 1966, s. 628–640.

O.K.L. PELIKÁN, Cybernetyka a ekonomia, Warszawa 1967.

L. PETRAŻYCKI, Wstęp do nauki prawa i moralności, Warszawa 1959.

L. PETRAŻYCKI, O dopełniających prądach kulturalnych i prawach rozwoju handlu, Warszawa 1936.

A. PODGÓRECKI, Prestiż prawa, Warszawa 1966.

A. PODGÓRECKI, Socjologia prawa, Warszawa 1962.

H. ROT, System prawa – model cybernetyczny, Państwo i Prawo 20, 1965, s. 21–26.

H. ROT, Niektóre przesłanki stosowalności maszyn cybernetycznyh w dziedzinie prawa, Państwo i Prawo 21, 1966, s. 47–56.

F.C. VON SAVIGNY, Vom Beruf unserer Zeit für Gesetzgebung und Rechtswissenschaft, Heidelberg 1814.

SOPHOKLES, Antigone.

R. STAMMLER, Die Lehre vom richtigen Rechte, Berlin 1902.

A. STELMACHOWSKI, Prawotwórcza rola sądów (w świetle orzecznictwa cywilnego), Państwo i Prawo 22, 1967, s. 611–625.

F. STUDNICKI, Cybernetyka i prawo, Warszawa 1969.

F. STUDNICKI, Przepływ wiadomości o normach prawa, Zeszyty Naukowe Uniwersytetu Jagiellońskiego, Prace Prawnicze, zeszyt 22, Kraków 1965.

F. STUDNICKI, Sterowanie za pomocą norm, Państwo i Prawo 23, 1969, s. 895–914.

G.M. TREVELYAN, Geschichte Englands, 2 Bde. 4. Aufl. München 1949.

M. VILLEY, Abrégé du droit naturel classique, Archives de philosophie du droit 1961, s. 25–72.

F. VOLTAIRE, Entretiens et dialogues [F. Wolter, Pgawędki i dialogi], przekład J. Rogozińskiego, Warszawa 1954.

N. WIENER, Cybernetics, New York 1948.

N. WIENER, The human use of human beings, cybernetics and society, New York 1954.

J. WRÓBLEWSKI, Zagadnienie jednolitości i pewności rozumienia tekstów prawynch, Państwo i Prawo 21, 1966, s. 539–554.

J. WRÓBLEWSKI, Sądowe stosowanie prawa a prawotwórstwo, Państwo i Prawo 22, 1967, s. 865–877.

J. WRÓBLEWSKI, Prawo a cybernetyka (zarys problemów), Państwo i Prawo 23, 1968, s. 895–914.

A. WYSZYŃSKI, Woprosy tieorii gosudarstwa i prawa [Zagadnienia teorii państwa i prawa], przekład E. Wiszniewicza, Z. Ratusznika, J. Sawickiego i S. Grossa, Warszawa 1952.

S. ZAWADZKI, Z problematyki badań empirycznych w naukach prawnych, Państwo i Prawo 21, 1966, s. 555–568.

Z. ZIEMBIŃSKI, Franciszek Studnicki, Przepływ wiadomości o normach prawa [recenzja], Państwo i Prawo 21, 1966, s. 569–571.

F. ZOLL, Prawo cywilne, przy współudziale J. Gwiazdomorskiego, L. Oberlendera i T. Sołtysika, tom I, Poznań 1931.

Andrzej Kisza

A Cybernetic Model of Arising and Action of the Law

Summary

I. Widely spread is the opinion that the changes caused in the life of the human society by the development of exact sciences are incomparably bigger and more important than those which may be ascribed to humanistic, particularly to legal, sciences. On the other hand, well known are the new trends initiated in various quarters, especially in the last few decades, to put the legal sciences on a new course by enriching their methods of research, which are, however, differently apprehended. Today, to be sure, nobody thinks of transferring the fundamental concepts and methods of exact sciences directly to this domain. Much more interesting and promising are the endeavours of basing legal theory on psychology and sociology, considered as its natural foundations. Lately, the general evolution of scientific thinking has brought about new possibilities also for the investigation of the innumerable relations existing between the legal rule and the remaining reality.

The new branch of science, cybernetics, enables the treatment of legal phenomena as a self regulating causal mechanism. The model of such a mechanism, named here *cybernetic legal model,* constitutes the subject of the present study.

In the present work the following methodological directives have been accepted:

1. to start from a small number of indisputable assumptions concerning the influence of legal rules on the remaining reality and, *vice versa,* the influence of this reality on legal rules and, analogously as in mathematics, to construct on these assumptions a cybernetic model of formation and functioning of legal rules;

2. by means of that model, cybernetic theorems and mathematical logic, to draw conclusions for various legal problems.

Endeavours have also been made to draw such conclusions from the constructed model, independently of whether they agree or disagree with the current legal concepts. This procedure has caused a *par excellence* cybernetic phenomenon. The present work itself has become subject to a feedback, and a positive one. Namely, the eliminated from my considerations elements have returned with multiplied intensity and the relinquished legal concepts have reappeared in the form of numerous conclusions drawn from the accepted formulas and cybernetic assumptions. This fact has been a surprise even to the present author, and, at the same time a confirmation of the utility of the model. The result has confirmed the author in the conviction that sociological phenomena are, in fact, determined by the same regularities as those governing the phenomena analised by other sciences. It has also solved the problem analysed by Opalek of integration of sciences of law. As regards the two existing opposite views, one – recommending to base oneself upon the existing results of the science of law and on the achievements of other sciences, among them – of exact sciences, the second – postulating rather to break with the traditional science of law, whose scientific character has been questioned, and to create a new legal theory on the empiric basis of social sciences and on the methods applied in exact sciences, the conclusions of the present work are in agreement with the former i.e. with the current theses of the theory of state and law of other sciences of law, to the disadvantage of the opinions depretiating the existing legal theory. Moreover, thanks to the applied method, the conclusions could be developped further and, what is even more important, they could be motivated more precisely. It should be added yet that, the utility of the discussed cybernetic model has been verified on numerous legal problems, not only those mentioned in the present work.

The applied method has determined the editorial side of the present work. It differs from the traditional legal publications in the role of reference to other authors. This point requires explanation. As has already been mentioned, the conclusions constituting the main thread of the present work have been drawn from a few evident premises accepted as axioms. The fulfillness of the conclusions flowing from these premises does not depend on that which authority and how has pronounced upon them before. In the existing legal literature an important part is planned precisely by quoted authorities, thence the multitude of citations with names of authors representing similar views and the judging the scientific value of legal works, among others, by the number of cited publications.

From the cybernetic point of view, human society, in its function related to law in formation and action constitutes a relatively isolated system. The role of elements of the system are played there, among others, by the legislation, the set of legal rules, the jurisdiction, the administration . . . , which in the present study are denoted by L, N, J, A, . . . The sets of immediate effects P, then of later, general social ones R and, finally, of the remote general social ones S would constitute in this system certain self-couplings leaving and entering it (see Fig. 4). Such a scheme, however, commonly accepted for e.g. economic phenomena, does not seem useful for the legal problems dealt with in this study. They require a somewhat different and less complicated geometrical scheme. Therefore, selfcouplings P, R, and S in Fig. 4 are considered here as independent elements of the system (links of a cybernetic chain). The model in Fig. 9 should then be conceived as a modification of the scheme in Fig. 4, especially abstracted for the purposes of this study. It consists of five links of the main chain and of three links of the amplifier (regulator).

The main chain (Fig. 6) corresponds to the causal relations existing between links L, N, P, R, and S, which symbolize the sets of the following phenomena:

Link L includes all the functions of the official organs called upon in a given society to prepare, draft and enact statute law. Here not only the activities of codification commissions, parliamentary commissions and of the parliament as a whole come into play but also of state departments and of other authorities (commonly recognized as administrative) if they enact general rules of statute law.

Link N includes all legal rules valid in a given society. The set of those rules is ever changing, not only by replacing one by a new one, but also by the fact that the introduction of a new rule may change the sense of many other rules. The set of those changing rules should be treated as the cause of further effects of them. At the outlet of N there is an emitor (e.g. a system of promulgation of legal rules), not individualized in the model.

In link P the psychomotoric effects of the population belonging to a given system are included. Since man is always the addressee of legal rules (even when the rule is directed to a corporation), the reactions in the behaviour of human beings constitute the first effects of a legal rule. They may be e.g. actions or ommissions – the most tangible immediate effects of a rule.

In link R the first effects of the legal rule in the social reality are included. Among them, e.g. the fact may be mentioned that there is a definite degree of safety on the roads, that contracting parties keep (or do not keep) their obligations, etc.

Link S includes the secondary and remote effects of a legal rule because R engenders still further social effects in the reality which are combined with this reality in very general and often very remote relations. They are those effects which in other branches of science, e.g. in medicine, are named secondary, subsequent or late. For example, the rule permitting construction of only cramped and cheap flats, at first, causes in R effects in the form of solving the housing problem, but, after a certain period of time, further effects may appear in S consisting in an increase of the number of cases of neuroses with the lodgers of such flats.

The delimitation of nearer effects in R and remote ones in S is marked by the distribution of those effects in time. The effects in R are not always estimated by the citizens or the authority as more advantageous than those of the same rule in S. It may also happen that the effects in S are opposite to those in R. For example, a legal rule influencing a certain branch of production by creating economic stimuli may actuate this branch in R, but in further consequences in S may cause stagnation in the same branch, e.g., by a discouragement caused by the saturation of the market.

Here a cybernetic problem may arise: to find a relation between two kinds of effects such that the feedback originating in R and S, when one of them is positive and the other negative, cancel each other in L and then in N, thus creating a stable system.

The amplifier consists of three links, J, A and E. It is connected to link P of the main chain (see Fig. 9).

Link J denotes courts and their decisions.

Link A denotes the administration and its decisions, except legislative activity, which in certain systems is to some extent devolved to the administration.

Link E denotes the executive authority, hence executive, police and penitentiary functions.

The cybernetic legal model constructed on the basis of the most frequent causal relations concerning social legal phenomena (Fig. 9) is similar to the simplest cybernetić scheme (Fig. 2). The "German" terms: „Informationsquelle", „Sender", „Empfänger" and „Störungen" denote respectively: source of information, emitor, receptor and disturbance. They correspond to the successive stages of the process of transformation of information constituting, as we know, the subject of the information theory, theory of ideal coding, theory of stochastic flows, theory of signal filtration and theory of decision function. All they belong to the achievements of the most up to date branches of contemporary mathematics.

The cybernetic scheme in Fig. 2 or 3 has different variants and modifications according to the field of its application. In the cybernetic legal model in Fig. 9 the role of source of information is played by the legislation (link L), the role of the emitor – by the set of legal rules binding in a given system together with the promulgation system (link N), the role of the receptor is played by the society (link P, which jointly with links R and S constitute the effector of the system) in all its collective and individual actions.

The fact that the cybernetic legal model has the basic features of a general cybernetic scheme suggests that social legal phenomena are subordinated to similar regularities as other phenomena which can be presented by means of cybernetic models. The legislative link L is informed by the feedback from S or by other feedbacks from other links. Various feedbacks may also appear between individual links. In fact, the legislators enact a legal rule on the basis of the information about the behaviour of the subjects of law in P, about the nearer or remoter effects in R and S of this behaviour and about the estimation used by individual social groups, included in link P. Moreover, experience shows that legal subjects in P form their views upon the observation of the results of their behaviour. Hence numerous feedbacks come into play (see arrows in Figs. 7 and 8) informing L about that what is going on in further links: N, P, R and S.

Individual links of the model are collections of complex social legal phenomena which can also be treated cybernetically. According to the special problems dealt here, this requires, however, a dismembering of individual links into partial links creating minor main and branch chains.

The main chain as well as the amplifier are attacked by disturbances marked in Fig. 8 by arrows z. Internal disturbances of the system are named *noises.*

The classification of a social phenomenon as disturbance may be difficult. It is obvious that murders, violations, forgery of documents, etc. constitute social disturbances. However, e.g. offences against regulations concerning foreign currencies may rise doubts. A closer analysis of social problems indicates that the estimation of legal rules in P depends mainly on the situation of individual social groups. In virtue of this situation, the estimation of those rules in L and the development or improvement of legislation, among others, by elimination of disturbances, is carried out.

In general, there are more phenomena disturbing the social system than L is able to detect. Their number changes with time and is different in particular countries. These phenomena disturb various branches of the reality in different ways and unequally. Since people live in different conditions of the reality, their individual social groups react to those disturbances in different ways. The influence of a given L is sometimes replaced by a direct influence of the social group whose representatives are promoted to the role of L by new elections, changes of the ruler in autocratic countries, by revolutions, etc.

Roughly speaking, the counteraction against disturbances by L is carried out technically as follows: L choses the cases which in the opinion of L disturb the reality or may disturb it in the future. These cases are coded in N in such a way as to counteract disturbances. L enacting a legal rule assumes normally that the existing disturbances may continue. However, L takes also into consideration the disturbances which may appear only in the future. If they do not appear still born rules are enacted, which will not be applied.

In the functioning of the law the elimination of disturbances does not, in general, concern each indicidual case but a set of statistically uniform cases. When, e.g., the disturbance is a murder it is of course impossible to revive the victim by means of a legal regulation but it is possible to start preventive action against an increase of the number of murders. L manages best with torts or damages which can be compensated by money.

A broad meaning is given to the concept of disturbance, embracing by it also natural phenomena if they can disturb by their effects the social life. For example, from the point of view of family law, a disturbance may in certain circumstances consist in the birth of children, since its effects are aliment-ation litigations. Similarly, from the point of view of the inheritance law it is not the death that constitutes a disturbance but the potential litigations for inheritance.

The formation of legal rules in L (and in the legislation in J and A) is also influenced by the so called *customary law.* According to the traditional doctrine, customary law consists of rules which are factually obeyed and have the value of *opinio necessitatis,* that is, of general conviction of the persons which follow them that they are law. In this sense one may say that the factual behaviour of the subjects in P is the reason of their obedience to customary law. It happens, however, that a set of rules of customary law have been coded without the participation of any legislator (e.g. in the earlier period the „Sachsenspiegel"). In such a case it functions in the same way as statute law, i.e., by link N to which it finds its way by feedback P→N (Fig. 10). Link N includes then not only rules of statute law but also coded rules of customary law which are propagated as well as statute law. When a private code of customary law is officially acknowledged by legislator L, that is, when there is a feedback P→L and a direct coupling L→N, such a set of rules becomes statute law. This was the case, e.g. in Poland in 1535 with the collection of customary law; in virtue of king Zygmunt Stary's decree, it was acknowledged as law valid for the towns and villages in which it had been actually applied.

Different from customary law, *custom (consuetudo),* consists only in a repeated, traditional behaviour of the subjects in link P, not accompanied by the above mentioned *opinio necessitatis.*

The following gradation in the mechanism of formation of legal rules may be set down:

1. custom *(consuetudo)*, which arises in link P;
2. customary law, which originates in P from customs;
3. coded customary law, arising in N from feedback P→N;
4. statute law, which comes into being from customary law by feedbacks P→L and N→L;
5. statute law not combined with custom. It arises in L with the aid of feedbacks N→L, P→L, R→L, and S→L. The duplicate of this gradation may be found in the feedbacks in Fig. 11, in which (in order not to split link P) one has not considered the feedbacks influencing the formation of custom or customary law in link P.

If we admitted that the grades 1–5 are at the same time the historic stages of formation of law in certain societies and that such legal phenomena undergo longterm fluctuations from one extreme to the other, it would be possible to make some predictions as to the future development. One might, for example, expect a decrease in importance of statute law and an increase of that of customary law, when the etatization of law passes its apogee. Much attention has been payed lately to customary law by the writers of some highly industrialized countries. The question then arises if the importance of statute law has not attained already its apogee in those countries.

The last three links of the main chain constitute a common feature, that is, they appear in all societies. The sequence of these links P, R and S is also general. Whereas the two first links L and N of this chain are not a common feature. They may not appear in societies which are governed exclusively by the not coded customary law (e.g. in primitive societies), or there may appear only link N when the customary law is coded. However, when both links, L and N, appear, their sequence is generally retained. Links L and N are present in nearly all civilized societies. Feedbacks are, in general, also common features but the kinds of these feedbacks may be diverse, hence not common. The same applies to disturbances.

If we admitted the foundations of the traditional theory of law, the amplifier in the model might seem to be a universal feature, since in this traditional theory law is defined as a set of prescriptions regulating social life by means of coercion without an amplifier and its links J, A and E. The traditional point of vie is, however, internally contradictory because it assumes that coercion is a feature of the rule and that *leges imperfectae,* though deprived of sanction, govern social life in the legal sense and hence belong to law. Since then there are whole sets of legal prescriptions without sanction, in the opinion represented in this study the sanction is not a necessary feature of law. Consequently, in theory there may exist a society or a set of societies with a legal system without an amplifier in the sense of the cybernetic model considered here.

The feature of the model consisting in that feedbacks influence a legal rule by L refers only to those societies in which the courts and other authorities decide. In those societies where the courts decide not only in virtue of the law deriving from a legislative authority but also in virtue of other rules, e.g. of equity or morality, there appear special kinds of couplings (see heavy lines in Fig. 12). In this case links S and R send, directly or indirectly, signals by P to the courts and to administrative authorities A, which establish *precedents* or issue other legal acts (individual). These judgements and decisions of administrative and governmental authorities are also included in the present study under the general name precedents, generally used only in respect to judicial precedents. Feddbacks S→P, R→P and especially S→J, R→J, S→A and R→A and P→J and P→A lead to the stablishment of precedents in J and A, which exist in almost every civilized society. None of the existing legal systems is complete: they have lacunas in N. In some Anglo-Saxon societies the above mentioned feedbacks play the principal role in the administration of justice. This is why the variant of the model in Fig. 12 deserves the name „Anglo-Saxon variant".

In the Anglo-Saxon variant the signalization on the track L→N→P is qualitatively less, because the amplifier there takes over the legislative functions. In general, in those societies where there is an amplifier, there are also links L and N, because the courts and administrative authorities (J and A) are usually appointed by legislator L. But in old times, courts and administrative authorities were called into being by non-coded customary law. One can, therefore, imagine a society with an amplifier but without links L and N.

The universality of the main features of the cybernetic legal model may be shown, among others, by the fact that certain new kinds of regulation, as, for instance, the institution of the so-called popular teams in the Soviet Union, created in about 1959, may be also included in this model (see link B in Fig. 13).

Peculiar couplings appear in societies with a legal system in that the legislature L is not sufficiently separated from the judicial authority J, administrative authority A and from their executive organs E. Where this division of functions is not observed, there is a characteristic coupling consisting in that a part of the signals, though they concern the legal subjects in P, pass directly from L to amplifiers J, A and E, ommitting N and P (Fig. 14). In a society with such a system of functioning of state authorities, L has usually the inclination not to apply one and the same measure to all citizens.

Except coupling L→J, L→A and L→E there are couplings connecting directly (and not by P) the links representing the state authority (the coupling marked by heavy lines in Fig. 14). These couplings concern also the division of state authorities, hence problems treated by Hume and Montesquieu. These classical legal problems may be exactly analysed in the cybernetic legal model.

II. In the application of the cybernetic legal model to particular problems most important are the *compiling coefficients.*

Namely, certain parts of the wording of a legal rule may be expressed in numbers or there may be such that it is possible to ascribe to them definite numerical magnitudes, according to a certain standard. As examples of such parts of legal rules the magnitude of penalty, rate of interest, etc. can be mentioned. To the validity or invalidity of legal acts the numbers I and 0 may be attributed. Such numbers are here named features of rules and are marked by a horizontal stroke over the symbol of the rule: $\bar{N}$.

The science of law has not yet payed much attention to the fact that legislators when enacting legal rules often use mathematical concepts, not always being clearly aware of it. It is so, among others, because they limit themselves to the concept of legal cause. It is namely generally assumed that for this or other reason *(ratio legis)* the legislator enacted this or other rule. In fact, however, legislators use, consciously or subconsciously, the concepts variable and function and not reason. They most often argue as follows: ,,the more(less) a legal rule will be such and such the less(more) the citizens will do this and this". E.G. the heavier the penalty for theft the less there will be cases of theft. Here the sanction is conceived as a certain arranged set of numerical magnitudes; for instance, a very light = 1 year, a light penalty = 2 years . . ., the heaviest penalty = 15 years, to which an arranged set of number of cases of theft corresponds. This may be drawn in form of a graph (see Fig. 16) by putting the number of thefts on the x-axis and the number of months of imprisonment on the y-axis.

As it may be seen, the legislator, in fact, used the method of reasoning which a mathematician would write in the form $y = f(x)$, where y denotes the magnitude of the penal sanction (in conventional units) in relation f to the number x of cases liable to penalty.

The legislator uses also functions (in the mathematical sense) in the form $y = f(x)$ adopting only two values, 0 an 1. E.g., let the number of contracts of a definite kind in a definite period of time amount to 500, when the rule concerning the construction of an industrial combine has not yet been enacted, and 2500 on the enactment of this rule. Putting for the lack of the rule 0 and for its enactment 1, we obtain a graph of relationship f between the number of transactions y and the existence of the rule (see Fig. 17).

It consists in this case of two points: one $y = 0$ and the second $y = 1$.

Errors have been and still are being committed by legislators, which consist, among others, in the false assumption that between the value of the variable x and the value y of the function $f(x)$ there is a definite interdependence, which in fact does not exist at all. For instance, if the legislator thought: „the heavier witches will be punished (the penalty x) the more the cows will yield milk (quantity of milk y)", by enacting a pertinent rule N he would wrongly assume the existence of a relation between y and x.

The above examples of features of rules as a function of one variable are only rough simplifications, since $\overline{N}$ is usually a function of numerous variables. Such simplified examples elucidate, however, sufficiently the concept of feature of a rule.

When the features of a rule as signals pass from N in the direction of S and by feedback they return from L to N, it may happen that already from P the signal has been directed by feedback to L and has returned to N. The signal of the feature $\overline{\text{N}}$ may thus return to N on having passed along shorter or longer circuits. The signal encounters on its way resistance and then, on return to N, its magnitude is lesser from the original one, or it is amplified and then its magnitude is larger from the latter. It may also happen that the resistance of the circuit of couplings equals the amplification in the circuit. In this case the feature of the rule will return to N as a magnitude equal to the original one. But it may be also otherwise that the resistance of the circuit is equal to $\overline{N}$ and then this feature of the rule will be entirely removed from the track of the couplings. The concept of coupling coefficient serves the numerical analysis of such cases.

Let O' and O" be two random links of a cybernetic chain by which the signals referring to a particular legal rule N are transmitted. Let feature $\overline{N}$ of this rule have in O' the magnitude $\overline{N}'$ and in O" – magnitude $\overline{N}''$. Then the coefficient of the coupling or feedback between links O' and O" (concerning the same feature $\overline{N}$ of the rule) is the number

(i) $k^{O'}_{O''} = \overline{N}''/\overline{N}'$.

Similarly the coefficient of the coupling between links O" and O' is the number

(ii) $k^{O''}_{O'} = \overline{N}'/\overline{N}''$.

and if (i) is the coefficient of the coupling, then (ii) is the coefficient of the feedback between the same links (not necessarily successive!). In virtue of those formulas $k^{O'}_{O''} = 1/k^{O''}_{O'}$ and if links O' and O" are not immediately successive, as e.g. N→P→R→S, we have the equation $k^{N}_{S} = k^{N}_{P} \cdot k^{P}_{R} \cdot k^{R}_{S}$,

i.e. $k^{N}_{S} = \frac{\overline{N}^{P}}{\overline{N}^{N}} \cdot \frac{\overline{N}^{R}}{\overline{N}^{P}} \cdot \frac{\overline{N}^{S}}{\overline{N}^{R}}$. If the links form a closed cycle, as e.g.

N→P→R→S→L→N, it follows $k^{N}_{N} = k^{N}_{P} \cdot k^{P}_{R} \cdot \ldots \cdot k^{L}_{N}$, i.e. $k^{N}_{N} =$

$= \frac{\overline{N}^{P}}{\overline{N}^{N}} \cdot \frac{\overline{N}^{R}}{\overline{N}^{P}} \cdot \frac{\overline{N}^{S}}{\overline{N}^{R}} \cdot \frac{\overline{N}^{L}}{\overline{N}^{S}} \cdot \frac{\overline{N}^{N}}{\overline{N}^{L}} = 1$, as result of which the coefficient k does not fit to closed circuits as it does not consider the difference between the output and return values of the feature $\overline{N}$.

In practice, all these formulas undergo inexactnesses as consequence of external disturbances, noises and resistances encountered by the signals in individual couplings and which generally change (usually lessen) their magnitude – similarly as it is the case in electric or mechanic systems, where the magnitude at the output, e.g. of a transformer, is not equal to that resulting from the theoretical formula but lessened by the losses caused by the resistance of the conductors, friction, etc.

Accordingly, by the coefficient of a coupling in a closed circuit, or shorter, by a cyclic coefficient of O'→O"→ . . . →O→O' will be understood here a quotient resulting from the division of number $\overline{N}^{1}$ denoting feature $\overline{N}$ of the rule in the state in which it has returned to O', by the number denoting the initial feature $\overline{N}^{0}$ from O', that is, the number $K = \overline{N}^{1}/\overline{N}^{0}$, which theoretically should be equal 1 in virtue of the last formula. In fact, it is only so in rough approximation. At any rate, the coefficient K is always a non-negative number ($K \geqslant 0$). The same applies, of course, to coefficient k. In practice, *a priori* four cases may occur which are considered here for K, particularily when O' is link N:

1. $0 = \overline{N}^1 < \overline{N}^0$ hence $0 < K < 1$; the coupling is then called negative.
2. $\overline{N}^1 > \overline{N}^0$ hence $K > 1$; the coupling is then called positive.
3. $\overline{N}^1 = \overline{N}^0$ hence $K = 1$; such coupling is called a saddle coupling.
4. $\overline{N}^1 = 0$ hence $K = 0$; such coupling is called zero coupling.

The accepted here names of positive and negative couplings agree with those accepted in cybernetics, where by a feedback coupling is generally conceived such which amplifies the signals sent by their source to the effector, i.e., augments the functioning of the effector, and which after repeated circulations gradually leads to the distruction of the whole or to the transfer of this whole to another system (e.g. a change of the régime) and by a feedback – such which weakens or extinguishes the signals under discussion (according to the needs of regulation of the operation of the effector).

The flow of signals occurs in time. One cannot, therefore, expect effects of the same rule in link S earlier than on their appearance in links P and R. This has a practical significance when, e.g. the legislator wants to obtain in R positively estimated effects and these effects must be preceded in P by negatively estimated effects which have not been taken by him into account. In such cases the danger arises that the legislator, under the influence of the signals from P about the existence in P of earlier negative effects, abrogates the statue law before it can bring about positive effects in R. The opposite situation, i.e., when earlier effects are estimated as positive and the later ones as negative, may be of importance for legislative experiments. For instance, before the draft of the civil code came into force (the so-called Martini's draft) as binding law for the whole Austrian monarchy (in 1811), it had been introduced provisionally in the West- (in 1797) and in the East-Galicia (in 1798). The relatively long duration of the experiment (about 14 years) enabled the orientation, what were the consequences of this draft in links P, J, A and E, and even in link R. But even those 14 years long experiment did not disclose all indirect effects which sometimes follow only after several decades. This is why legislators cannot state experimentally all the effects of a legal rule.

Feedbacks by their nature retard the regulation, which is sometimes a source of additional legislative difficulties. It happens that, before reverse signals reach L from farther links of the main chain and from the amplifier, changes desactualizing these signals have already occurred in those links. When the phenomena which are to be regulated change too fast, the legislator may transfer this scope of regulation to the links of the amplifier (J, A and E), which can accomodate faster to the changing conditions. A larger range of regulation is generally transferred to the links of the amplifier in highly industrialized countries and those with dense population, where the social phenomena and various forms of disturbances change too fast in comparison with the regulative possibilities of link L.

For instance, in England a large part of regulation is transferred to the links of the amplifier.

In the cybernetic legal model the disturbances occurring as result of the very signals of the rule (noises) are also taken into consideration. In the legal theory the problem of noises and the legal technique of their elimination, in general, has not been studied yet. It seems important, however, because if it were possible to create a legal system from which noises were eliminated the number of legal rules would decrease considerably. In modern states one may observe an increase in the number of rules aiming at elimination of noises but emitting their own noises, which, in turn, are eliminated by other rules, which again emit noises, etc. Thus a peculiar hierarchy of anti-noise rules arises apart from the general increase of the number of rules caused by the increase of the complexity of social life. It would, therefore, be right to organize the codification technique in such a way as to state first what in the legislative activity constitutes an internal disturbance and what a noise, in order to improve the existing rule instead of enacting new ones.

The ascertainment whether a disturbance is a noise or an external disturbance may in practice be difficult. At the beginning it is impossible to discern the reality P, R, or S, which would exist without a legal rule, from the reality changed under the influence of such a rule. For example, in the study of the flow of goods nearly all disturbances seem to be consequences of the law of obligation, business law, the negotiable instruments law and not of phenomena independent of any legal rule. This is connected with the problem of the influence of the research itself upon the investigated reality, and, vice versa, the influence of the investigated reality upon the research, which produces cognitive difficulties. This phenomenon is well known in physics.

The difficulties connected with the investigation of legal phenomena consists namely in that the investigating subject is, apart from this research work, also a subject of right and obligations in P. Being himself in the link by which the legal signalization passes he is under the influence of various couplings and feedbacks. These influences are sometimes so strong that they can screen the picture of the whole investigated legal phenomenon. They may also cause that the reality which would exist without the rule identifies itself in the mind of the investigator with that changed under the influence of the rule. The elimination of these feedbacks by a complete isolation of the investigator from the society does not seem practicable.

There is a second possibility that the investigator should take into account the magnitude of the disturbances arising as the result of those couplings. This exacts from him, among others, the consideration of the position of other legal subjects on a par with his own, and abstraction from his own personality, hence, putting it in moral categories, it requires desinterestedness. The dependence of scientific investigations on the moral attitude of the investigator may be also important in many other sciences.

In all links of the cybernetic legal chain succeeding N, and also, in certain conditions, in link L, there is an enormous number of factual relations the analysis of which may be practically impossible. Even confining oneself to the interdependence between the investigated phenomenon X and the action of the disturbances $\overline{Z}$ and the feature $\overline{N}$ of the rule in individual links of the cybernetic legal chain, one encounters the magnitude X as a function of two variables $X = f(\overline{N}, \overline{Z})$, taking two values, 0 and 1, hence, with 4 systems of these values, i.e., with $2^4 = 16$ systems of values taken by X. The number of possible systems of values of X in case of dependence on 3 elements (i.e. as a function of 3 variables) amounts to 64, and at 5 elements – already 4304927296, etc., which requires the use of numeral machines.

In the practice, most frequent is the investigation of the dependence of a social phenomenon X on the action of disturbances Z and the feature $\overline{N}$ of the rule, which is presented in Table I, p. 54.

III. The enactment of a legal rule requires a preliminary estimation by L of certain phenomena occurring in the society, namely the ascertainment if and to what extent these phenomena are disturbances or noises. The legislative regulation by L must act against everything which has been acknowledged as undesirable. Otherwise, it ist impossible to speak of a regulation.

The estimation carried out in P happens to be diverse, since, in general, individual social groups estimate differently. This may be already seen at the output of the signals from P (see Fig. 18) where there are as many signals as many estimating groups are in P. These groups estimate in general (but not always) in relation to their position in the social reality. There are cases in which the subject belonging to group G' does not estimate like subjects of this group but, for instance, like subjects belonging to group G". One should then replace the concept of social group by that of equally estimating group. These groups are marked in this study by G_w with indices. Thus a sequence arises (numbered set) of estimating groups $G_{w1}, G_{w2}, G_{w3}, \ldots, G_{wt}$, where each item consists of subjects estimating in one and the same manner.

In the present cybernetic legal model link L as a source of information obtains the estimation, above all, by feedback P→L and either takes this estimation in a ready form (a taken over estimation) or on its basis estimates itself taking into consideration the positions of particular social groups and the magnitudes of certain variables (estimation from above). L can also obtain signals by feedback S→L, R→L, and even N→L, and estimate upon them or by itself (another form of estimation from above).

In the traditional theory the concept of state is combined with that of legal regulation (in the sense of a regulation of the reality by means of law, and not a regulation of law by means of judicial precedents) and this relation is used as a logial relation existing between the concepts of state and law and not as a causal relation which might be investigated by methods similar to thos used in empirical sciences. On the other hand, much speaks for the fact that the above relation may be considered causally and even that one can ascribe it certain numerical standards, above all, those deriving in a natural way from the cybernetic legal model.

Particularly important seems to be the degree to which the law unites states into entities and which part of legal rules constitutes this uniting element, whereas the remaining part, frequently larger and referring to essential domains of life, árises and acts independently of the state, (as it was the case in the 17th and 18th centuries) which does not care for particular rules and even sometimes combats them.

The cybernetic legal model under discussion is adjusted to a system with one legal order. A state may constitute such a system. It may be, however, also a part of state, when this part has its own legal regulation and when we disregard the general law of a state. Finally, an association of states may constitute such a system if the association does not constitute an international organization and when we abstract from the laws of the particular parts of such an association. The cybernetic model which considers simultaneously the national law and various particular (local) laws of the constituting part, e.g., the model of the Austrian state in the 17th and 18th centuries, constitutes a modification of the model of a supersystem concerning the legal regulation of international organizations, composed of individual states (see infra, p. 126 and Fig. 36).

In the cybernetic legal model of one state a twofold kind of legal regulation may exist: in the sense of the aforesaid *regulation by law*, i.e., deriving from the source of information L, and another, in the sense of the *regulation of law* originating in peculiar regulative organs to which the amplifier belongs. The concepts of state may be then considered as a function of two variables (signals from L and signals from amplifiers J, A and E).

A state can, however, already exist when at least one of these variables is not 0, that is, when L exists but there is no amplifier. In modern times we do not know any example where the whole legal system of a society consists of *leges imperfectae,* and it is generally assumed that the concept of law is combined with coercion, which is one of the functions of the amplifier in the mode. This justifies the discernement of three kinds of states:

1. the state with double regulation, that is, with a legislative regulation and that by an amplifier (a state *sensu stricto*);
2. the state with a single regulation by the amplifier;
3. the state with a single regulation by legislation.

In the present study only the state of the first kind is considered, i.e., a modern highly developed state with all the links of the cybernetic legal model.

The feedback P→L informs L, among others, about the estimation of the disturbances and noises by individual social groups in P. But when L does not react to these information and keeps in force or enacts a legal rule based upon an estimation contrary to that accepted by these groups, it may bring about further disturbances (noises) in P. It would be easiest to eliminate these noises by enacting a new rule in L, based upon the estimation accepted by these groups. If, however, L does not want to accept the estimation of those groups because of, e.g., the private interests of the persons acting in L, the elimination of those further noises in P depends on the power of amplifiers J, A and E. The relation between estimation in P and the power of the amplifier is a model concept of the well known conflict between dissatisfied social groups aiming at a change of the existing law and those other which act in solidarity with state authorities. The authorities which guard the law, according to their power, either do not allow for any change of that law, or are forced to yield, or resign. The problem is discussed more precisely in the study and leads to formula (9). If the latter is satisfied the social legal system is considered as stable. Usually, however, this stabilization is not complete. The magnitude of disturbances $\bar{Z}$ has a trend to increase with time. The amplifier must then overcome a stronger and stronger resistance if the feedback from P is not to become positive. Historical observations confirm that states, where legal rules are based invariably upon the same estimation incompatible with that by certain social groups, are forced to introduce a larger and larger system of administrative, judicial and executive authorities (J, A and E). However, even the strongest amplifier, in general, can preserve or reduce $\bar{Z}$ only to a certain moment and degree, and not boundlessly. When the amplifier does not restore to the signal its initial magnitude any more, that is, when the feedback coefficient begins to exceed 1, the cybernetic system may be destroyed, which in social relations takes the form of a change of the political system, where the new L starts to enact legal rules based upon different estimations. In virtue of the cybernetic legal model by means of additional materials, facts and measurements, one can, to some extent, foresee the time of the breakdown of the system. Formula (9), on previous development in a more detailed form and in more complex variants, can be applied already in the first steps of calculations, necessary to the purpose under discussion.

Among feedbacks from N, P, R and S obtained by link L, most important are the signals from effector S als already including the synthesis of the preceding ones, as well as the signals from the amplifier. Considering only the feedback from the main chain one may create a four degree scale of deffectivity of the legal regulation (see Fig. 20). A detailed analysis of this deffectivity explains why certain rules, in spite of the appearance of more and more social disturbances, have not changed in the course of milleniums, and, even if there were endeavours to change those rules, they proved to be such a failure that one abandonned them.

The additional feedback from the links of the amplifier to L are important as they carry informations about the administrative, judicial and executive practice (e.g. about court statistics). From the practical point of view the problem of defectivity of a legal regulation is important when L obtains signals exclusively from the amplifier. On more detailed consideration of the problem we reach the conclusion that the possibility of a legislative error, based upon those additional couplings, is enormous, such that the utilization of court, administrative and executive statistics, without their mathematical analysis, is socially more dangerous than it might seem.

In cybernetic investigations one of the differences between sciences and the majority of other disciplines consists in the variety of signal tracks (channels). There are sciences where the problem of tracks does not raise any doubts, as for example the trajectories of the signals constituting the feedback between the mechanical system and the electric one in a combustion engine. On the other hand, the individualization of trajectories of signals in social sciences is often very complicated considering only the insufficient for this end knowledge of causal relations which exist between social phenomena. With this difference there is connected another one concerning effects of great energies released by signals, when certain phenomena accompanied by a release of very small quantities of energy entails a phenomenon accompanied by liberation of an enormous energy. E.g., the fact that a chain reaction in an atomic reactor may be the consequence of a push of a small lever is obvious. If, however, in social life a great energy is liberated (e.g. in a revolution) the question arises whether it could be the effect of a minute cause. Since in social science we have no accepted quantitative standard of social legal energy, the couplings in the cybernetic legal model under discussion are devided only qualitatively into weak, strong and zero couplings. This manner of reasonning leads relatively easily to the explanation of certain legal and historic legal phenomena (e.g. the fall of the Polish state at the end of the 18th century as result of the decline of certain couplings. See the dotted line in Fig. 23).

IV. In virtue of the cybernetic legal model we may easily separate *procedural rules* from those of *material law.* Procedural rules refer, namely, to subjects in J, A and E, that is, to persons who exercise the authority or collaborate in exercising it (e.g. judges, prosecutors, officials, executors) and persons whom the matter concerns (e.g. the accused, plaintives and defendants). Procedural rules usually authorize or oblige these subjects to certain behaviour in J, A and E, but not in P, though they influence also the minds and actions of the subjects in P causing factual effects in those links.

Procedural rules are, in general, less often supplied with sanction than rules, like rules of material law, whose function is regulation of the behaviour of subjects in P; moreover, sanctions of procedural rules are usually very diversified as far as their implementation is concerned. The justification of the existence of the amplifier, the proper addressee of procedural rules, is enforcement of certain behaviour of the subjects in link P. If then certain behaviour of the subjects of procedural law, contrary to a procedural rule, appears in J or E, the exercising of coercion in respect to those subjects would require a second amplifier of higher order, which would amplify the action of the procedural rule in the amplifier. If it were necessary, moreover, to enforce behaviour of the subjects in the amplifier of the second order it would be necessary to introduce an amplifier of third order, etc. Evidently, the creation of such a number of amplifiers cannot in practice come into account. But in certain conditions, amplifiers of second order are introduced. Such are, for example, the disciplinary commissions D_1 and D_2, etc. for persons exercising the authority of judges or executors (see Fig. 24). It is more difficult to give an example of an amplifier of third order, because most often the amplifier for that of second order is the very amplifier of the second order or that of the first order. It also happens that the amplifier of the first order may be amplified by itself, e.g. when an official committed a clerical crime. In that case there is usually a coupling A→J or E→J (see Fig. 24).

Consequently, the division of legal rules into those of material law and procedural rules can be, in general, presented in the cybernetic legal model as follows: the rules regulating the actions of subjects in link P in relation to links J, A and E of the amplifier and those regulating the actions of subjects in J, A and E are procedural rules. Whereas the rules regulating the remaining actions of the citizens in P are rules of material law. This division is sufficiently precise when there is no amplifier of second order in the whole legal system nor other additional amplifiers. In general, procedural rules relating to the amplifier of the first order are rules of material law in relation to the amplifier of the second order, etc.

Signals pass between individual links of the cybernetic legal model, carrying not only information about rules but also about facts not being rules, causes nor effects of the rule. E.g., the signals of a feedback which inform about disturbances attacking the main chain are not effects of the rule and can be the causes of its enactment (e.g. when L does not want or can not react to disturbances by N). Similarly, the signals which inform J about the behaviour of subjects in link P and about other events going on in this link are very important for various procedural problems, above all, for the theory of evidence in the legal sense. The analysis of these signals leads, among others, to a cybernetic justification of the superiority of a contradictory trial over a non-contradictory one. From this analysis one may deduce that if the trial is not contradictory, that is, if there is no full freedom of expression by the parties of their statements and explanations, it is equivalent to an entire or partial blocking of the channel P→J, which causes that only certain statements from among pairs of contradictory statements reach the court and, consequently, the court may, entirely or partly, base itself upon a majority of false statements. It follows from the exact reasonning that in a non-contradictory trial the probability of wrong statements referring to facts in the judgement is larger than 1/2. Thus the analysis of the cybernetic legal model speaks for the acceptance of contradictoriness, as one of the imperative legal principles.

On the other hand, as we know, even today this principle is sometimes questionned and violated in some countries.

V. It is remarkable to what extent the most important methods of interpretation (e.g. that according to the school of conceptional jurisprudence, the jurisprudence of interests in the sense of Ihering and others) can be arranged in a natural way from the point of view of the cybernetic legal model according to the couplings of consecutive links of the main chain.

Assuming that the interpreting person is in J (it is, e.g., a judge), the arrangement is presented in Fig. 30. As may be seen, individual classical methods of legal interpretation can be characterized as functions of three or four different independent variables (formulas (14)–(18)).

VI. The traditional theory of state and law encountered difficulties in the separation of law from morality. The cybernetic legal model enables this separation in respect to rules of statutory law. Rules of statutory law are namely those which arise either in L or as precedents in links A or J. Whereas moral rules are those which arise in P, usually as result of the action of feedbacks with further than P links of the main chain (see the heavy lines in Fig. 31), and also, under the partial influence of legal rules and precedents in consequence of direct couplings to P from the links of the main chain preceding P and from the links of the amplifier.

Legal and moral rules influence themselves mutually in a manner favouring the levelling of the differences between them. These differences may, however, become considerable, e.g., when the legal rule is modified in a way inappropriate to the kind of disturbances which it has to eliminate or when the rule remains unchanged in spite of the appearance of new disturbances. For this reason, there is often in the social reality a competition of the moral rule with the legal one in link P. This may be a competition of the signals of a moral rule with those of a legal rule deriving from N or with the signals of the legal rule originating in the links of the amplifier (the signals of the precedents).

Both competitions were, according to the traditional theory, source of overlasting disputes. Above all, one endeavoured to solve the question: which constitutes a higher authority for the citizen, the moral rule or the legal one. It follows from the detailed investigation based upon the cybernetic legal model that one cannot put a general thesis of supremacy of the first over the second, nor of the second over the first, because, in certain cases, the moral rule eliminates the external disturbance better and creates less noises of regulation than the binding legal rule. Whereas in other cases the legal rule does it better.

Except these conflicting situations, there are also such when the subject obtains discording signals simultaneously from N and E. There we have then a competition between the legislative rule and the signal from the links of the amplifier. Well known are the historical phenomena when a new governing group controls the amplifier but cannot gain influence over the legislature. The result of such a configuration of force is the application by the amplifier of rules originating in L but transformed in such a manner that the signals from J, A and E to P are discordant and even at variance with the signals from N to P (e.g. when that which according to signals from N, is allowed, is not allowed according to signals from J). A signal from N has usually the authority of tradition behind it, whereas that from the amplifier may be supported by the authority of force. In the literature such situations have a very long history. The example of the two antynomous theses by Sophocles in the "Antigona" may be cited. First, that a particular traditional rule enjoys the highest authority (signal from L) and, second – that the highest authority is represented by a particular rule, in that case – enacted by a ruler (signal from A).

On the ground of the cybernetic legal model under discussion, one may consider the manner of solving this problem by means of feedbacks R→P and S→P. When the signals from N are inconsistent with those from the amplifier, the information of independent estimations flowing to P from R and S by feedbacks R→P and S→P may serve legal subjects in P as a basis for deciding if the signal from N, that from the amplifier or none of them, is correct. As may be seen, the position of legal subjects in P need not be twofold but may be threefold.

The detailed analysis of the dependence of the freedom of contract on moral rules leads to the conclusion that the increase or limitation of the freedom of contract is a cybernetic function of considering or not considering moral rules in a given society at the conclusion of contracts. This deduction suggests the idea of proving on the model that social freedom depends on the obedience in a given society to moral rules. Such problems are less tangible without a cybernetic legal model.

The concept of *legal security* may be better defined by means of model treatment. The traditional legal doctrine has treated it rather descriptively and often vaguely.

VII. The last chapter of the study is consecrated to problems of international law in the discussed here cybernetic legal model. Two or more systems which influence themselves mutually in the international arena, in the social legal domain may be considered jointly as one social legal system of higher order. It is called here *supersystem.* The cybernetic legal model of such a system, embracing systems I, II, . . . , is presented schematically on Fig. 36.

The new essential features of this model are intersystemic couplings which may influence the formation and modification of rules of international law. These intersystemic couplings may also be a source of new disturbances.

Two kinds of disturbances deserve closer consideration; the systemic and supersystemic, denoted respectively by Z_u and Z_n in Fig. 36.

For example, let a certain supersystem M be composed of systems I, II, III and IV. When one of them, e.g., II, changes with time under the influence of a disturbance (e.g. it is thrown out of balance), the remaining systems II, II and IV may also undergo modifications bringing about changes in supersystem M. In social relations, especially international ones, the period of time necessary for the appearance of changes in the supersystem and for the consolidation in it of a new equilibrium may be very long. For instance, the disturbance caused by the introduction of electric energy to production in one system, entailed in the remaining ones, and hence also in the supersystem, changes lasting decades. Similarly, when disturbances bring about changes in the political system of government.

The division of disturbances into systemic disturbances Z_u and supersystemic Z_n depends on whether a given disturbance arose in a particular system or joined it from another system. Thus denoting by Z^i the number of all disturbances in the *i*-th system (where $i = \text{I, II}, \ldots$), we may write for each system the formulas (27), where *m* is the number of component system in the supersystem.

Not only systemic disturbances Z_u but also supersystemic disturbances Z_n can sometimes be eliminated by independent systemic regulation. For example, if for system I the competitive commercial activity of system II constitutes a systemic disturbance, harmful for the industry of system I, L of system I can in the latter, by means of legal systemic rules, charge the import of goods with custom duties. Such intervention by means of legal rules in I is, however, no more possible if it refers reversely to the penetration of system I on the sales markets in II (except by enforcing its will by means of war). Even then, when I limits the import of goods from II by means of a legal rule, it may provoke counteraction by II, which, in turn, may result in further counteraction by I, etc. leading to a positive feedback and by this again to an armed conflict. We see that the independent systemic regulation of supersystemic disturbances is sometimes impossible or leads to still more serious supersystemic disturbances, often disadvantageous for the component systems. In such cases cooperation is more advantegeous.

If, in order to eliminate supersystemic disturbances or only systemic disturbances, which may, however, become supersystemic disturbances for other systems, two systems (or more) create a legal rule, it is a rule of international law (law of nations). The formation and functioning of such a rule is named here *supersystemic regulation.*

The classical division of rules of international law into those based upon custom and those based upon treaty corresponds to two different kinds of couplings in the cybernetic legal model of the supersystem and can be used as a cybernetic definition of this division. Namely, different are the supersystemic couplings when a rule of international law is based upon customs (Fig. 37) and still different, when it is based upon treaty of a legislative type (Fig. 38). The dotted lines in Fig. 38 represent tracks of couplings fading out at the moment of enactment and implementation of the rule of international law by particular systems. Link L_n symbolizing the source of supersystemic information is here not permanent but causal and usually arises only in view and for the time of conclusion of an international treaty.

Link L_n, which, at the formation of ordinary rules of international law, is impermanent, may become permanent when an international organization (e.g. the League of Nations) arises. In such a case one might mark in Fig. 38, by means of continuous lines, all the couplings together with the couplings between L_n and the coding link N_n. Such organizations usually have permanent secretariats serving all supersystemic couplings and transmitting and receiving signals from individual systems pernanently, and not only at the time of conclusion and voting of international conventions.

It may be seen from the cybernetic legal model of the supersystem that the following considerations determine the value of international organizations:

1. the kind of supersystemic feedbacks between individual systems and link L_n;
2. the capacity of link L_n to reconcile inconsistent estimations in different systems;
3. the strengthening of the rules of international law.

These considerations constitute in the present study subject of more detailed treatment. From among them the problem of strengthening of the rules of international law (the problem of superamplifiers) is illustrated on the model constructed according to Articles 15 and 16 of the Covenant of the League of Nations (Fig. 42). This superamplifier has the character of *judicium claudicans.* The analysis of the cybernetic legal model of the supersystem may pave the way to the drafting of a better and even optimal superamplifier.

Already the United Nations constitute a progress in this field because it can dispose of its own armed forces.

The cybernetic legal model of the supersystem casts some light on the problem of prognosis in international life concerning, e.g. peace and war. Thanks to causal relations between disturbances and the changes caused by them in the supersystem, we can judge from the latter's further changes about the earlier disturbances, and vice versa. Thus one might expect that the knowledge of the development line of disturbances will, to some extent, enable the prognosis of changes in social systems, hence also the social and political future of the world. This is not at all a naive determinism in the sense of an absolute necessity of occurring of the expected phenomena, since there are in social systems phenomena of regulation as it is forseen by the cybernetic legal model under discussion.

The theoretical separation of disturbances in the political and legal life of supersystems and systems on assumption of lack or weakness of supersystemic regulation leads to formulas (31)–(35), the two last defined by indices H^i and H; the symbols Z_n^- and Z_u^- denote in them supersystemic and systemic negative disturbances, that is, estimated by link L or P of individual systems as disadvantageous for those systems, in contrast to positive disturbances, Z_n^+ and Z_u^+, which are estimated by these links as advantageous or neutral. H^i and H in the accepted assumption have following features:

(i) When all H^1 tend to 0, H also tends to 0, and the international situation in the supersystem is optimal.

(ii) If H tends to 1, that is, if Z_u^- tends to 0, hence when all $(Z_u^-)^i$ tend to 0, hence if all H^i tend to 1, the international situation in the supersystem is the worst.

(iii) In intermediary situations, if any H^i increase or decrease H may increase or decrease as well; an increase of H leads to a conflict situation in the supersystem, i.e. to change for the worse of international situation.

The correctness of thos indices is illustrated in the present study by means of . examples drawn from the history of Ancient Rome (from 1000 B.C. to 453 A.D.).

The end of the study comprises an example of application of indices H^i and H to the present international situation.

After 1945, that is, after the second World War, an increase of negative systemic disturbances have occurred in all systems (states) which took part in the war. Postwar internal disorders piled up, economic and administrative difficulties and internal delinquency has grown (as usual after wars). Also the so-called Third Force, that is, the independent states of Asia and Africa, which have arisen in the first postwar decades, as well as the Chinese People's Republic, which came to life as result of revolution, was the abode of disturbances, typical for newly created systems. According to formula (34), indices H^i, hence also index H, then decreases which, according to features 2 and 3, removes the danger of a total war in the supersystem.

Indeed, in those years only local wars were fought, among them, in Korea and Laos.

Only after several years from the end of the war the negative disturbances $(Z_u^-)^i$ have been beginning to stabilize, then decrease approaching to 0 in systems which took part in the war as well as in the systems of the Third Force. There are no grounds to assume that in the next few years the disturbances $(Z_u^-)^i$ in the system under discussion will change in an opposite direction if there is no new cataclysm strongly disturbing international relations. One may then roughly assume that the magnitude of particular $(Z_u^-)^i$ tends to 0 also in the majority of countries of the Third Force, though, for obvious reasons, with a delay of a few or several years, to the extent in which the stabilization of the living conditions in those systems leads to more and more expedient legal regulation. One may also roughly assume that in the so-called neutral states, e.g. of South America $(Z_u^-)^i$, in general, is tending to 0. Without detailed statistical data it is difficult, however, to ascertain if and in which systems or their groups the internal disturbances are the smallest, which is important for the forecast if and which of those systems might provoke a war in the supersystem.

Of course, it is impossible yet to draw from this the paradoxical conclusion that the probability of a war in the supersystem *always* increases in proportion to the duration of peace in that system, because of the increase of power of the individual component systems as result of the improvement of their economic and administrative order, lessening of delinquency, in other words, as result of the negative disturbances $(Z_u^-)^i$ tending to 0. According to formula (35), when Z_u^- tends to 0, H tends to 1, hence, according to feature 2, the danger of war in the supersystem increases. We should remember, however, that *this was the case in systems of none or only weak supersystemal regulation.* The cybernetic legal model under discussion shows only that the set of systemal disturbances $(Z_u^-)^i$ begins to decrease and tends to 0 in a particular system after a certain time after the war. In fact, however, the international situation in the whole supersystem depends not only on changes in the collection of systemal disturbances $(Z_u^-)^i$. It depends yet on many other diverse factors, not considered in formulas (31)–(35), among others, on whether particular systems estimate and eliminate disturbances from their point of view only (particular regulation) or also from the point of view of the supersystem, that is, whether there exists a strong supersystemic regulation. This is why several moral systems call for universal regulation. Moral rules, however, in spite of their great social value, are not always strong enough, since they have no sanction and, in general, are not strengthened in links J, A and E. Therefore, in order to avoid war, a supersystemic regulation is being created.

In particular, the following alternative results for the present time:

1. either a strong legal supersystemic regulation will be created and the

economic and social life (the turnover of goods, transportation, etc.) will be subordinated to the need of elimination of intersystemic disturbances, in the consequence of which H will begin to decrease to 0 thus ensuring the conditions of a lasting peace in the supersystem.

2. one will not conduce to the creation of an effective legal supersystemic regulation and will surrender the whole production, trade, transportation, etc. to the elimination of inside systemic disturbances which in the conditions of the hegemony of individual systems achieved thanks to their strongest legal regulation may open the path to the elimination of disturbances in the supersystem by force, corruption, armed intervention, etc., that is, to H index tending to 1, which in turn results in the threat of outbreak of a universal war.

It follows from the present trend of index H that the situation is at present more serious than it is usually assumed, since the problem does not reduce itself to the eventual conflict between East and West or coexistence of these two blocks of states. Such conflict might be repressed, but this would not eliminate the stronger and stronger accretion of new conflicts as consequence of lack of a supersystemic regulation which could contract effectively in the cybernetic sense the steady growth of index H. Since H is in fact a function of numerous variables and the change of the trend of that index to 0 or 1 depends on the will of many people, this will should be directed to effective elimination of international disturbances by creation of a strong regulation in the supersystem.

Let us note yet that the legal regulation acts with delay: first a disturbance occurs and only later the contraction against the repetition of the same disturbance. After the World Wars I and II, international organizations were created whose scope was and is to counteract against repetition of disturbances which had led to those wars. If, however, a new world war actually broke out and if it did not bring about a complete destruction of the world, one may predict with great probability that the next international organization would be even stronger and more effective, since this is the natural cybernetic automatism of the phenomenon under discussion.

There is, however, a legitimate fear that, as result of the use of thermonuclear weapons and the return of the mankind to primitive relations, such a new stronger organization would not be created. One should not, therefore, leave the creation of a strong international organization to the ordinary automatism of the legal phenomena but, in face of such a great danger, one should replace this automatism in good time by a conscious action directed towards the creation or appropriate strengthening of the supersystemic organization.

Namensregister

Achtelik 7 (5)
Alexander Severus 155
Ashby 10, 44 (5)
Antiochus III 154
Anouilh 124
Augustus 154, 155

Banaszak 88
Bardach 127 (4)
Bentham 12
Berutowicz XVII, 89 (1)
Bobbio 26
Bonaparte 61

Capito 155
Caesar 61, 154
Chmielnicki 127 (4)

David XI
De Latil 48 (9)

Fassó 26
Franco 61
Frycz Modrzewski 64 (11)
Friedrich d. Große 30

Gajus 155
Giuliani 26
Gracchen 154
Grotius 28 (28)

Hill 127 (3)
Habsburg 63

Ihering 71 (21), 105

Jaskier 25
Jugurta 154

Kant 106
Karl I. 127
Karl d. Große 76
Kelsen 22, 72 (22)
Knapp XV
Knaster XVII, XVIII
Kolasa 140 (13)
Koranyi 25 (23)
Kostka Napierski 127

Labeo 155
Lang XIV, XV
Lange XI
Langrod XV
Likurg 153
Ludwig XIV. 61, 127
Ludwig XVI. 61
Luther 127 (2)
Locke 34
Longchamps XVIII, 27 (25), 93 (2)

Malinowski XVII
Mitrydates 154
Modrzewski 64 (11)
Montesquieu 34

Napierski siehe Kostka
Napoleon siehe Bonaparte
Northrop XV

Opalko IV, 1

Paulus 155
Papinianus 155
Pelikán 8 (6)
Perseus 154
Philipp V. 154
Podgórecki XII, XIII

Repkov siehe von Repkov
Rot XV, XVII

Salvius 155
Savigny siehe von Savigny
Sophokles 124
Solon 153
Spartakus 154
Stammler 106, 107
Stelmachowski 22 (18)
Studnicki XIII, XV, XVI

Tarkwin 152
Trevelyan 14 (9)

Ulpianus 155

Villey 26
Voltaire 64 (11)
von Repkov 25
von Savigny 71 (20)

Wiener XI, XIV, XV
Wróblewski XII, XV, XVII 22 (18)
Wyszyński 72

Zawadzki XIV
Zoll 24 (22)

Sachverzeichnis

Administration 7, 20, 21
Algorithmus 4
amplifier 20
angelsächsische Variante 30, 49, 57, 122
Ausgang 5
Ausgangsgröße 37, 39
Ausgangsmerkmal 39
Axiom 1, 3, 95

Doktrin 23, 24
  Rechts- 23, 24

Effektor 4, 13, 14, 40, 70, 139
Eingang 5
Exekutivorgan 20
Exekutive 21

Faktor
  Gewichtungs- 60
  Kopplungs- 37, 39
  Rückkopplungs- 69
  zyklischer – 68
  zyklischer Umlauf- 39
Fehlerhaftigkeit 75, 79, 80, 81, 88
Folgen
  allgemein gesellschaftliche – 2
  direkte – 11, 12
  gesellschaftlich-sekundäre – 7, 11, 12
  nähere – 14
  negative – 32, 76
  primäre – 7
  positive – 76
  weitere – 14
Formalismus 72

Gesetzgeb(ung)er 7, 14, 17
Gesellschaftsgruppen 14, 16, 19, 42, 56, 57, 60, 62
Gesellschaft 7, 14, 23
  –serscheinung 15, 51
  –sleben 16, 18
  –ssystem 19
Gericht 13, 19 ff.
Gewohnheit 25 ff.
Gewohnheitsrecht 24 ff., 63
Gleichheit 41

Information 14, 16, 48, 59, 72
Informationsquelle 4, 13, 14, 56, 60, 62, 65, 70
Integration 1
Interpretierung 100
Interpretation
  einengende – 100
  historische – 104, 107
  systematische – 100
  Recht 100
  klassische –smethode 103, 108
  –smerkmal 100
  –smethode 103, 106, 107
  –ssubjekt 103, 106, 108

Jurisdiktion 7, 20, 21

Kanal 99
Kausalitätszusammenhang 63, 82, 106, 107
Kette
  Haupt- 5, 7, 13 ff., 27, 42, 58, 77, 87
  Kausalitäts- 13
  kybernetische – 5, 7, 16, 20, 49, 51, 78
  Neben- 5, 7, 15
Kode
  juristischer – 72
  kybernetischer – 72
Kopplung 8, 15, 21, 23, 24, 29, 48, 51
  direkte – 4, 11, 15, 50
  End- 62
  innere – 15
  Null- 40, 83
  Rück- 4, 9 ff.
    negative – 12, 40
    positive – 1, 12, 67

systeminterne – 135
schwache – 84, 87, 88
Selbst- 7
starke – 84, 88
Übersystem – 136, 137
Zwischensystem – 125, 135
zyklische – 40, 41
–sfaktor 19, 37, 39, 112, 116
–sschwund 28
–sstrecke 37
–sumfang 37
Sattel- 40

Logik
Aussagen- 55
formale – 55
mathematische – 1
Legislative 21

Moral 50

Norm
Gegen-Rauschen- 45, 76
Instruktions- 22
internationale Rechts- 129, 133
Moral- 29, 106, 110, 111
sekundäre – 22
treffende – 45
ursprüngliche – 22
Verfahrens- 89, 90, 93
Vertrags- 115, 116
Völkerrechts- 129
– des materiellen Rechts 89, 90, 93
Normenmerkmal 35
optimales – 60
Normenwirkung 45, 47
Normenquelle 84

Population 22
Präjudiz 29, 30, 57, 85, 86, 111, 114
internationales – 141
Prozeß
kontradiktorischer – 94, 95, 96, 98, 99
Promulgation 22, 23

Rauschen 5, 17, 33, 39, 43, 49, 56, 58, 59
künstliches – 44
natürliches – 44
Regelungs- 67
Rechtseigenschaft
allgemeine – 27
Regelung 16, 17, 19, 27, 45, 47, 48, 56, 58
Doppel- 65
einfache – 65
Gesetzgebungs- 65
normative – 27
Rechts- 20, 28, 42, 62, 64, 65, 70, 77
Störungs- 72
Übersystem- 17, 137
–sbereich 49
–smöglichkeit 49
Regelverstärker 21
Regelverstärkung 20
Regler 42
Rechts- 43
Regulator 5, 17, 19, 20
Rückkehrgröße 39

Signal 5, 17, 20, 22, 25, 29, 32, 33, 45, 46, 56
Erkennungs- 18
Normen- 23
Rechts- 50
Rückkehr- 60, 76, 87
Rückkopplungs- 70
Störungs- 17
–büschel 78
–strecke 82
–strom 78
Signalisierung 30
Staat 65
Störung 15, 17, 19, 20, 47
äußere – 5, 21, 39, 42, 45, 49
gesellschaftliche – 53
innere – 5, 18, 24, 33, 42, 43
negative – 145
positive – 145
Rechts- 145
sekundäre – 77

–sast 43
–ssignal 17
–swirkung 15
Subjektlage 57
Subjektgruppe
gleichwertende – 57
System 5, 21
kybernetisches – 69
Rechts- 19
Teil- 133
Über- 64, 125, 126
-störung 125, 128

Theorie
Beweis- 94
Entscheidungs- 7
Informations- 7
Kodierungs- 7, 72
Staats- und Rechts- 15, 16, 18, 28, 56, 108, 112
– der Signalfiltration 7
– der stochastischen Prozesse 7

Vernichtung 85
Verstärker 16, 18, 21, 22, 24, 28, 30, 43, 45, 56
Innen-System- 22
Über- 22, 140, 141
–schwund 28
– 1. Grades 91, 92, 94
– 2. Grades 91, 92, 94
– 3. Grades 91, 92, 94
Verstärkung 17, 46
Verwaltungsbehörde 13, 20, 22, 29, 30
Verzerrung 73, 74, 95, 102

Wertung 14, 56, 57, 58
gesellschaftliche – 16
Ober- 59
übernommene – 59
– der Wirklichkeit 17
–sgruppe 57, 58
–smerkmal 59
Widerstand 37, 39, 88
Wirklichkeit 9, 11, 18, 19, 49, 50, 51
gesellschaftliche – 17, 53, 57
Rechts- 18
Wirkung 15, 17, 45, 75
allgemeine gesellschaftliche – 75, 76
Normen- 45, 47
psychomotorische – 11
regulierende – 16
sekundäre – 21, 75, 76

FSC
www.fsc.org
MIX
Papier | Fördert
gute Waldnutzung
FSC® C083411

Kolibri 360 GmbH
Ferdinand-Jühlke-Straße 7
99095 Erfurt, Deutschland
produktsicherheit@kolibri360.de